학습자와
교육과정을 넘어

세계와 함께하는 교육

World-centred Education

**학습자와
교육과정을
넘어**

세계와
함께하는
교육

거트 비에스타
(Gert J. J. Biesta) 저

이민철 역

씨
아이
알

세계 중심 교육의 비전

　이 책은 교육을 둘러싼 오랜 논쟁에 개입하여 교육은 아동 중심이나 커리큘럼 중심이 아니라 세계 중심이어야 한다고 주장한다. 이는 교육이 단지 학생들에게 세계에서 제대로 처신할 수 있는 지식과 기술을 제공해야 하기 때문이 아니다. 무엇보다도 인간으로서 우리의 존재가 바로 이 세계를 통해 성립되기 때문이다.

　이 책의 일곱 개 장에서 비에스타Gert Biesta는 교육에 대한 실존적 지향이 함의하는 바가 무엇인지, 그리고 왜 이것이 오늘날 교육에 있어서 시급한 관심사가 되어야 하는지를 상세히 탐색할 것이다. 그는 지식과 기술의 전달로서의 가르침이 아니라, 세계에 대한 학생들의 관심을 (재)설정하는 행위로서 가르침의 중요성을 강조한다. 이는 세계가 그들에게 요구하는 것에 직면하게 하려는 것이다. 따라서 이 책은 왜 가르침이 교육에서 중요한지를 보여 준다. 또한 새로운 세대들에게 세계에 직면하고 세계와의 관계 속에서 자신을 만날 수 있는 시간이 주어지는 공간으로서 학교만이 가진 독특한 위치를 부각시키고 있다. 사회에서 이러한 시간적 여유를 어느 정도 허용하는지는 민주주의의 질을 보여 주는 중요한 지표이다.

이 책은 학자뿐만 아니라 학생, 교사, 학교 경영자 및 교사 교육자들에게 오늘날 세계 중심 교육의 지향이 절박함을 보여 주는 중요한 자료이다.

감사의 말

2장을 집필할 때는 『철학과 교육연구』 38(6), 657-668(2019)에 게재되어 처음 발표된 "학교를 위해서는 어떠한 사회가 필요한가? 조급한 시대에 교육의 민주적 과제를 재정의함"이라는 논문의 아이디어를 활용했고, 3장의 경우는 『교육 정책의 미래』 18(8), 1011-1025(2020)에 게재되어 처음 발표된 "교육현실에 대한 주류의 서술은 완전하다고 볼 수 있는가? 파크스-아이히만의 역설, 양자 얽힘, 그리고 교육 이론에 누락된 차원에 관하여"란 논문의 자료를 활용했다. 3장은 『교육 이론』 70(1), 89-104에 게재된 "교육에서의 위험: 돌이켜보는 자격부여, 사회화, 주체화"에 기반을 두고 있다. 마리옹의 저작에 대한 첫 번째 탐구는 『도덕교육 저널』(2020)에 "가르침의 세 가지 선물: 도덕교육에 있어서 비자아론non-egological의 미래를 향하여"란 제목으로 출판되었다. 이 책을 집필하면서 이 자료들을 활용할 수 있는 기회를 누릴 수 있음에 감사한다.

지은이 소개

거트 비에스타(www.gertbiesta.com)는 메이누스대학교 교육연구센터 the Centre for Public Education and Pedagogy의 교육학 교수이자 영국 에딘버러대학교University of Edinburgh 모레이 하우스 교육체육학교Moray House School of Education and Sport의 교육학 교수이다. 또한 노르웨이 아그데르대학교와 핀란드 헬싱키예술대학에서 객원교수직을 맡고 있다. 『British Educational Research Journal』과 『Asia-Pacific Journal of Teacher Education』의 공동 편집자이자 『Educational Theory』의 편집장이기도 하다. 1999년부터 2014년까지 철학 및 교육연구 편집장을 역임했으며, Routledge에서 출간된 두 개의 시리즈, 『New Directions in the Philosophy of Education』(Michael A. Peters, Liz Jackson 및 Marek Tesar 공저) 및 『Theorizing Education』(Stefano Oliverio 공저)을 공동 편집했다. 2011-2012년에 미국 교육철학회 회장을 역임했는데 이는 북미 이외 지역 출신으로는 최초였다. 네덜란드 정부와 의회의 자문기구인 네덜란드 교육위원회(2015-2018)에서 4년을 봉직했고, 2020년에 네덜란드의 국립과학교육과정위원회 위원으로 임명되었다.

그의 연구는 교육 이론, 그리고 교육 및 사회 연구의 이론과 철학에 중점을 두고 있다. 뿐만 아니라 교육 정책 및 가르침, 교사교육 및 커리큘럼, 특히 시민권교육과 예술교육 및 종교교육과 관련된 문제에도 관심을 기울이고 있다. 전체적으로 그는 교육과 민주주의 및 민주화의 관계, 그리고 학교와 대학의 공적 역할에 관심을 두고 있다. 그는 이 주제들에 대해 널리 발표했으며 그의 저서는 지금까지 20개 언어로 번역·출간되었다. 최근 저서로는 『가르침의 재발견The Rediscovery of Teaching』(Routledge 2017), 『Obstinate Education: Reconnecting and Society』(Brill 2019), 『Educatioal Research: An Unorthodox Introduction』(Bloomsbury 2020) 등이 있다.

옮긴이의 말

고등학교에 재직할 당시 학생들에게 약간 독특한 수행평가 과제를 내주던 교사가 있었다. 수행평가 내용은 학생들 각자에게 교정의 나무 하나씩을 선택하고 그 나무와 '대화'를 나눈 기록을 학기 말에 제출하라는 것이었다. 참으로 놀라운 것은 처음에는 어이없어 하는 학생들도 있었지만, 시간이 지나면서 차츰 나무 근처에서 서성이는 모습을 보이다가 결국에는 모든 학생들이 과제를 제출한다는 것이다. 혹시 어린 학생이나 여학생을 대상으로 한 것이 아니냐고 생각할지도 모르나 이 것은 그가 남자 고등학교에 근무할 때의 일이다.

각자 좋아하는 나무를 선택하라고 했지만, 개개인이 선호하는 나무를 고를 수 있을 정도로 교정에 많은 종류의 나무가 있는 것은 아니었기에, 대부분의 학생들에게 선택은 큰 의미가 없었고 사실상 무작위로 배정된 거나 다를 바가 없었을 것이다. 각자가 선택한 혹은 각자에게 배정된 나무는 해당 학생이 평소에 관심을 두던 나무일 수도 있지만 아무 관심이 없거나 심지어 이유는 모르지만 싫은 나무도 있었을 것이다. 그런데도 학생들이 우여곡절을 겪으면서 나무와의 대화를 기록한 수행평가 과제물을 제출했다면 이를 어떻게 해석해야 할까? 평소에 관심을 두던 나무가 아니라면, 단지 수행평가 점수를 얻기 위해 형식적으로 기록해서 제출한 것일까?

저자가 말하는 '세계'란 이 에피소드에서 말하는 나무와 같은 것이다. 비유적으로 표현하면 학생이 받아들인adopt '나무'는 학생의 마음속에 둥지를 틀고 자기 나름의 삶을 산 것이다. 그 과정에서 나무는 학생의 마음속에서 학생과 대화를 나누었다. 중요한 것은 나무가 학생의 내면에 받아들여지는 과정에서 학생이 반드시 먼저 의미부여를 하고 주도적으로 선택을 하는 것이 아니라는 점이다. 인간이 태어나서 살아가는 과정에서 만나는 (자연 및 사회로서의) 세계는 대부분 그가 의도적으로 선택하는 것이 아니다. 교육의 상황에서 학생이 만나는 세계도 마찬가지다. 만일 주도적이고 의도적으로 선택한 세계만 받아들인다면, 학생이 만나는 세계는 지극이 협소할 수밖에 없을 것이다. 다시 말하면 학생이 선택한 세계만 가르치는 교육에서는 배우는 학생뿐만 아니라, 가르치는 교사에게도 놀라움을 안겨 주는 소위 '창발創發'을 기대하기 어렵다. 저자는 학생들에게 배우고 싶은 것보다 더 많은 것을 주는 것이 교육의 핵심이라고 주장한다.

이 책의 저자는 또 다른 저서[1]에서 자신이 지도한 세미나 경험을 소개한다. 그것은 『교육의 아름다운 위험』(Biesta 2014)이라는 저서에서

---

1) Biesta, G.(2017a). 『가르침의 재발견The Rediscovery of Teaching』. London/NewYork: Routledge.

추출한 창의성, 의사소통, 가르침, 학습, 민주주의, 해방 그리고 감식력 등 주요 교육 관련 개념을 탐색하는 것을 중심으로 구성된 세미나였다. 첫 번째 세션이 끝날 즈음, 이 개념들을 하나하나 종이에 적은 다음 접어서 테이블 위에 올려놓고 학생들에게 그중 하나를 택하여 그 개념을 각자의 삶에 받아들이도록 했다. 학생이 개념을 선택한 것이 아니라, 개념이 학생을 선택하도록 한 셈이다. 물론 특정 개념을 원하는 학생에게는 그것을 금지하지 않았다. 저자는 각자에게 주어진 개념과 더불어 2주간의 삶을 살아 보게 한 뒤, 무슨 일이 일어났는지 기록하여 제출하도록 했다.

저자의 설명에 따르면, 학생들 각자가 삶에 받아들인 개념은 대부분 단순한 개념을 넘어 하나의 현실reality이 되었다고 한다. 그들이 처음 각자의 개념과 대면한 사건과 그 이후에 벌어진 일들에 대한 설명은 매력적이고, 상당히 감동적인 경우도 있었다. 예를 들어 해방이라는 개념을 받아들인 학생은 그것이 어떻게 삶의 주요 주제가 되었는지에 대해 이야기했다. 반면에 '배움'이라는 개념과는 대면하지 않기를 은근히 바랐던 학생은 2주 내내 그 개념이 하나의 물리적인 실재, 짊어져야 할 짐 그리고 자신에게 무언가를 바라는 것처럼 느껴지는 존재로 마음 한구석에 자리하고 있었다고 했다. 또 다른 학생은 주어진 개념과 대면할 때 혐오감 비슷한 감정이 느껴져 그것을 의식 밑으로 처박아 두었지만, 그 존재감이 강력하여 시간이 지나면서 그 개념과의 관계가 바뀌었다고 고백했다. 이러한 예들은 그것들이 하나의 개념에 불과한 것이 아닐 뿐만 아니라 많은 경우에 학생들의 삶 속에 현실로서, 소중히 여기거나 혐오하는 실체로서, 학생들을 부르는 것들로서, 그들에게 말을 거는 것들로서, 그들의 삶 속에 자리를 잡고 싶어 하는 것들로서 다가온다는 것을 보여 주었다.

저자는 개념이 학생의 삶에 들어오는 것을 아이를 입양하는 것adoption에 비유하고 있다.[2] 아이 입양은 양부모가 아이를 선택하는 것이 아니라 입양기관에서 선택해 준 대로 받아들이는 것이다. 입양된 아이가 새로운 가정에서 새로운 삶을 가꾸어 나가는 것을 양부모가 받아들여야 하듯이 저자는 세미나 참가 학생들에게 선택의 여지가 없는 것, 무엇이 도래할지 알지 못하는 것이 그들의 삶에 들어오는 것을 받아들이도록 요청했다.

우리는 언제부터인가 학습자의 주도권initiative, 선택권 혹은 의미부여를 중시하는 교육의 담론에 익숙해져 있다(실천은 그렇지 않은 경우에도). 그리고 이런 담론은 교사의 가르침보다는 학습자의 배움을 교육의 중심에 두는 관점과 연결되어 있다. 이러한 관점에서 교사는 교육의 권위자이기보다는 단지 촉진자, 코치, 심지어 동료 학습자로 자리매김하게

---

2) 입양기관의 특정 아동을 지목해서 입양하는 것은 '아동 중심의 입양'이란 대원칙에 어긋나기 때문에 금지되어 있다. 우리나라에서도 입양기관의 특정 아동을 지목해서 입양하는 것은 금지하고 있지만, 다른 선진국과는 달리 입양기관의 아동을 입양하는 것 외에 양부모가 직접 보육시설 등에서 양육하고 있는 특정 아동을 지목한 뒤 입양기관을 통해 입양하는 것은 허용하고 있어서 '아동 중심의 입양'이란 대원칙이 지켜지지 않고 있다. 이 원칙은 아동이 하나의 '대상'으로 취급되는 것을 방지하기 위한 것이다. 저자는 이를 교육으로 끌어와 양부모를 학생, 입양아를 '세계'에 비유하고 있는 것이다. 저자에 따르면 교육에서 학생이 주도적으로 의미를 부여하고 선택한 세계만 받아들이도록 하는 것은 세계를 대상화하는 것이고 학생이 배울 세계를 좁히는 일이 된다. 저자가 주장하는 세계 중심 교육은 이에 대한 비판에서 출발한다.

된다. 이것은 교사 중심의 일방적인 교육활동에 대한 하나의 대안으로서 소위 진보적 목소리로 평가받기도 한다. 그러나 저자는 학습자의 선택과 의미부여를 우선시하는 패러다임과 가르침보다 배움에 중심을 두는 관점에 진보적 교육이라는 라벨을 부착하는 것은 교육의 핵심을 놓치는 것이라고 주장한다. 학생들은 배움에 발을 들여놓기 전에는 무엇이 중요한지 알지 못한다.

저자에 따르면, 교육자가 해야 할 일은 단순히 학생들이 요구하는 것을 제공하는 것이 아니라 그 요구가 무엇을 의미하는지 파악하는 과정에 그들과 함께하는 것이다. 의료계에서 의사가 할 일은 환자가 요구하는 것을 들어주는 것이 아니라, 오히려 그것이 무엇을 의미하는지 파악해야 하는 것과 마찬가지다. 따라서 교육의 핵심은 학생들에게 배우고 싶은 것과 다른 것 혹은 더 많은 것을 주는 것이라고 할 수 있다. 즉 그들이 요구하지도, 찾지도, 찾을 수 있다는 사실을 알지도 못하는 것까지 주는 일이다. 외국인이 김치의 참맛을 알려면, 입에 맞을 때까지 먹어 봐야 하는 것처럼 학생은 학습내용으로서 외부 세계에 직면encounter해 봐야 한다. 이렇게 말하면 마치 전통적인 교사 중심의 교육관으로 회귀하는 것처럼 인식될 수도 있으나, 저자는 학습자 중심 교육담론에서 제기하는 비판 이상으로 일방적인 지식 전달 중심의 교육을 비판하는 입장에 있다.

서문에서 저자는 이 책에서 제시하는 아이디어들이 지난 35여 년간 자신이 실행해 온 글쓰기, 말하기, 가르치기의 정점임을 밝히고 있다. 저자는 철학적 기반으로서 실존철학, 현상학, 프래그머티즘pragmatism 등

유럽과 영미 철학을 폭넓게 아우르면서 복잡성 이론과 같은 새로운 조류들을 자신의 교육적 논의 속에 융합시키고 있다. 이 책의 제목을 원문의 표현 그대로 옮긴다면, 《세계 중심 교육》이 될 것이다. 저자가 이 책에서 주장하는 '세계 중심 교육'은 그동안 여러 논문 및 저서를 통해 주장해 온 것들을 정리하는 측면이 강하다고 볼 수 있다. '세계 중심 교육'이라는 용어만 보면, 마치 세계화 시대에 요구되는 '글로벌' 교육이 연상될지 모르겠다. 그러나 이 책에서 말하는 '세계'는 '글로벌'과는 거리가 있는 개념이다. 번역본의 제목을 《학습자와 교육과정을 넘어: 세계와 함께하는 교육》으로 정한 것은 독자들에게 세계란 개념이 주는 이런 오해를 주지 않기 위한 것도 있지만, 학습자 중심 교육과 교과 중심 교육에 대한 저자의 문제의식을 반영한 것이기도 하다.

저자가 말하는 '세계'는 인간이 태어나서 접하는 모든 것을 말하며, 크게 자연으로서의 세계와 사회로서의 세계가 있다. 레비나스Levinas의 용어로 말하면, '타자'에 해당하는 개념이라고 할 수 있다. 어떤 관점의 교육 이론이든 세계는 인간의 성장을 위한 중요한 요소로 다루어진다. 그런데 종래의 패러다임에서 세계는 학생이 주도적으로 선택하는 것으로서, 학생의 성장을 위한 도구 혹은 '대상'으로서의 세계이다. 이 세계는 선택하지 않으면 주어지지 않는다. 반면에 '세계 중심 교육'에서 세계는 선택하는 것이 아니라 선택과 상관없이 학생에게 다가와 말을 걸고 무언가를 요청한다는 점에서 종래의 패러다임과 구분된다. 여기서 세계는 학생에게 종속된 학습의 대상이 아니다.

이렇게 말하면 당장 다음과 같은 의문이 떠오른다. '세계에 주도권을 부여하는 것은 배우는 학생을 객체, 즉 대상으로 전락시키는 것이 아닌가?' 그러나 저자는 이 책을 포함한 여러 저서에서 일관성 있게 주체화subjectification를 강조하며 교육을 교육답게 하는 핵심적 목표로 보고 있다. 그렇다면 세계 중심 교육과 주체화 교육을 어떻게 일관성 있는 주장으로 통합할 수 있을까? 이것이 이 책에서 저자가 해명하고자 하는 핵심적인 이슈라고 볼 수 있다.

세계와의 만남

레비나스[3]에 따르면, 인간 주체는 자아의 내부로부터 구성되는 것이 아니라 외부에 있는 타자와의 만남 속에서 타자의 부름을 받고, 때로는 방해받으면서 자기 존재의 내재성을 초월해 가는 것으로 본다. 그는 이성을 통해 타자를 이성적 주체인 동일자로 환원시키는 구조를 '전체성totality'으로 규정한다.[4] 단순화해서 말하면, 모든 것을 나의 인식 체계 안으로 끌어들여 소화한다는 의미이다. 근대 철학이 가정해 온 '완비된 실체로서의 주체'는 늘 세계를 대상으로 통제하려는 유아론적 egological 방식으로 흐를 위험을 안고 있다.[5] 레비나스는 두 차례의 세계

---

3) Levinas, E. (1988). 『전체성과 무한Totalité et Infini, Essai sur L'exteriorité』. 김도형 외 옮김(2018). 전체성과 무한−외재성에 대한 에세이. 그린비. pp.311-312.

4) 레비나스는 『전체성과 무한』에서 '전체성'과 '무한'의 관념을 구분한다. 간단히 말하면 '전체성'은 타자를 동일자로 환원해 버리는 것과 관련이 있고, '무한'은 문자 그대로 타자의 다름을 인정하는 것이다. 교육의 측면에서 교사가 특정(즉 '전체성'의) 관점에서 학생들을 바라보면 학생 개개인의 다름이 보이지 않는다. 반면 '무한'의 관점에서 본다는 것은 개개인의 다름을 '해석하지 않고' 그대로 인정하는 것을 말한다. 세계 중심 교육에서 저자는 이러한 현상학적 관점에서 교육을 논의하고 있다.

대전 및 홀로코스트 같은 전쟁과 폭력이 발생한 근본적인 원인을 이성적 주체를 우위에 두는 전통적인 서양철학 전반의 특징에서 찾았다. 이렇게 이해된 이성적 주체는 타자가 지닌 고유성 혹은 타자 자체를 인정하지 않고 이성을 통해 타자를 자기화, 즉 이성적 주체인 자신과 동일시하는 폭력성을 가지고 있다고 본 것이다.

이 책의 저자는 교육에서 학습자를 세계의 중심에 두고 학습자의 주도적 선택에 의해 세계에 대한 지식을 구성하는 것으로 보는 구성주의와 여기에 기반을 둔 학습자 중심 혹은 배움 중심 교육담론의 철학적 뿌리가 이러한 이성 중심의 인식론에 있음을 밝힌다. 타자를 자신의 인식체계 안에서 이해하려는 이러한 태도로는 진정한 '대화interlocution'[6]가 성립하지 않는다. 타자도 나와 동일할 것이라 가정하고 자기 기준에서 이해하려 하는 한, 진정한 대화의 문은 열리지 않는다는 것이다.

레비나스는 대화란 타인이 나에게 말하는 것을 내가 인식하고 이해하여 대답하는 것으로 이루어지는 것이 아니라고 주장한다. 그가 주장하는 진정한 '대화'는 타인의 '말함' 그 자체를 받아들이는 것, 즉 그 '말함'에 대해 '응답'하는 것이다. 타인의 '얼굴'에 내가 '응답'하는 것과

---

5) 정윤경(2023). "교육의 학습화 시대, 가르침의 의미와 교사의 역할 재고". 『교육사상연구』. 제37권 제2호. p.233.

6) 일반적으로 '의사소통communication'은 정보 전달, 아이디어 공유 등의 목적으로 이루어지는 메시지 전달의 과정을 가리키는 데 반해, 레비나스의 '대화interlocution'는 단순한 정보 전달을 넘어 타자other와의 관계를 깊이 고려함으로 상대방의 주체성을 존중하는 윤리적 차원의 개념이다.

같이 '말함' 그 자체에 '응답'하는 것은, 타인 혹은 타자 자체를 수용하는 것이다. 이는 타자 혹은 타자가 말한 것을 섣불리 이해하려 하지 않고 있는 그대로 받아들이는 것이다.

보통 남을 존중한다고 하면 그의 말과 행위를 이성적으로 이해하는 것으로 받아들이지만, 레비나스는 타자를 나의 이해 범위를 초월한 무한한 존재로 본다. 다시 말해 이해하지 않고 받아들이는 것이 진정한 존중이라는 말이다. 어머니가 영유아 자녀와 대화를 나누는 것은 옹알이를 이성적으로 이해해서가 아니다. '얼굴'을 보며 아이를 있는 그대로 받아들이는 것이다. 레비나스에 의하면, 이러한 '얼굴'과 '대화'를 통한 관계 맺음은 이성적 차원에서 가능한 것이 아니다. '얼굴'과 '대화'를 통해 나오는 '절대적으로 다른' 타인의 존재를 그저 수용하고 '응답'하는 것이다. 얼굴과 대화를 통해 말을 걸고 응답하는 것은 '메시지'를 전달하는 것과는 다른 대화방식이다. 메시지는 의도를 담고 있지만 '얼굴'과 '대화'를 통한 관계 맺음은 '진실'과의 만남이다.

이와 같은 레비나스의 사유를 교육의 맥락으로 끌어오면, 교육은 교사와 학생, 혹은 학생과 학생의 '대화'를 통해서 이루어지는 활동이 된다. 대개는 상대의 말에 대한 '인지적 이해'를 대화의 전제 조건으로 삼지만, 레비나스에 따르면 진정한 대화는 상대를 있는 그대로 수용하는 것이다. 교사가 학생에 관한 객관적인 사실과 학생의 말을 인지적으로 이해하는 것으로 학생과의 대화를 끌고 간다면, 이는 '대상화'하는 것이다.

에린 그루웰Erin Gruwell의 『프리덤 라이터스 다이어리』는 저자가 LA

어느 열악한 지역의 학교에서 밥 먹듯 사고를 치는 학생들—16세까지 살아남는 것이 삶의 목표인—을 맡아 가르친 경험을 담고 있는 책이다. 그루웰은 선배 교사들이 일러 주는 통상적인 인식체계에 따라 학생들을 이해하거나 판단하지 않고 한 사람 한 사람을 소중한 인격체로 수용하면서 관계를 맺어 나간다. 우리 식으로 말하면 새로운 학급을 맡을 때 관례적으로 이루어지기도 하는 소위 특이 학생 인수인계라는 것을 하지 않았다는 것이다. 그들의 행동을 섣불리 이해하거나 해석하려 하지 않고, 그들을 1/N이 아니라 한 사람 한 사람 소중한 인격체로 보며 말을 걸고 그들의 말에 응답하는 관계 속에서 가르침을 이어 나갔다. 섣불리 이해하려는 것은 그들을 자기가 만들어 놓은 그물망 속에 가두는 일이 될 뿐이다. 자기와 무한히 다른 각각의 인간을 섣부른 이해나 해석에 앞서 있는 그대로 받아들이는 것은 대상에 대한 이성적인 이해나 의미부여와는 분명 구별되는 행위이다.

이상에서 언급한 레비나스의 타자는 인간으로서의 세계를 가리키지만, 이 책에서 말하는 세계는 인간 및 사회로서의 세계와 자연으로서의 세계를 아우른다. 저자는 『가르침의 재발견The Rediscovery of Teaching』에서 타자를 이성적 사유의 틀로 접근하려는 관점의 한계를 밝히고 있다. 이 책에서는 세계의 범위를 인간과 사회뿐만 아니라 자연으로까지 확장하여 동일한 문제의식을 보여 주고 있다. 저자는 장 뤽 마리옹Jean-Luc Marion의 '주어짐givenness'과 프랑게Prange의 '가리킴pointing'이라는 개념을 끌어와서 교육이 학생의 자기주도적 선택만으로 이루어질 수 있는 활동이 아님을 밝히고 있다.

이성적 사유의 한계

저자는 마리옹의 '주어짐'과 프랑게Prange의 '가리킴'이란 개념을 통해 이성적 사유 중심의 능동적 인식의 한계를 보여 주고 있다. 첫째, 인식에 있어서 자아 내부에서의 의미부여 이전에 외부로부터의 '주어짐givenness'의 중요성을 강조한 마리옹의 논의를 교육에 끌어들인다. '주어짐'이란 것은 주체로부터 외부 세계로 향하는 것이 아니라, 외부 세계에서 주체로 향하는 것이다.

마리옹에 따르면 세계를 바라보는 태도에는 두 가지가 있다. 첫 번째 태도는 가장 널리 퍼져 있는 것으로, 주변에 있는 대상들이 우리를 놀라게 할 가능성들을 줄이는 것, 즉 예측 가능한 것으로 구성되어 있다. 이런 태도로 접할 수 있는 대상은 '매우 하찮고 피상적인 차원의 사태'일 뿐이다. 두 번째는 예측과 예상이 불가능한 것을 사유의 중심에 놓는 태도로, '주어진 것the given' 혹은 '주어짐'이 바로 이러한 태도에서 드러난다. 그러나 '주어진' 것을 찾는 일은 우리에게 달려 있지 않다. 마리옹은 여기서 자아ego는 중심의 위치를 떠나 '사건에 순응하고, 대상을 보되 예견하지 말아야 한다'고 주장한다. 이런 상황에서 우리는 세계에 대한 대상적인 관계가 뒤바뀌는 상황에 직면하게 된다.[7] 즉 세계

---

7) 교육의 측면에서 해석하면, 첫 번째 태도는 학습자가 선택하고 의미를 부여하는 세계만 받아들이는 것을 의미한다고 볼 수 있다. 저자가 교육의 언어를 학습의 언어로 대체하는 것을 비판하는 중요한 이유 중 하나는 학습의 언어만으로는 학습자에게 넓은 세계를 열어 줄 수 없기 때문이다. 이에 반해 두 번째 태도에서는 학생의 선택을 거치지 않은 무한한 세계가 주어진다. 이는 예측이 어렵고 불편을 수반하지만, 교사와 학생에게 현 상황을 초월하는 놀라움을 선물할 수 있다.

를 지배하는 것은 인간 자신이 아닌 것이다.

마리옹은 트리니티 온 더 마운트Trinity-on-the-Mount 수도원의 회랑에 걸려 있는 그림을 예로 든다. 여기서 그림을 보려면 비밀스러운 특정 지점에 자리를 잡아야 하는데, 그 위치는 관람자가 아니라 그림이 결정하기 때문에 이 그림을 보려면 그림에 순응해야 한다. 마리옹은 이 원리를 '아나모포시스anamorphosis'8)라고 부른다. 그는 우리가 자신의 이해력으로 파악할 수 있는 것들만 유지되도록 조직한 세계에 머문다면, 매우 하찮고 피상적인 차원의 대상만 접할 뿐이라고 한다. 이런 삶의 방식에서는 자아의 경계를 넘어설 수 없다.

마리옹에 따르면 자아를 초월하게 하는 것은 외부로부터의 '주어짐'이라는 것이다. 그는 현상에 모종의 조건을 부과하여 그것을 인식 가능한 대상으로 만드는 인식의 '범주들을 초과하고', 그렇게 해서 '직관이 개념의 범위를 넘어서는' 현상을 **포화된 현상**saturated phenomena이라고 부른다.9) 이런 현상 앞에서는 구성하는 자아가 아닌 새롭게 구성되는 자아가 나타난다. 이것을 교육의 상황에 끌어와서 해석하면, 종래의 인식체계로는 도저히 소화할 수 없는 학습내용이 학생에게 주어질 때 그의

---

8) 'anamorphosis'란 용어는 '뒤로', '반대로', '다시'의 뜻을 갖는 'ana'와 '형태'를 뜻하는 'morphe'가 합쳐진 것으로, 우리말로는 보통 '왜상歪像'으로 번역된다. 원래 미술에서 등장하며 관람자가 작품을 특정 위치와 시선에서 바라보아야만 제대로 그 모습을 볼 수 있는 현상이나 방식을 뜻한다.

9) 김동규(2020). "순수한 주어짐과 세계의 맥락 사이에서: 장−뤽 마리옹의 현상학적 주체 물음에 대한 비판적 고찰". 『현상학과 현대철학』 제84집. p.19.

자아가 새롭게 구성되어 삶 자체가 바뀌는 '에피파니epiphany'[10] 현상이 일어난다고 볼 수 있다. 물론 그 과정에서 자아가 의미를 부여할 수 있지만, 외부에서 주어짐이 선행되어야 한다는 것이다.

학생의 자기주도적 선택을 교육의 핵심으로 보는 담론이 주류를 이루고 있는 상황에서 '주어짐'의 논리는 정당한 평가를 받기 어려울 수도 있다. 하지만 학생의 능동성만을 중시하는 교육에서는 학생들이 '매우 하찮고 피상적인 차원의 사태'만 접할 수 있을 뿐이라는 마리옹의 진단을 진지하게 새겨 볼 필요가 있다.[11] 배움 중심 수업을 이론화한 일본의 사토 마나부[12]도 배움은 능동적 활동이지만, 수동적인 반응이 기초가 된다고 강조한다. 말하자면 배움은 타자와 세상의 이야기를 받아들이는 수동적인 행위를 바탕으로 자신의 생각을 만들어 가는 능동

———

10) 보통 '현현顯現'으로 번역되는 '에피파니'는 성서에서 예수의 탄생 혹은 사도 바울이 다메섹으로 가던 중 예수를 체험한 것과 같이 인간의 이성적 인식 능력으로 포착할 수 없는 사건, 그러면서 이를 체험한 인간을 완전히 뒤바꿔 놓는 현상을 가리킨다. 복잡성 이론에서 말하는 소위 '창발'과 같은 것으로, 앞서 언급한 두 번째 태도와 관련이 있다고 볼 수 있다. 이런 교육에는 학습자의 자기주도적인 '학습learning from'보다는 교사에 의한 '가르침being taught by'의 개념이 요청된다. 어느 외국인이 우리의 전통 음악을 듣고 충격에 빠져 무작정 한국으로 달려왔다면, 그 역시 일종의 '에피파니'를 경험했기 때문이라 할 수 있다. 말하자면 앎에는 학습자가 내적으로 차근차근 준비해서 세계와 대상을 이해하고 받아들이는 것도 있지만, 외부에서 주어진 사건(즉 세계)으로 인해 인식체계의 창발이 일어날 수도 있다는 말이다. 이는 학습의 언어가 지배하는 패러다임에서는 기대하기 어려운 앎의 차원이다.
11) 우리의 교육담론을 둘러싼 논쟁에서 언제부터인가 학생의 선택을 중시하면 '진보', 부인하면 '보수'라는 이분법적 라벨을 부여하는 것이 관례처럼 되어 왔고, 저자 또한 이러한 관례를 지적하고 있는 것으로 보아 외국의 경우에도 사정은 비슷한 것 같다. 그러나 저자는 진보와 보수를 이런 기준으로 설정하는 것에 대해 비판적이다.
12) 정윤경, 앞의 책, p.236에서 재인용.

적인 과정이라는 점에서 '수동적 능동성'이야말로 수업과 배움의 모습이 돼야 한다는 것이다.

레비나스의 '타자'와 마리옹의 '주어짐'이 시사하는 것은 자아의 외부에 있는 세계가 자아의 확장에, 교육적으로 해석하면 앎과 인식, 지각에 중요한 의미가 있다는 것이다. 이는 학습자의 자아가 세계의 중심이 아님을 말하고 있는 것으로 볼 수 있다. "미술 작품을 제대로 감상하려면 어떻게 해야 하는가"라는 질문에 어느 미술가는 작품이 말을 걸어 올 때까지 기다리는 것도 하나의 방법이라고 답했다. 미술 작품뿐이겠는가? 문자로 된 텍스트도 마찬가지라고 할 수 있다. 세계가 말을 걸어 오기를 기다리지 않고 학습자가 가진 인식체계만을 기반으로 세계에 접근한다면, 학습자의 인식체계를 넘어선 세계는 그 모습을 드러내지 않을 것이다.

세계가 말을 걸어 올 때까지 기다리는 것을 교육의 측면에서 해석하면, 이는 통상적인 교육활동을 멈추는 것이다. 교육 외적인 목적을 위해 앞으로만 내달리는 교육에서는 멈춤interruption이 불가능하다. 뒤에서 밝히겠지만 저자는 멈춤의 개념에 대해 여러 저서에서 논의하고 있다. 저자의 주장은 레비나스와 마리옹의 논의를 통하여 그동안 학습자의 '자기주도성' 혹은 자기결정권에 지나치게 경도되어 온 배움 중심의 교육담론에 대한 성찰을 촉구하는 것으로 볼 수 있다.

둘째, 저자는 교육에 학생의 관심 방향을 전환하게 하는 교사의 '가리킴pointing'이라는 형식이 필요하다고 본 프랑게의 논의를 통해 학습의 성격을 재조명한다. 플라톤에 따르면, 가르침의 기술은 "영혼의 눈에 시력을 넣어 주는 것이 아니라(이미 시력을 갖추고 있기에) 잘못된 방향을 보지 않고 응당 향해야 할 옳은 방향으로 주의를 돌리도록 하는 것이다. 저자는 프랑게의 논의를 바탕으로 교육의 형식을 '가리킴'으로 표현한다. '가리킴'은 단순히 무언가를 가리키는 것이 아니라, 그 행위를 통해 누군가를 지칭하는 것이기 때문에 '이중적 특성double character'을 지닌다. '가리킴'은 학생에게 어떤 것을 가리켜 주의를 기울이게 함으로써 '환기시키는evocative 제스처'이다. **그것은 학생에게 세계를 열어 주기도 하지만, 세계를 향해 학생을 열어 주기도 한다.** 다시 말해 가르침의 제스처인 가리킴은 학생에게 세계와 그 세계에 참여하는 일에 관심을 갖도록 요청하는 것이라고 할 수 있다.

이러한 가리킴은 학생 스스로 할 수 있는 것이 아니라 교사의 전문성이 발휘되는 활동이다. 그런데 교사의 가리킴에 의해 유발되는 학습은 교육적 의도의 함수로 나타난다는 특징이 있다고 한다. 가령 연습을 할 때는 '모방'으로, 문제해결에서는 혁신과 발명으로, 프로젝트를 추진할 때에는 실질적인 학습으로 자신의 모습을 드러낸다는 것이다. 또 학습은 근본적으로 **비가시적인 것**invisible 혹은 **불투명한 것**intransparency이라고 주장한다. '학습'은 나무처럼 고립되고 자기충족적인 사물이나 대상으로서 간단히 접근할 수 있는 것이 아니라, 온갖 상황 및 환경과 얽혀 있어서 **끊임없이 '보여 주기'와 '숨기기'를 반복한다**는 점에서 '교육의 방정식에서 미지의 요소'라고 주장한다. **학습의 불투명성을 끝내 밝혀야 할 일종의 '어둠'으로 이해해서는 안 된다**는 것이 저자의 생각이다. 어떤 경우에 교육의 행위를 훌륭하다고 할 수 있는가는 쉽게 답할 수 없는 질문이라는 것이다.

그래서 저자는 교육에는 항상 위험이 수반된다는 점을 강조한다. 배관 공사나 자동차 수리처럼 기술적이고 기계적인 영역의 판단 논리가 교육에는 적용되지 않는다는 것이다. 교육자들은 모든 것을 올바르게 실행했을 때조차도 그들의 행위가 종국에 아이나 학생에게 좋은 영향을 미칠 것이라는 확실한 보장이 없다는 사실을 알고 있다. **교육자의 교육적 행위와 학생 측에서 '일어나는' 배움의 행위가 서로 영향을 미치는 관계에** 있기 때문이다. 이것은 가르침과 배움의 관계에 대해 논리적이고 객관적인 방법으로 접근하는 것이 한계가 있음을 말해 주는 것이라고 볼 수 있다. 그러나 이 한계가 교육의 약점이 아니라 **주체화의 가능성을** 여는 지점일 수 있다는 것이 저자의 독특한 생각이다. 이와 관련하여 저자는 다음과 같이 표현한다.

교육을 제대로 실천하는 것이 중요하기 때문에 오늘날 교육연구와 정책의 상당 부분은 이러한 위험을 줄이는 것을 목표로 하고 있으며, 이러한 점에서 전적으로 정당화된다. 그러나 이 특별한 위험을 줄이려는 의욕에는 임계점tipping point이 있다. 이것은 교육이 완벽한 재생산에 지나지 않게 되는 지점이자 교화indoctrination로 바뀌는 지점이며 학생들이 완전히 대상화되었기 때문에 더 이상 주체로서 존재할 수 있는 기회가 사라지는 지점이다. (…) 결국, 수업이 끝났을 때 학생들이 경험하고 직면하고 성취할 것을 수업이 시작될 때 미리 말할 수 있다고 생각하는 교사는 학생 없는 교실에서 가르치는 것과 같다고 할 수 있다(p.119).

저자는 이 책에서 교육의 실천을 위한 구체적인 방법을 제안하지 않는다. 이 책에 제시된 아이디어들이 교육의 실천에 아무런 의미가 없어서가 아니라, 교육 자체가 워낙 실천적인 예술이라고 믿기 때문이다. 한 단위 교육활동이 시작부터 종료 시까지 구체적인 방법에 따라 계획적으로 추진되는 경우, 학생들이 만나게 되는 세계는 앞에서 지적한 대로 '매우 하찮고 피상적인 차원의 사태'일 뿐이다. 저자는 사전에 계획한 대로 결과를 얻으려 하는 것은 교육이 아니라 교화일 뿐이라고 주장한다. 물론 교육에도 자동차 수리 방법처럼 일러 줄 수 있는 것이 있다. 하지만 창발이나 '에피파니'처럼 기대를 초월하는 가치는 일러 줄 수 있는 것이 아니다. 특히 저자가 교육을 교육답게 하는 교육의 핵심적 목표라고 보는 '주체화'는 그 실현을 위해 어떤 기법이나 방법에 따라 계획적으로 추진할 수 있는 교육적 가치가 아니다. 이것이 주체화 교육의 실천을 어렵게 만드는 가장 큰 요인이라고 볼 수 있다. 그러나 주체화를 포기하는 것은 교육을 포기하는 것이나 다름없다. 오늘날 우리 교육에 심각한 문제가 있다면 그것은 주체화를 경시하거나 포기한 대가가 아닌지 되돌아볼 일이다.

주체화 교육

우리는 대개 학교교육을 통해서 학생들에게 현재 혹은 미래사회에 적응할 수 있는 지식과 기술 및 태도를 함양하려고 한다. 그리고 이와 더불어 건전한 시민이 되는 데 필요한 사회의 제반 가치를 수용하기를 기대한다. 저자는 이를 각각 '자격부여_{qualification}'와 '사회화_{socialisation}'로 개념화한다. 사회화는 우리에게도 익숙한 개념이어서 별도의 설명이 필요하지 않으나 소위 자격부여로 옮긴 'qualification'에 대해서는 약간의 설명이 필요할 것 같다.

저자가 말하는 자격부여는 지식, 기술과 이해의 전달 및 습득과 관련이 있다. 부모나 학생 자신이 학교교육에서 일차적으로 기대하는 교육의 목적이라고 할 수 있으며, 우리의 경우에는 학생의 실력을 평가한다고 할 때 그 대상이 되는 것, 즉 대부분의 교과교육을 통해서 명시적으로 배우고자 하는 것이라고 할 수 있다. 우리의 어법으로 단순히 '실력향상'이라고 표현하면 쉽게 이해될 수도 있지만 '자격'과 관련이 있는 'qualification'이란 용어를 사용한 것은, 교과 학습에 대한 평가의 주된 목적이 1,2점의 차이로 학생의 운명을 가르기 위한 것이 아니라, 해당 과목을 이수했다는 자격을 부여하기 위한 것이기 때문이라고 판단된다.

저자는 교육에서 자격부여와 사회화가 중요하다는 것을 부인하지 않으나 주체화를 망각하면 그것은 교육을 훈련의 영역에 머무르게 하는 것이라고 주장한다. 교육은 끝없는 질문과 대답의 연속으로 이루어지는 활동인데, 저자는 교육의 질문이 근본적으로 실존적인 물음이 되어야 한다는 점을 강조한다. 이 실존적 물음이 주체화 교육의 기반이 되기 때문이다. 그러면 실존적인 물음과 교육의 주체화란 과연 무엇인가? 저자는 이 문제를 다룸에 있어서 '파크스─아이히만 역설Parks-Eichmann paradox'이라는 용어를 만들어낸다.

파크스-아이히만 역설

1955년 12월 1일, 미국 앨라배마주 몽고메리시에서 로자 파크스_{Rosa Parks}는 자신이 탑승한 버스 운전사로부터 '유색인' 구획의 좌석을 백인 승객에게 양보하라는 명령을 받았으나 거부했다. 그녀는 버스 표지판에 적힌 '백인 앞좌석, 유색인 뒷좌석'이라는 메시지는 **읽었지만**, 운전사의 좌석 배정 요구에 따르지 않았다는 이유로 결국 체포되었다. 이 사건은 1955년 12월 5일부터 1956년 12월 20일까지 지속된 이른바 '몽고메리 버스 보이콧 운동'을 촉발시켰다.

한편 1961년 4월 11일, 예루살렘 지방법원의 특별재판소는 아돌프 아이히만에 대해 제2차 세계대전 중 유대인 집단학살의 책임을 묻는 재판을 열었다. 아이히만의 재판이 유명해진 것은 그가 유대인 등 나치의 홀로코스트 대상이 된 사람들의 대량이송을 주선한 것은 인정했지만, 자신은 단지 명령을 따랐을 뿐이라면서 집단학살에 대한 책임은 부인했기 때문이다.

이 책의 저자는 교육적인 관점에서 로자 파크스와 아돌프 아이히만의 사례는 하나의 역설을 보여 준다고 판단한다. 많은 연구조사와 다양한 차원의 교육에서는 교육을 사전에 정한 효과 또는 결과를 얻으려는 개입으로 보고, 이 개입과 결과 사이의 연결고리가 더 확실할수록 성공적인 교육으로 판단할 수 있다고 가정한다. 만일 이러한 가정을 받아들인다면, 아돌프 아이히만의 교육은 성공이고 로자 파크스의 교육은 실패로 단언해야 할 것이다. 아이히만의 경우는 그에게 기대되는 것과 그의 행동 간에 완벽한 일치가 있었던 반면, 로자 파크스는 그녀를 대상으로 한 메시지를 효과적으로 해독할 수는 있었지만(인종별 좌석 배정 규정) 그러한 규정에 따르지 않았기 때문이다.

저자에 따르면 이 역설은 효과적인 가르침과 성공적인 학습, 즉 자격부여와 사회화로서의 교육이라는 관점에서 성공(아이히만)과 실패(파크스)로 보이는 것이, 소위 '인간적 관점', 즉 주체로서 존재한다는 관점, 주체화로서의 교육이라는 관점에서 바라보았을 때에는 결국 정반대의 결과로 드러난다는 것이다. 로자 파크스가 규정에 따르지 않을 경우 어떤 결과가 닥칠지 예상했음에도 불구하고 규정을 거부하기로 선택했을 때에는 그 상황에서 '나는 어떻게 살아야 하는가?', '가치 있는 삶이란 무엇인가'와 같은 인간으로서의 본질적인 고민을 했을 것이다. 실존적 물음이란 바로 이러한 고민을 일컫는 것이다.

주체화의 어려움

주체화로서 교육의 목표가 자격부여나 사회화와 근본적으로 다른 점은 적극적이고 체계적인 계획을 수립한다고 해서 성공적으로 달성할 수 있는 목표가 아니라는 점이다. 이것이 주체화 교육의 어려움이다. 저자에 따르면, 주체화로서의 교육은 교육적으로 주체를 만들어내는 일이 아니라 아이나 젊은이의 주체성이 '작동'하도록 하는 것, 아이나 젊은이가 주체로서의 존재 가능성을 잊지 않도록 지원하는 것이다. 주체화 교육에서는 교육자가 학생들에게 그들이 어떻게 되어야 하는지, 그들의 자유로 무엇을 해야 하는지, 어떤 '표본' 혹은 '이미지'를 받아들이고 추구해야 하는지를 말하지 않는다. 주체화 교육은 학생을 주체로 가정하고 교육을 시작하는 것, 자기 삶의 주체로서 존재하려는 욕구를 불러일으키는 것, 다른 말로 주체가 되지 않는 편안함을 거부하는 것, 주체성이 작동하도록 자유를 주는 것 외에 특별한 프로그램이 따로 있는 것이 아니라는 말이기도 하다. 이렇게 말하면 교사가 할 일이 없다는 말로 들릴 수도 있지만, 사실은 교사로서 큰 모험 혹은 위험을 감수해야 하는 일임을 저자는 강조한다. 다음에 소개하는 '호머 레인의 사례'를 보면 이를 확인할 수 있다.

호머 레인의 사례

서머힐 학교의 설립자인 닐A.S. Neill은 '리틀 커먼웰스Little Commonwealth'의 설립자인 호머 레인Homer Lane을 그의 인생에 '가장 큰 영향을 끼친 인물'로 지목했다고 한다. 레인은 1913년부터 1918년까지 잉글랜드의 도싯Dorset 지방에 참여와 자치의 민주적 원칙에 기초한 리틀 커먼웰스라는 기숙학교를 설립·운영했다. 그는 모두 '어려운' 배경(대부분의 경우 범죄 경력이 있음)을 가진 도심의 어린 소년 소녀들에게 회복의 기회를 주기 위해 학교를 설립했다. 그는 규율에 의한 엄격한 '재교육' 체제가 아닌 자유를 원칙으로 삼았다.

레인은 『부모/교사와의 대화Talks to Parent and Teachers』라는 저서의 한 대목에 제이슨이라는 16세 소년과 차를 마시면서 경험한 사례에 대해 기록하고 있다. 제이슨은 이 학교에서 불행한 아이였기 때문에 레인은 그의 상황을 바꾸어 주기 위해 다음 학기 임원 선거에 대비해서 친구들을 모을 것을 제안한다. 제이슨은 레인과 이런저런 얘기를 나누며 주변을 둘러보다가, '저기 까다로운 컵과 받침접시들'은 '여성과 고상한 척 하는 애들을 위한 것'이기 때문에 부숴 버리고 싶다고 대답한다. 레인은 그렇게 하는 것이 행복하다면 그렇게 하라고 응답한다.

방에서 상황을 지켜보던 다른 아이들은 레인이 제이슨에게 컵을 부수도록 함으로써 그를 우롱하고 있다며 비난하기 시작한다. 제이슨은 낌새를 알아차리고는, 사실 문제는 "접시가 아니라 내가 그것들을 부수도록 레인이 부추긴 것"이라고 말한다. 사건이 흥미롭게 전환되자, 제이슨은 갑자기 이 상황의 영웅이 되고 레인은 잘못된 행동을 한 것으로 받아들여진다. 그는 사실 자신이 컵과 받침접시를 부순 이유는 '겁쟁이가 아니어서' 항상 도전을 하기 때문이라고 변명한다.

그때 레인은 자신의 시계를 제이슨의 손에 쥐여 주며 말한다. "이건 내 시계야, 제이슨. 서슴지 말고 때려 부수렴." 그는 시계를 들어 벽난로에 던져 넣으려고 하다가, 마지막 순간에 레인이 권한을 행사하여 자기의 체면을 세워 주기를 바라는 눈빛으로 그를 쳐다본다. 순간의 망설임이 제이슨의 진정한 모습을 수면 위로 끌어올렸다. 그는 손을 내리고 시계를 탁자 위에 올려놓았다. "아니요, 당신의 시계를 부수지 않겠습니다." 다음날 제이슨은 레인에게 학교의 목공소에서 일할 수 있는지 물었다. 레인이 이유를 묻자 그는 미소를 지으며 말한다. "어젯밤에 부순 접시 값을 치르려면 돈을 더 벌어야 해요."

저자가 이 사건을 소개하는 것은 어려운 젊은이가 '방향 전환'에 확실히 성공해서가 아니라, 레인의 행위가 상당히 정확한 **주체화**로서의 교육의 사례를 생생하게 제공하고 있기 때문이다. 이것은 미리 계획된 것이 아니라 레인이 우연히 인지하고 포착한 교육의 기회였다. 레인이 한 일은 거의 문자 그대로 제이슨의 자유를 그 자신의 손에 맡긴 것이었다. 훈계 대신 제이슨으로 하여금 자유에 직면하게 하고, 그것이 제이슨 자신의 자유이며, 자유를 갖는다는 사실의 핵심은 그것을 가지고 해야 할 일이 무엇인지 스스로 결정하는 것임을 상기시킨 것이다. 만일 제이슨이 그렇게 하기로 마음먹었다면 당연히 자유롭게 시계를 부수었을 것이다.

저자에 따르면 주체화에 있어서 관건이 되는 것은 교육받는 자의 자유다. 이 사례에서 보듯이 주체화 교육에는 위험이 수반된다.[13] 저자는 『교육의 아름다운 위험The Beautiful Risk of Education』이란 또 다른 저서에서 이 부분을 특별히 강조한다. 위험을 회피하면 교화나 훈련은 가능할지 모르나 교육은 불가능하다는 것이 저자의 일관된 생각이다. 다시 한번 정리하면, 주체화 교육은 사전에 철저히 계획을 수립해서 그 계획대로 밀고 나갈 수 있는 것이 아니라, 학생과의 관계를 통해 직면하는 상황 속에서 순간순간의 선택으로 이루어진다. 철저한 계획 수립이 불필요하다는 게 아니라 순간순간 교사와 학생의 선택이 주체화를 좌우

---

13) 물론 학생에게 자유를 누리도록 하면 주체화의 실현이 보장된다는 의미는 아니다. 자유가 주체화로 연결되기 위해서는 교사와의 신뢰 관계가 전제되어야 한다. 그러나 교사와의 신뢰 관계가 형성되었다고 해서 주체화를 보장할 수 있는 것도 아니라는 것이 저자의 판단이며 이는 교사들의 경험과도 부합된다. 저자가 주체화 교육에는 위험이 수반된다고 한 것은 이 때문이다. 이 위험에 대해 교사가 전적으로 책임져야 하는 상황에서는 교육의 주체화가 요원하기 때문에 이 부분에 대해서는 제도적, 정책적 지원이 필요하다고 볼 수 있다.

한다는 점에 유의해야 한다는 것이다. 오우크쇼트M. Oakeshott[14]는 시인의 입장이 세르반테스가 전하는 스페인 어느 화가의 처지와 유사하다고 하면서 하나의 일화를 소개한다. 관객으로부터 무엇을 그리고 있느냐는 질문을 받자 이 화가는 이렇게 대답한다. "내가 그리는 것은 그려 보아야 아는 것whatever it turns out to be이오." 교육자가 처한 입장도 이 화가의 처지와 크게 다르지 않을 것이다. 그래서 저자는 교육을 실천적인 예술이라고 규정한다.

아렌트의 주체성 개념

주체를 뜻하는 영어 표현인 '서브젝트subject'에는 '주체' 혹은 '주제'와 '신하'라는 다소 상반된 의미가 포함되어 있다. 저자에 따르면 나는 내 자신의 이니셔티브를 쥐고 있는 주체subject이기도 하지만, 다른 사람들이 나의 이니셔티브를 어떻게 받아들이느냐에 따라 운명이 구속되는 존재이기도 하다. 여기에는 내가 '나 아닌 것'에 대해 능동적이면서 동시에 '나 아닌 것'의 영향을 받아들일 때 진정한 주체로 탄생할 수 있다는 역설적인 의미가 들어 있다. 자유로운 주체로 존재한다는 것은 자신 외에 누구의 영향도 받지 않는 것이 아니라 실제로 타자(사물이건 사람이건)와 지속적인 '대화의 상태'에 있다는 의미이다.[15] 이는 주체란 고정된 실체가 아니라 끊임없이 생성되는 것을 의미하는 과정의 개념

---

14) Oakeshott, M. 『The Voice of Poetry in the Conversation of Mankind』(1959). 파이데이아 엮음(2023). 故 김안중 교수의 『교육철학산고』. 교육과학사.

15) Biesta, G.(2017). 『가르침의 재발견The Rediscovery of Teaching』. Routledge. p.3.

이라는 것을 말해 준다.

아렌트[16]에게 있어서 행위한다는 것은 우선 주도적initiative이 되는 것, 즉 뭔가 새로운 것을 시작한다는 의미이다. 아렌트는 인간의 특징을 이니티움initium, 즉 '시작과 시작하는 자a beginning and a beginner'로 정의했다. 그녀에 따르면 우리 각자를 유일한 존재로 만드는 것은 이전에 해본 적이 없는 일을 할 수 있는 가능성이다. 아렌트가 행위를 탄생이라는 사실에 비유하는 것은 탄생할 때마다 '유일하게 새로운' 무언가가 세상으로 출현하기 때문이다. 그러나 새로운 것이 신체적 탄생의 순간에만 출현하는 것은 아니다. 아렌트에 따르면 우리는 말과 행위를 통해서도 끊임없이 새로운 시작을 세계 속으로 가지고 온다. 나의 자유 혹은 주도권initiative은 나의 의지에 의해서 결정되는 것이 아니라, 타인이 나의 이니셔티브를 어떻게 받아들이느냐에 달려 있다. 그런데 타인은 예측할 수 없는 방식으로 나의 주도권에 응답한다. 내가 나의 행위의 유일한 주인으로 남을 수 없다는 사실은 역설적으로 나의 자아가 세계에 출현할 수 있는 유일한 조건이 된다.

가상의 사태를 생각해 보자. 어느 사거리에 적색 신호등이 켜져 차들이 멈춰 서 있다. 1차선과 2차선 모두 좌회전과 우회전이 가능한 조건이다. A는 다음 블록에서 좌회전하기 위해 미리 1차선으로 들어와 있고, B는 2차선에 멈춰 서 있지만 바로 좌회전을 준비하고 있다. 신호등이 직진과 좌회전 동시 진행으로 바뀌자, A가 원래 계획대로 직진했

---

16) Arendt, H.(1958). 『인간의 조건The Human Condition』. the University of Chicago.

고 B 역시 원래 계획대로 좌회전을 했다. A와 B 모두 주의 의무를 게을리한 것 외에 명문화된 규정을 어긴 것은 아니지만, 충돌을 피하지 못했다. 나의 주도권은 상대를 나의 주도권으로 구속하지만 우리는 이를 부자유라고 하지는 않는다. 호머 레인의 사례에서 확인했듯이 주체화는 근본적으로 자유를 필요조건으로 한다. 하지만 아렌트에 따르면 우리가 진정한 주체로 탄생하기 위해서는 이 자유를 앞서 언급한 '수동적 능동성'의 토대 위에 두어야 한다.

함양의 패러다임과 실존적 패러다임

일반적으로 교육을 시행하는 목적은 학생 개인과 사회 및 국가가 필요로 하는 지식과 기술 및 태도 등을 습득하거나 기르도록 하려는 것이다. 그렇지 않다면 교육, 특히 국가의 재원으로 운영되는 공교육은 존재 이유가 없을 것이다. 저자 역시 이런 논리를 부정하지 않는다. 앞서 언급한 자격부여와 사회화는 일차적으로 이런 요구를 충족하기 위한 교육의 목적이다. 그러나 저자는 이 책에서 이것이 교육의 전부라는 통념에 균열을 내고자 한다. 아마 현대 사회가 인간과 인간, 인간과 자연이 평화롭게 공존하고 있고 교육이 이러한 방향에 긍정적으로 기여하고 있다면, 구태여 현재의 이러한 통념에 균열을 낼 필요를 느끼지 않았을지도 모를 일이다.

많은 사람들은 현대 사회가 당면하고 있는 제반 문제를 해결하기 위해서라도 교육에 필요한 주문을 해야 한다는 생각에 동의할 것이다. 이것은 교육을 통해 필요한 지식과 기술 및 태도를 기를 것을 기대하는 하나의 패러다임이다. 그러나 저자는 이와 근본적으로 다른 패러다임도 필요하다고 주장한다. 학생에게 결핍된 것, 부족한 것을 채우는 것만이 교육의 전부는 아니며 역설적으로 들릴 수도 있지만, 오히려 이런 활동을 잠시 멈추는 교육도 필요하다고 보는 것이다. 저자는 전자를 **함양으로서의 교육 패러다임**paradigm of education as cultivation(저자는 이를 제1패러다임이라 부른다), 후자를 **실존적 교육 패러다임**existential educational paradigm(저자는 이를 제2패러다임이라 부른다)으로 개념화하고 있다.

함양으로서의 교육이라는 개념은 '외부로부터의' 영향을 통해 '무언가'를 기르는 과정을 의미한다. 이것은 '내적인' 요인과 '외적인' 영향이 상호작용하여 인간이 현재의 모습으로 형성되는 방식에 관심을 두는 패러다임이다. 외부로부터 학생들에게 영향을 미치는 것을 교육으로 보는 것이다. 이 관점은 가장 넓은 의미에서 인간이 '문화'에 참여함으로써 현재의 모습으로 형성되고, 또 이런 과정이 지속되는 방식에 초점을 맞춘다. 우리가 통상 교육에 기대하는 그 정당성의 근거로서 제시하는 것이 이 패러다임이다. 현대 국가가 교육에 관심을 갖고 막대한 예산을 투자하는 것도 이 패러다임에 의한 것이라고 볼 수 있다.

반면에 **실존적 교육 패러다임**은 인간이 '내부에서 외부'로 나아가는 삶을 영위한다는 사실과 관련이 있다. 이 패러다임에 있어서 한 가지 흥미로운 것은, '나'는 함양과정의 결과가 아니라는 것, 따라서 **교육적으로 산출될 수 있는 것이 아니라는 것**이다(더 정확하게 말하면, '무언가'를 갈고 다듬어 만들어낼 수 있는 것이 아니라는 사실이다). 이는 이 패러다임이 함양의 패러다임과 근본적으로 다르다는 것을 나타낸다. 그러나 이것은 교육이 아무것도 할 수 없다는 것을 의미하지는 않는다. 이 패러다임에서 교육의 과제는 인간 유기체의 발전에 영향을 미치거나 이를 지시하거나 지원하는 것이 아니라, 오히려 **스스로 자아가 되도록 격려하는 것**encouraging과 관련이 있다.

베너D. Benner는 자연(유전적 요인)과 양육(환경, 교육은 제외)이 인간의 변화(성장)에 어느 정도 기여하는지에 대하여 각각이 차지하는 상대적인 비율과 관계없이, 이 둘을 합하면 항상 **100%가 될 것**이라는 놀라운 주장을 한다. 이것은 교육이 인간의 변화에 영향을 줄 여지가 없다는 말일까? 그러나 베너는 이것을 완전히 교육을 포기해야 한다는 주장으로 읽지 않고, 사실 교육의 문제는 **전적으로 다른 질서**라고 주장한다. 교육의 질서는 '바이오-신경-사회-문화bio-neuro-socio-cultural'의 질서가 아니라 철저하게 **실존적인 질서**라는 것이다. 이는 교육의 핵심이 자격부여와 사회화에 있는 것이 아님을 의미한다. 인간의 변화에 있어서 자연과 양육을 합하면 항상 100%가 된다는 것은 자격부여와 사회화에 해당하는 것이고, 실존적 질서에 해당하는 주체화는 이러한 측정 혹은 평가에 잡히지 않는다는 것을 말해 준다. 교육이 자격부여와 사회화만을 추구한다면 주체화는 상실될 수밖에 없다.

무한 경쟁이 삶의 구석구석을 파고들고 있는 시대에 자격부여(혹은 실력향상)와 사회화의 요구가 주류를 이루는 것은 불가피한 일이다. 저자 역시 이런 흐름을 부인하지 않는다. 저자는 주체화 교육이 자격부여와 사회화를 완전히 대체하는 것 혹은 실존적 교육 패러다임이 함양으로서의 교육 패러다임을 대체하는 것은 낭만에 불과하다는 것을 인정한다. 문제는 현재의 상황이 균형을 잃었다는 것이며, 따라서 함양으로 서의 교육 패러다임이 실존적 교육 패러다임으로 보완될 필요가 있음을 지적하고 있다. 저자는 이 균형 상실이 학교와 사회의 관계에 대한 다소 일방적인 시각에서 비롯되었다고 진단한다. 이 시각에서 유일하게 합당한 질문은 '사회는 어떠한 학교를 필요로 하는가?' 하는 것이다. 그러나 저자는 상실된 균형을 회복하기 위해서는 이와 다른 질문이 필요하다고 주장한다.

학교를 위해서는 어떠한 사회가 필요한가?

저자는 또 다른 질문, 즉 '학교를 위해서는 실제로 어떠한 사회가 필요한가?'라는 질문도 필요하다고 주장한다. 공교육은 국가 혹은 사회가 필요해서 운영하는 것이기 때문에 '사회는 어떠한 학교를 필요로 하는가'라는 질문은 성립하지만, '학교를 위해서는 어떠한 사회가 필요한가' 하는 질문은 성립할 수 없다. 이 질문이 성립하려면 학교가 목적이고 사회는 이를 위한 도구임을 받아들여야 하는 것이 아닌가 하는 의문이 들 수도 있다. 그러나 저자는 어느 한쪽은 목적이고 다른 한쪽은 수단이라는 이분법적인 사고에서 이 질문을 제기하는 것이 아니다.

저자가 후자와 같은 질문의 요청 근거로 제시하고 있는 것은 '**충동적인 사회의 부상**rise'이다. 현대 자본주의는 실체가 있는 제품을 넘어 무형의 욕망을 파는 사업을 하고 있다고 말할 수 있다. 소비 시장이 사실상 자아의 **내부로** 이동한 셈이다. 충동적인 사회에서 새로운 사실은 개인의 이기적인 행동양식이 **전체 사회**의 행동양식으로 확산되었다는 것이다. 또 하나 걱정스러운 것은 "한때 신속하고 이기적인 보상을 추구하는 개인을 누그러뜨리던 기관들(정부, 미디어, 학계 등)마저 이제는 이와 같은 것을 추구하는 데 점점 더 많이 동참하고 있다"는 사실이다. 교육 또한 충동적인 사회의 욕망에 붙잡혀 학생들이나 부모 혹은 사회가 원하는 내용에 대해 성찰하기보다는 고객들이 원하는 것을 그대로 제공해야 한다는 논리에 굴복하는 일이 점점 더 많아지고 있다.

이와 관련하여 저자는 '멈춤interruption'과 '지연suspension' 및 '지지sustenance'라는 개념을 끌어들인다. '멈춤'은 이 책을 포함하여 저자의 주요 저서에서 자주 등장하는 개념이다.[17] 그것은 자신과 일치되는 것을 멈추고 정체성을 멈추고 잘나가는 것을 멈추고 성장을 멈추고 심지어 학습을 멈추는 것이지만, 자아를 파괴하거나 정체성을 부정하거나 잘나가는 것을 멈추거나 성장과 학습을 방해하는 것 자체가 목적은 아니다. 그것은 존재하고, 중요한 사람이 되고 발전하고 성장하고 배우려고 하는 '나'를 **세계 속으로** 불러들이는 것이라고 할 수 있다. '나'를 세계 속으로 불러들이는 것은 세계의 부름에 주체적으로 응답하도록 하기 위함이다.[18]

저자는 또한 교육이 **지연**suspension의 원리에 따라 추진돼야 한다고 주

---

17) 『학습을 넘어Beyond Learning: Democratic Education for a Human Future』(2006a), 『우리는 교육에서 무엇을 평가하고 있는가Good Education in an Age of Measurement: Ethics, Politics, Democracy』(2010a), 『가르침의 재발견The Rediscovery of Teaching』(2017a) 등.
18) 오늘날 세계는 '기후 위기에 어떻게 대처할 것인가' 하는 문제를 던지고 있다. 세계의 부름은 상황에 따라 그 내용이 달라질 수 있을 것이다.

장한다. 이것은 속도를 늦추고 여유를 줌으로써 학생들이 세계와 만나고 세계와의 관계 속에서 자신과 만나는 등 모든 과정을 충실히 밟아나가도록 하는 것이다. 이런 의미에서 멈춤과 지연은 일종의 자기 성찰의 과정이라고 볼 수 있다. 배움의 과정에서 앞으로만 내달리면 '나는 어떻게 살아야 하는가?', '가치 있는 삶이란 무엇인가'라는 질문을 하지 않게 된다. 이러한 실존적 물음을 자신의 삶에 끌어들이는 것이 중요한 이유는, 나를 둘러싼 세계의 운명에 영향을 주는 선택의 상황 가운데 로자 파크스의 길을 갈 것이냐 아니면 아이히만의 길을 갈 것이냐를 판가름하기 때문이라고 할 수 있다.[19]

저자가 아무리 힘주어 실존적 패러다임 혹은 주체화의 교육을 주장해도 그 필요성에 쉽게 공감하기 어렵다면, 교육받은 대부분의 사람들이 아이히만 같은 선택을 하는 사회에 살 것이냐 아니면 로자 파크스 같은 선택을 하는 사회에 살 것이냐를 생각해 볼 필요가 있다. 보다 직설적으로 말하면 아이히만 같은 사람을 이웃으로 두고 살 것이냐 아니면 로자 파크스 같은 사람과 더불어 살 것이냐를 자문해 보는 것도 좋을 것이다.

세 번째, 주체화 교육을 위해서는 **지지** 혹은 **지원**sustenance의 원리가 필요하다. 이는 아이와 청소년이 소위 '유아적인' 방식이 아니라 '성숙

---

19) 모든 사관학교에서는 철학을 필수과정으로 가르치고 있다. 여기에는 전투 상황에서 적의 생명을 해치는 것은 불가피한 일이지만, 만일 상관으로부터 군인과 민간인을 구분하지 말라는 지시를 받았을 때 이를 그대로 따르는 것을 잠시 멈추고 실존적 차원에서 '성찰'하라는 의미가 들어 있다고 볼 수 있다.

한' 방식으로 세상을 살아갈 수 있도록, 말하자면 추구해야 할 욕망과 버려야 할 욕망을 알아낼 수 있도록 서로를 지원하는 사회적 장치가 있어야 한다는 의미이다. 충동적인 사회의 기초인 유아적인 욕망에 도전하는 것은 아이 혼자서 감당할 수 있는 과제가 아니다. 여기에는 아이와 청소년이 어려움을 견디고 세계와 자신을 만날 수 있도록 하는 사회적 지지가 필요하다.

학교교육은 전적으로 사회의 요구에 의해 지배되거나 결정되어서는 안 되며, 사회가 요구하는 기능 수행보다는 하나의 '스콜레scholè'로서, 자유 혹은 해방의 기회로서, 바로 이러한 일을 하는 사회적 장치가 되어야 한다는 것이 저자의 주장이다. 학교school의 어원인 그리스어 '스콜레'는 사실 "자유 시간", 즉 "아직 생산적이지 않은 시간"을 의미한다. 주체화를 진지하게 받아들이는 학교는 느린 속도, 속도를 늦추는 여유, 학생들이 노력하고 실패하고 다시 노력하고 더 나은 실패를 할 시간을 제공할 필요가 있다. 이는 학교교육에는 사회의 충동적인 욕망과 이에 저항하는 주체화의 요구 간에 끊임없는 갈등이 존재할 수밖에 없음을 인정하는 것이기도 하다.

저자는 이와 관련하여 교육에는 집요함이 있어야 한다고 주장한다.[20] 교육이 집요해야 하는 것은 단지 문턱을 높이기 위해서가 아니라 해방과 민주화에 기여하기 위해서이다. 이와 관련하여 교육에서는 모

---

20) Biesta, G.(2019b). 『Obstinate Education: Reconnecting School and Society』. Leiden: Brill/Sense.

든 욕망을 충족하기에는 자원이 한정되어 있는 이 지구의 상황을 고려할 때 개인과 집단의 요구가 그들이 잘 살아가는 데 도움이 되는 것인지에 대해 질문하게 한다.

저자가 명시적으로 밝히고 있는 것은 아니지만, 교육에서 멈춤, 지연, 지지의 원리를 추구하는 것은 주체화 교육의 실천을 저해하는 충동적인 사회에 균열을 내기 위한 것이기 때문에 어찌 보면 외로운 싸움이 될 수 있다. 그러나 우리가 주체화 교육을 망각하거나 소홀히 했을 때 초래되는 피해는 개인과 집단의 조건에 따라 시기는 다를 수 있지만 결국에는 모두에게 미칠 수밖에 없다. 지구 온난화라든가 특히 우리가 겪고 있는 저출산, 양극화 등의 문제는 결국 멈춤이나 지연 없이 앞만 보고 달려온 데서 벌어지고 있는 문제라 아니할 수 없다. 저자는 주체화 교육을 가능하게 하는 사회적 조건이 무엇인지를 구체적으로 지적하지는 않는다. 하지만 충동적인 사회에서 학교가 주체화 교육을 집요하게 추진해 나갈 때 발생할 수도 있는 어려움들을 흡수하는 사회적 장치가 있어야 한다는 기대는 하고 있는 것으로 판단된다.

앞에서 세계 중심 교육과 주체화 교육은 어떻게 일관성 있는 주장으로 통합될 수 있는가 하는 이슈를 제기한 바 있다. 세계 중심 교육은 자아를 세계의 중심으로 보는 관점을 극복하는 것이다. 저자가 강조하고 있는 주체화 교육은 나를 세계의 중심으로 보는 관점에서 벗어나는 것이기 때문에 정체성 교육과 구분된다. 정체성은 남과 다른 나에 방점이 찍혀 있으며, 내가 세계를 능동적으로 인식하고 세계를 나 중심으로 바라보는 개념이다. 반면에 주체화는, 한나 아렌트의 논의에서 확인했듯이, 나의 이니셔티브가 타인에 의해 어떻게 받아들여지느냐에 의해 구속되는 개념이기 때문에 사토 마나부의 표현대로 '수동적 능동성'의 특성을 지닌다고 할 수 있다.

내가 '왕의 DNA'를 가지고 있다면 상대방에게도 '왕의 DNA'가 있음을 인정하는 것이 주체화 교육의 출발점이다. 이렇게 볼 때 세계 중심 교육은 주체화 교육의 다른 이름이라고 볼 수 있다. 저자는 프랑게의 '가리킴'이란 개념의 이중적 구조를 인용하여 '가리킴'으로서의 가르침은 결국 누군가에게 세계에 주의를 기울이도록 요청하는 것이면서 동시에 자신의 내면에도 주의를 기울이도록 요청하는 것을 의미한다고 하였는데, 이것 역시 세계 중심 교육과 주체화 교육이 상반된 것이 아니고 오히려 서로를 요청하는 개념임을 말해 준다.

앞에서도 언급했듯이 저자는 이 책에서 그동안의 글쓰기, 말하기, 가르치기에서 논의해 온 아이디어들을 총정리하고 있다. 이 책은 영어로 쓰였지만, 저자는 독일어, 프랑스어, 스페인어 등으로도 저서를 출간할 만큼 다양한 외국어를 구사하고 있다.

언어가 어떤 보편적인 경로를 따라 흐른다기보다는 산 위에서 흘러내리는 물처럼 예측할 수 없이 '자연 표류natural drift'하는 것이기 때문에 외국어를 자국어로 옮기는 데는 일정한 한계가 있을 수밖에 없다. 저자도 인정하고 있다시피 우리말의 '교육'에 해당하는 용어도 독일어에는 두 개의 단어Bildung, Erziehung가 있지만 영어에는 하나밖에 없어서education 논의를 하는 데 제약이 많다. 서로 근친 관계에 있는 언어도 이 정도라면 아무 관계도 없는 우리말로 오해가 없도록 옮기는 것은 거의 불가능하다고 보아야 한다. 여기에다 옮긴이의 역량상 한계까지 더해져 읽는 이들에게 적잖은 불편을 초래하리라는 점을 인정해야 할 것이다.

그러나 그동안 저자가 저서와 논문을 통해 밝혀 온 주장들 가운데는 복잡하게 얽혀 있는 우리의 교육 문제들을 풀어 나가는 데 참고가 될 만한 것들이 적잖게 있다고 판단되어 번역을 하기로 했다. 다행히 저자가 논의의 기반으로 삼고 있는 철학적 관점 중 하나인 현상학에 조예가 깊은 동국대학교 조상식 교수님께서 친절하게 가르침을 주셔서 이 책의 흐름을 이해하는 데 많은 도움이 되었다. 또한 복잡성교육학회의 류선옥 선생님과 이태용 선생님께서 오자, 탈자는 물론 어색한 표현까지 세심하게 살펴봐 주셔서 초고의 난맥상을 많이 바로잡을 수 있었다. 바쁜 가운데서 정성껏 살펴봐 주신 그분들께 깊은 감사의 마음을 전하고 싶다. 그럼에도 불구하고 여전히 독자들을 불편하게 하는 표현들이 남아 있을 것임은 부인할 수 없을 것이며 그 책임은 오로지 옮긴이의 몫이다. 이 번역서를 출판하기로 결정해 준 도서출판 씨아이알의 김성배 대표님을 비롯하여 번역 원고를 읽으면서 문장과 어휘, 참고문헌 등 원고 전반을 원점에서 하나하나까지 꼼꼼히 살펴봐 주신 출판부 김선경 과장님 등 출판사 관계자들에게도 고마운 마음을 전한다.

차례

00

서문

00 서문

이 책에서 제시하는 아이디어들은 내가 지난 35여 년간 실행해 온 글쓰기, 말하기, 가르치기의 정점이라고 볼 수 있다. 어떤 의미에서 그 궤적은 내가 첫 학술 논문을 발표한 1987년으로 거슬러 올라간다. 그러나 내가 교육에, 보다 구체적으로 교육이라는 '형식'(6장의 논의 주제)에 매료된 것은 훨씬 더 오래전 일이다. 이것은 의도적인 선택이나 결정 이상으로 나의 학문적 여정 전체를 관통하는 주제다.

이 책은 현대 교육에서 '실종된 측면'과 상실감, 그리고 일종의 망각에 대해 다루고 있다. 이런 현상들은 현대 교육의 담론과 실천에서 무언가 결여되어 있다는 믿음에서 기인하는데, 이런 믿음은 세월이 흐르면서 점점 더 커지고 강화되었을 뿐 아니라 초점이 분명해지고 구체화되었다. 이러한 나의 문제의식은 교육에 있어서 무엇이 본질적으로 교육적인가[1] 하는 것이 관심에서 사라졌거나 적어도 현대의 교육담론에서 주변으로 밀려나 있다는 믿음에서 기인한다(Biesta & Säfström 2011; Biesta 2018a 참고).

오늘날 교육과 관련된 담론은 '학습'과 '발달'에 대한 언급으로 가득 차 있지만, 줄곧 망각되고 있는 것 한 가지를 들자면 이 '학습'과 '발달'은 방향성이 없는 용어라는 것이다. '학습'이라는 단어에 모종의 의미가 있다면,[2] 학습은 무엇에 관한 것이고 무엇을 위한 것인지를 항상 명확히 할 필요가 있다. 그리고 이 점은 어떤 방향으로든 진행될 수 있는 발달에 대해서도 마찬가지다. 그러므로 학교의 임무가 아이들의 학습을 지원하거나 그들의 발달을 촉진하는 것이라고 말하는 것은 별로 의미가 없다. 범죄자들도 학습과 발달을 필요로 한다는 점을 망각하는 경향이 있기 때문이다.

이것은 학습과 발달을 규범적, 도덕적 또는 윤리적 틀에 넣으면 문제가 해결된다는 의미는 아니다. 목적의식을 가지고 배우거나 특정한 방향으로 자신을 발달시키려고 노력한다 해도 교육의 '참모습'을 제대로 포착하지는 못한다. 결국 인간은 스스로 배우고 발전할 수 있지만, 교육은 적어도 두 사람, 즉 교육을 '하는' 자와 교육을 '받는' 자가 필요하다(그리고 물론 교육을 하는 것과 교육을 '받는다'는 것이 무엇을 의미하는가 하는 질문도 검토할 필요가 있다).

이 책에서 탐색하려는 주요 아이디어는 교육을 '받는' 자가 교육자에게서 배우는 것이 무엇인지 또는 교육을 '받는' 자가 교육자가 제공한 가능한 자원들에 대한 응답으로 어떻게 발달할 수 있는지는 교육의 관계에서 중요한 것이 아니라는 사실이다. 이보다 중요한 문제는 가르침을 '받는' 자가 학습한 내용과 발달에 이른 방법 그리고 교육의 결과로서의 사람 됨됨이를 바탕으로 무엇을 할 것인가, 보다 구체적으로는 중요한 상황에 직면했을 때, 즉 그들에게 말을 걸며 무언가를 요청하는 상황에 직면했을 때 무엇을 할 것인가 하는 것이다. 이 '상황'이 무엇인지 혹은 누구인지, 언제 그리고 어디서 나타날 것인지는 미리 알 수 있는 것이 아니다. 이는 우리가 근본적으로 통제할 수 없는 것임을 의미한다. 그것은 주어지는given 것이지 취하는taken 것이 아니다.[3]

교육활동은 이와 같이 놀랍고도 소중한 지점에서 이루어진다. 이 일은 확실한 보장 없이 일어난다. 어떤 점에서 그것은 '불가능한 것'(Donald 1992, pp.1-16 참고)을 의미하기에 항상 위험을 수반한다(Biesta 2014a 참고). 그러나 이 위험은, 미학적 용어로 말하면, 아름다운 일이다.[4] 왜냐하면 이러한 위험을 통해서 바로 '나'라는 존재가 이 세계에 출현하기 때문이다. 다시 말하면 교육은 주체화라는 사건event, 즉 '나'라는 존재가 '어딘가'로부터의 힘이나 욕망의 대상이 아니라 **나의 삶의 주체로서 세계에 도래하는 사건**이다.

나는 이것이 교육에서 중요한 일의 전부라거나 초중등학교 및 대학이 여기에만 관심을 가져야 한다고 주장하는 것은 아니다. 그러나 이러한 측면이 도외시될 때, 말하자면 망각되거나 철저히 무시될 때, 교육은 더 이상 교육적이기를 그치게 된다. 그렇게 되면 교육은 학습의 성과 혹은 모종의 인격이나 일련의 특정 역량을 소유한 학생을 배출하는 등 무언가를 생산하는 것으로 바뀐다. 그것은 대상화의 과정이 되거나 학생들에게 자기 대상화를 요구하는 것으로 변한다. 이런 과정은 교육을 응용 심리학, 응용 사회학, 응용 신경과학, 응용 학습 이론 등으로 변형시킬 뿐, 아무리 좋은 의도를 가지고 있다 하더라도 '거기에' 누군가가 존재하기나 하는 건지에 대한 질문을 제기하는 것을 망각한다.

이것은 간단하지만 다양한 방식으로 제기될 수 있는 질문이며, 교육을 교육답게 하는 핵심이 된다. 이어지는 7개의 장에서는 교육, 보다 정확히 말하면 교육을 교육적으로 다루는 이 특별한 방식을 옹호하기 위해 최선의 노력을 기울일 것이다. 나는 이 탐색이 유용하기를 바라지만, 교육에 어떠한 방식으로 접근할지에 대해 구체적인 대안을 찾고 있는 독자들에게는 실망을 줄 수도 있을 것이다. 교육의 실천을 위한 구체적인 제안을 하지 않는 이유는 이 책에 제시된 아이디어들이 교육의 실천에 아무런 의미가 없기 때문이 아니라, 교육 자체가 워낙 실천적인 예술이라고 믿기 때문이다.

이는 교육학의 목적이, 교육자가 무엇을 해야 하는지를 일러 주는 것이 아니라 그의 교육적 예술성(Stenhouse 1988; Eisner 2001 참고), 즉 그들 자신의 교육적 판단력과 창의성을 알려 주는 자원을 제공하는 것임을 의미한다. 이 점에서 나는 또한 **교육을 받는다는 것은 "어떤 목적지에 도달하는 것이 아니라 다른 시각을 가지고 여행하는 것"**이라는 피터스Richard Peters의 의견에 전적으로 동의한다(Peters 1965, p.110). 그러므로 내가 바라는 최선은 이 책이 조금이라도 교육자들의 관점을 바꾸고 관심의 방향을 돌려서 그들이 새로운 것을 보거나 친숙한 것을 새로운 시각으로 보게 하는 것이다.

이 책을 집필하는 여행은 내가 주도적으로 밟아 나가는 것이었지만, 그 과정에서 많은 동료 여행자들을 만나는 행운을 누렸다. 그들은 나에게 영감을 주었고, 나를 격려해 주었으며, 때로는 나를 혼란스럽게 함으로써 나의 시각과 여정을 바꾸어 놓았다. 여행하는 동안 나에게 닥치는 일에 주체적으로 대처하기 위해 최선을 다했다. 이 여행에는 다소의 위험들이 수반되었는데, 비교적 수월하게 해결되는 위험도 있었지만 모든 것이 항상 쉽게 풀리지는 않았다. 그러나 어떤 위험이든 그만한 가치가 있었다.

2020년에 많은 일들이 예정되어 있었지만, 이 책의 집필을 중단하는 일을 경험하게 되었다. 고다마 시게오 교수의 매우 친절한 초대를 받아 2020년 3월 한 달을 도쿄대학 교육대학원에 체류하면서 책의 집필을 어느 정도 진척시키고 동료 및 학생들과 초고를 놓고 논의할 계획이었다. 불행하게도 이 방문은 취소되었고 2020년 말에 이르러서야 다시 집필을 시작할 수 있었다. 그러나 나는 고다마 교수의 초청에 심심한 감사를 표한다. 그의 초대가 애초에 이 책의 프로젝트를 고려하는데 중요한 동기부여가 되었기 때문이다. 나중에 일본으로 갈 수 있기를 희망한다.

나는 학교와 사회의 관계를 좀 더 세밀하게 탐색하고 학교가 실제로 어떤 사회를 필요로 하는지, 이 근사한 질문을 할 수 있도록 초대해 준 테이어 베이컨Barbara Thayer-Bacon에게 감사하고 싶다. 애초에 이 질문을 일깨워 준 크리스토프 테셔스Christoph Teschers에게도 감사한다. 선물과 주어진 것 그리고 가르침의 선물에 관한 질문을 탐구할 수 있는 고무적인 환경을 제공해 준 짐 콘로이Jim Conroy에게 감사의 마음을 전한다. 잉그리드 린델Ingrid Lindell, 다니엘 엔스테트Daniel Enstedt, 크리스터 에크홀름Christer Ekholm은 교육의 목적, 특히 "주체화subjectification"라는 까다로운 개념에 대한 나의 기존 생각을 재검토할 수 있는 특별한 기회를 만들어 주었다.

파크스–아이히만 역설Parks-Eichmann paradox[5]에 대한 아이디어는 패트리샤 하남Patricia Hannam, 올드리지David Aldridge 및 휘틀Sean Whittle과 함께 종교 교육에 관해 연구하던 상황에서 떠올랐다. 종교교육 분야에서 세계 중심 교육의 의미를 지속적으로 탐구하고 있는 패트리샤에게 감사드린다. 요하네스 벨만Johannes Bellmann은 독일어 '빌둥Bildung'과 '에어치웅Erziehung'에 관한 논의의 복잡한 특징들을 깊이 이해하는 데 많은 도움을 주었다. 클라우스 프랑게Klaus Prange의 저작을 소개해 준 카린 프리엠Karin Priem과 '독일 교육사상'의 복잡성을 명쾌하게 풀어 준 카르스텐 켄클리스Karsten Kenklies에게 감사하게 생각한다. 또한 호머 레인의 아이디어를 책으로 출판할 수 있게 애써 준 다니엘 해스킷Daniel Haskett에게 경의를 표하며, 아울러 그가 레인에 대한 2차 문헌을 아낌없이 공유해 준 점에 감사하고 싶다.

그랑장Lærke Grandjean은 교육을 위한 투쟁이 계속되어야 한다는 것을 지속적으로 상기시키면서 끊임없이 격려해 주었고, 라르센Steen Nepper Larsen은 적절한 시기에 적절한 질문을 하는 것에 지속적으로 유의하도록 했다. 이 책의 많은 아이디어들은 노르웨이 아제르Agder대학의 동료들과 여유 있는 대화를 하면서 도움을 받은 것들이다. 우리를 좋은 방향으로 이끌어 준 공동의 지적 탐구에 대해 토어 다그 뵈에Tore Dag Bøe,

보드 베르텔센Bård Bertelsen, 리스벳 스크레겔리드Lisbet Skregelid, 모니카 클룽랜드Monica Klungland, 아슬라우그 크리스티안센Aslaug Kristiansen, 다그 웨이슈타인 노메Dag Øystein Nome, 시구르드 테닝겐Sigurd Tenningen, 롤프 선데트Rolf Sundet에게 감사하고 싶다. 또한 교육 이론 분야에 지속적으로 기여한 헤르너 새베로트Herner Sæverot, 놀라운 에너지와 열정을 보여 준 존 발다치노John Baldacchino, 친절과 우정을 보여 준 카를 안데르스 새프스트룀Carl Anders Säfström에게도 감사의 말씀을 전하고자 한다.

마지막으로 몇 년간 나의 저작을 번역하는 데 힘써 준 모든 이들에게 감사의 말씀을 드린다. 특히 우노 마사미치Masamichi Uno와 캉자오Kang Zhao 씨에게 감사드린다. 우노 씨와 캉자오 씨는 각각 일본과 중국에서 나의 저작을 이용할 수 있도록 지속적으로 애써 주었다.

나의 3부작 『학습을 넘어Beyond Learning』(2006a),[1] 『우리는 교육에서 무엇을 평가하고 있는가Good Education in an Age of Measurement』(2010a),[2] 『교육의 아름다운 위험The Beautiful Risk of Education』(2014a)이 『가르침의 재발견The Rediscovery of Teaching』(2017a)의 출판으로 4부작이 되었을 때 나는 이미 꽤 놀랐다고 말하고 싶다. 나는 이것이 이제 5부작으로 발전했다는 사실에 더욱 놀란다. 브레히트Bertolt Brecht는 『Me-ti: Book of Interventions in the Flow of Things』에서 다음과 같이 서술하고 있다. "모든 교사는 때가 되면 가르치는 것을 중단하는 법을 배워야 한다. 그것은 어려운 예술이

---

1) 박은주 옮김(2022). 『학습을 넘어』. 교육과학사.
2) 이민철 옮김(2023). 『우리는 교육에서 무엇을 평가하고 있는가』. 씨아이알.

다. 적절한 때에 현실이 자리를 잡도록 허용할 수 있는 사람은 극소수에 불과하다"(Brecht 2016, p.98). 아마도 "5부작" 제5권의 등장은 브레히트의 충고에 귀를 기울일 때가 왔음을 의미하리라.

2021년 1월

에든버러

01

아이들과 더불어
무엇을 할 것인가?

01 아이들과 더불어 무엇을 할 것인가?

이 텍스트는 교육에 관한 것이다. 이는 교육에 관해 쓴 최초의 책도 아니고 마지막 책도 분명 아닐 것이다. 그러므로 사람들은 끊임없이 쏟아지는 출판물의 물줄기에 아직도 추가할 것이 있는지, 더 중요하게는 교육에 대해 아직도 새로이 할 말이 있는지 궁금해할 것이다. 그러나 내가 이 책에 품고 있는 포부는 비교적 겸손한 것이다. 나는 교육에 대해 혁명적인 새로운 통찰력을 제시하려는 것이 아니며, 교육 정책에 대해 새로운 의제나 교육실천을 위한 새로운 모델 혹은 접근법을 내놓으려는 것도 아니다. 사실 현대 교육의 주요 문제 중 하나는 너무 많은 모델과 접근 방식이 제시되고 있고, 이들 중에는 교육을 최종적으로 바꿀 수 있으리라고 약속하는 것들이 지나치게 많은 점이라고 생각하는 편이다. 광범위한 분야의 연구들이 계속해서 이러한 '해결책'의 확산에 중요한 기여를 하고 있다. 세계적 차원의 교육측정산업(Biesta, 2015a)이, 교육이 **무엇이고 무엇을 위한 것인지**에 대한 토론에서 가장 강력한 목소리를 내고 있는 것도 사실이다.

이런 견지에서 보면 PISA(국제학업성취도평가) 및 이와 유사한 시스템들이 보여 주는 결과를 의미 있게 다루지 못하는 정책 입안자들과 정치인들이 너무나 많다는 것은 상당히 실망스러운 일이다. 그들의 즉흥적 반응('최고'의 위치에 있다고 자부심을 갖거나 '시급한 대처'가 필요한 '심각한 문제'가 있음을 인정하는 것 모두)은 세계적 차원의 교육측정산업이 애써 구축한 것으로 보이는 '교육적 질서'(D'Agnese 2017)에 대처하는데 별로 도움이 되지 않는다(Derwin 2016 참고). 그리고 정치와 정책 결정의 복잡한 역학 관계 속에서도 정책 입안자와 정치인들은 어느 정도 운신의 폭이 있지만, 초중등교육 혹은 대학과 같은 고등교육의 수준에서는 그 여지가 훨씬 좁다. 여기서 교사와 경영자는 종종 자신의 판단력과 행위주체성을 발휘할 기회가 거의 없는 정책지침을 지속적으로 내려받게 된다(Priestley, Biesta & Robinson 2015 참고). 이것은 학생들의 시험 점수가 지속적으로 향상되거나 미리 정해진 궤적을 따라 일정한 발달이 확보되는 정도에 따라 그들의 일자리가 결정될 때 특히 문제가 된다(예: Baker 외 2010 및 Ravitch 2011 참고).

이러한 발달들과 관련하여 상당히 흥미로운 점은 그 모두가 좋은 의도, 특히 교육을 더 좋게 만들겠다는 약속에서 비롯된다는 것이다. 다소 긴 나의 교육 경력을 돌아볼 때, 사실 의도적으로 교육을 악화시키려는 사람을 만난 적은 없다. 무엇이 개선인지 그리고 그것을 달성하는 의미 있는 방법이 어떤 것인지에 대한 아이디어는 매우 다양하지만, 모두가 교육의 개선에 전력을 다하는 것으로 보인다(Biesta 2016a 참고). 물론 그중에는 다수가 아닌 소수를 위한 개선에 초점을 맞추는 엘리트 주의적인 의제도 있다. 이 모든 것과 전 세계 교육 '기업'의 엄청난 규모를 생각해 보면, 왜 이 분야가 그렇게 다양하고, 심지어는 반대 방향으로 움직이는 것처럼 보이는지 이해가 된다. 이렇게 많은 "밀고 당기기"로 인해 방향 감각을 설정하거나 유지하기가 점점 어려워지는 것이다. 이는 교사와 행정가뿐만 아니라 정책 입안자와 정치인에게도, 나아가 아이들과 학생들 자신에게도 문제가 된다.

이 모든 것은 두 가지 사태의 진전으로 더욱 악화되고 있다. 하나는 교육담론의 질 자체가 다소 빈약하다는 것이다. 내가 이전 출판물(특히 Biesta 2006a, 2010a, 2018b 참고)에서 폭넓게 주장했듯이 교육담론은 다소 밋밋하고 교육적으로 도움이 되지 않는 '학습'이라는 언어의 지배를 받고 있으며, 이 언어는 지속적으로 확산되고 있다. 또 하나는 '교육을 어떻게 향상시킬 것인가'를 포함하여 교육의 문제가 주로 통제의 문제로 간주되고 있다는 사실이다. 특정한 '결과'를 얻는 데 어떤 교육적 '개입'이 가장 효과적인지 알아내기 위한 연구에 막대한 돈이 투자되고 있을 뿐만 아니라, 학생들 자신이 점점 더 이러한 야심에 끌려가고 있다. 예를 들면 학생이 스스로 학습의 '소유권'을 갖는 '자율적 학습자'가 될 것을 요구받고 있는 것이다. 이러한 전략은 학생을 자유롭게 하는 것처럼 보이지만, 실은 소위 일종의 자기 대상화self-objectification에 대한 요구이다(Vassallo 2013; Ball & Olmedo 2013 참고).

주체로서 존재하기

　아이들과 학생들은 그것이 효과적이든 그렇지 않든, 단순히 교육적인 '개입'의 대상이 아니라 그들 나름대로 주체인데도 이러한 사실은 모든 사태에서 망각되고 있는 것으로 보인다(편리하게 잊고 있다고 말하는 이들도 있을 것이다). 다시 말해서 교육의 핵심은 학생들을 지속적인 외부 통제에 따르도록 하는 것이 아니라, 불편한 표현일 수도 있지만, 항상 아이들과 학생들이 자신의 '주체성'을 발휘하는 능력을 향상시키는 것을 목표로 해야 한다는 사실을 망각하고 있는 것 같다. 이것은 아마도 학습언어의 주된 문제일 것이다. 왜냐하면 교육이 '오로지 학습에 관한 것'이라고 주장한다면, 정말로 중요한 것은 아이들과 학생들이 배운 것을 가지고 과연 무엇을 할 것인가라는 사실을 쉽게 잊어버릴 것이기 때문이다. **우리는 너무 빨리 학습 자체를 점검하고 측정하고 원하는 학습 결과를 산출할 수 있는 개입방법을 찾아 전체 과정을 통제하려고 한다.** 그 결과 아이들과 젊은이들이 자신들의 삶을 헤쳐 나가야 하는 도전에, 그것도 잘 살려고 노력해야 하는 도전에 직면한 인간이라는 사실을 쉽게 간과하게 된다.

　이 책에서 나는 이러한 **실존적** 물음이, 즉 인간인 우리가 어떻게 자연 및 사회로서의 세계 '안에서', 그리고 세계와 '더불어' 존재하는가 하는 것이 핵심적이고 근본적이며 궁극적으로 교육적인 관심사라고 주장할 것이다. 이것은 교육이 세계 중심적이어야 한다는 것, 즉 다음 세대에게 세계 '안에서' 그리고 세계와 '더불어' 존재하도록 가르치고 격려하는 데 초점을 맞추되, 그들 나름으로 그렇게 해야 한다는 주장이 기도 하다. 물론 그들 나름으로 존재한다는 것이 단지 자기가 '하고 싶은 대로 하는 것'을 의미하는 것은 아니다. 오히려 세계 '안에서' 그리고 세계와 '더불어' 주체로서 존재한다는 것은, 자연 및 사회로서의 세계가 그것으로부터 얻기를 원하는 것과 그것으로 할 수 있는 것에 한계를 둔다는 사실을 인정하는 것이다. 이는 민주주의의 문제이자 생태학의 문제이다. 이것이 내가 '주체subject'라는 단어를 계속 선호하는 주된 이유 중 하나이다.[1] 우리는 자신의 행동의 근원이면서 동시에 자연 및 사회로서의 세계가 우리의 '시작beginnings'에 작용하는 것으로부터 영향을 받는다는 점을 강조하기 때문이다(Arendt 1958, p.184 참고). 따라서 주체 혹은 또 하나의 어색한 표현인 주체성subject-ness은 개인을 지칭하는 것이 아니라 개인이 '존재'하는 방식을 나타낸다(Böhm 1997 참고).

이 책에서 제시하는 실존적 관점은 아이들이 발달하고 학습한다는 사실을 부정한다는 의미가 아니다. 그러나 존 듀이John Dewey가 제대로 지적했듯이, **아이들이 학습하고 발달하는 방식에만 그 방향을 맞추는 '단순한' 아동 중심 교육은 문자 그대로 "실로 어리석은 것이다"**(Dewey 1984, p.59). 교육자로서 우리는 적어도 아이들이 발달하는 방향과 그들이 배우는 내용에 관심을 기울여야 한다. 왜냐하면 학습과 발달은 매우 다양한 방향으로 진행될 수 있는데, 그것들 모두가 그들의 삶을 잘 이끌고자 하는 과제와 관련하여 도움이 되는 것은 아니기 때문이다. 그러나 **순수한 교과과정 중심의 교육 또한 마찬가지로 "어리석은"** 일이다. 교육받는 아이들이 누구인지 그리고 습득한 모든 내용을 가지고 무엇을 할 것인지에 대한 관심도 없이 그저 교육과정 내용을 전달하고 그 내용을 기억하고 재생산하는 것을 점검하는 것만으로는 교육의 실존적인 측면은 물론 교육 전체의 핵심을 완전히 놓치게 될 것으로 보이기 때문이다.

'교육'

이 모든 점에 있어서 복잡한 요인은 '교육'이라는 단어와 관련이 있다. 영어에는 교육의 "안in"과 "밖about"에 대해 말할 수 있는 단어가 하나뿐이지만, 독일어와 네덜란드어 또는 스칸디나비아어 같은 언어에는 더 다양하고 어떤 의미에서는 보다 더 미묘한 어휘가 있다. 물론 '교육'이라는 단어의 개방성에는 좋은 점이 있다. 왜냐하면 그것은 다양한 해석과 정의를 허용할 만큼 충분히 모호하기 때문이다. 그러나 이것은 혼란을 야기할 수도 있다. 사람들이 동일한 "현실"에 대해 말하고 있다고 생각하지만 실제로는 다소 다른 현상이나 의제를 언급하고 있을 때 특히 그러하다. 이에 대한 해결책은 단어의 '올바른' 정의가 무엇인지 혹은 '교육'의 올바른 의미를 누가 실제로 '소유'하고 있는지에 대한 싸움으로 끝나지 않고, '교육'에서 무엇이 중요하고 또 무엇이 중요한 것이어야 하는지를 충분히 정확하게 표현할 수 있는 말하기 방식을 개발하는 것이다. 그래서 나는 언어가 교육에 실제로 중요하다는 점을 지속적으로 주장해 왔으며(Biesta 2004 참고), 교육의 "안"과 "밖"에 대해 말할 수 있는 새롭고 더 정확하고 의미 있는 방법을 끊임없이 개발하고 있다.

그러므로 처음부터 분명히 해 둬야 할 사실이 있다. 그것은 내가 '교육'이라는 용어를 사용할 때, 명사가 아니라 동사로 생각하는 편이라는 점이다. 나에게 '교육'이란 하나의 활동, 즉 교육자가 실행하는 어떤 것을 말한다. 좀 더 공식적인 표현을 쓴다면 교육이란 일종의 의도적인 행위라고 말하고 싶다. 물론 여기에는 약간 이상하긴 하지만 교육적으로 중요한 '의도적 회피 행위intentional non-action'라는 범주가 포함될 수 있을 것이다. 말하자면 **특정 상황에서 교육자가 해야 할 최선의 일은 때로는 행동하지 않고 개입하지 않고 말을 하지 않고 같은 말을 자꾸 들먹이지 않고 입을 다무는 것**이다. 왜냐하면 '같은 말을 자꾸 들먹이는 것'은 우리가 성취하고자 하는 것과 반대되는 결과를 초래할 수 있기 때문이다. 그렇다고 해서 '교육'이 어떤 식으로든 아이들에게 영향을 미칠 수도 있고 그렇지 않을 수도 있는, 말하자면 '아무렇게나 하는' 그저 그런 과정이라는 의미는 아니다. 나는 그러한 과정이 일어날 수 있고 그런 일이 때로는 효과를 발휘할 수도 있음을 부정하는 것이 아니라, '교육'이라는 용어는 의도적인 행위, 정확히 말하면 의도가 있는 **교육적** 행위라는 좀 더 구체적인 범주에 사용해야 한다고 주장하는 것이다.

아이들과 더불어 무엇을 할 것인가?

이것은 곧바로 그러한 행위가 왜 존재하는가, 그러한 행위가 추구하는 것은 무엇인가, 그리고 그러한 행위를 어떻게 정당화할 것인가 등과 같은 많은 추가적인 질문들을 제기한다(예: Flitner 1989[1979]; Prange 2010 참고). 첫 번째 질문과 관련해서는 교육은 '발달이라는 사실'에 대한 사회의 반응이라는 독일의 교육학자 지그프리트 베른펠트(Siegfried Bernfelt 1973, p.51)의 주장을 따를 수 있다. 물론 나는, 교육은 탄생성 natality이라는 사실에 대한 우리의 태도, 말하자면 "우리는 모두 탄생을 통해서 이 세계에 도래하며 이 세계는 탄생을 통해서 지속적으로 갱신된다는 사실"에 대한 우리의 태도와 관련이 있다는 아렌트의 표현을 더 선호하는 편이다(Arendt 1977, p.196). 그러므로 보다 일상 언어에 가까운 표현으로, 교육은 '아이들과 더불어 무엇을 할 것인가?'라는 간단한 질문으로 시작된다고 말할 수 있다.

이 질문은 간단하게 들릴지 모르지만, 실제로 우리를 교육의 주요 난제predicaments[2]와 항구적인 질문으로 신속하게 이끌어 간다. 그 질문은 우선 '우리'라는 존재를 부각시켜 '우리'가 누구인지, 즉 교육자의 정체성이 무엇인지, 그리고 무엇이 '우리'에게 애초에 아이들과 더불어 무언가를 '하고자' 하는 권리를 부여했는지에 대한 의문을 제기한다. 이 질문은 또한 '아이들'이라는 범주의 존재를 부각시키는데, 이는 다시 이 범주에 누가 포함되는지, 교육의 맥락에서 아이라는 개념이 실제로 무엇인지, 그리고 왜 '우리'는 '아이들'에게 실제로 교육이 **필요하다**고 가정하는지에 대한 추가적인 의문을 제기한다.

후자와 관련해서 아이들과 더불어 무엇을 할 것인가 하는 문제는, 사실 결정은 '우리'가 하고 '아이들'은 단순히 받아들인다와 같이 다소 지나치다고 말할 수 있다. 이것은 매우 근본적인 의미에서 교육이 항상 원치 않는 개입으로 귀결된다는 것을 알게 하는 데 그치지 않는다. 그 것은 '아이들'이 요구한 것이 아니다. 또한 교육이 항상 반갑지 않은 개입으로 귀결된다는 것을 알려 준다. 교육은 항상 권력의 행위로 나타난다. 돌이켜 보면, 아이들이 교육자들에게 되돌아가서 그들의 개입이 실제로 큰 도움이 되었다는 점을 인정할 수도 있지만, 그러리라는 보장은 없다. 만일 그렇게 된다면, 아이들이 교육자가 실행한 권력을 '정당한 것으로 인정'하여 (일방적인) 권력을 (합리적인) 권위로 전환시킨 것이라고 할 수 있다.[3] 그러나 교육자로서 우리는 결코 이런 일이 조만간 일어날 것을 예상하거나 당연하게 여길 수 없다. 이는 교육자로서 우리가 항상 교육에서 위험을 감수하고 있음을 의미한다(이 부분은 제4장에서 다시 다룰 것이다).

그렇다면 과연 우리는 아이들과
더불어 무엇을 할 것인가?

서양 교육의 역사를 살펴보면, '우리'는 '아이들'과 더불어 무엇을 해야 하는지, 즉 교육의 핵심이 무엇인지에 대한 질문에 다양한 응답들을 확인할 수 있다. 흥미롭게도 이러한 응답들 중 많은 것들이 여전히 현대의 교육과 관련된 사고와 실천에서 중요한 역할을 하고 있다.

예를 들어 고대 그리스에서 교육의 주요 '의제'는 파이데이아(παιδεία, 교육이란 말의 어원, 옮긴이)라는 이름으로, (여성, 노예 또는 장인이 아닌) 자유로운 남성에게 시민으로서의 탁월성(ἀρετή, 아레테)을 스스로 개발할 수 있는 시간과 자원을 제공하는 것이었다. 오늘날에도 긍정적인 것으로는 전인 교육Bildung 및 자유 교육의 이념에서, 부정적인 것으로는 엘리트주의적 교육의 이념에서 이를 확인할 수 있다. 종교개혁과 함께 성경이 모든 사람이 읽을 수 있는 책이 되면서, 모든 사람이 읽을 수 있도록 하는 문제가 교육의 의제에 합류했다. 이것이 현대 교육에도 여전히 존재하는 "문해력"이라는 주제이다.

계몽주의의 주요 주제는 '모든 사람이 스스로 생각해야 하며 그렇게 할 수 있도록 허용되어야 한다', 즉 자신의 합리적인 역량을 활용할 수 있어야 한다는 주장이었다. 흥미롭게도 독일 계몽주의 주요 철학자의 한 사람인 임마누엘 칸트Immanuel Kant는 비판적 사고능력보다는 합리적 능력을 사용할 수 있는 **용기**를 개발해야 한다고 강조했지만, 오늘날에도 여전히 비판적 사고를 위한 교육이라는 관념을 확인할 수 있다.[4] 19세기 말에 이르러 교육은 모든 사람들에게 교육의 기회를 제공하되 평등하게 제공하는 것에 점점 더 관심을 갖게 되었다. 다시 말하지만 이것은 오늘날에도 여전히 중요한 주제이다. 이러한 사실은 유엔의 지속가능한 발전 목표라든가 많은 나라에서 추구하는 교육의 비전, 예를 들면 모든 사람들에게 평등한 교육의 기회를 제공해야 한다는 야심 찬 목표 등에서도 확인할 수 있다.

　이렇게 인상적이고 야심 찬 목표에 비추어 볼 때, 우리 시대의 교육 담론이 PISA에서 "높은" 점수를 얻어 '핀란드'(또는 최근 최고 성적을 거둔 어떤 국가든)처럼 우수해지고 성적표에서 1위를 차지하는 것에 집중되어 있는 듯한 모습을 보는 일은 참으로 실망스럽다. 물론 이런 선택을 하는 데 실제로 발언권이 있는 사람이 누구인가 하는 문제는 여전히 중요하다. 하지만 이전 시대에 다른 선택을 했던 것과 마찬가지로 이것은 오늘날 우리가 내린 선택일 뿐이라고 할 수도 있다. 사실 교육이 지향해야 한다고 믿는 것이 무엇인가에 대한 대답은 역사에 따라 결정된다. 즉 그 대답의 선택은 역사적 시기 및 발전 단계에 따라서 달라진다. 하지만 그렇다고 해서 우리가 그 답을 허공에서 뽑아낼 수 있다는 의미는 아니다. 그보다는 우리가 관심을 갖고자 하는 역사, 즉 '우리'의 것으로 인식하고 인정하는 역사에 달려 있음을 의미한다.

아우슈비츠 이후의 교육

　교육적인 관점에서 우리는 여전히 '아우슈비츠'의 그늘에서 살아가고 있다고 주장하고 싶다. 이는 아우슈비츠가 (다른) 인간을 체계적으로 말살하는 것이 실제로 가능할 뿐만 아니라 (다른) 인간에 대한 체계적인 **대상화**가 실제로 비참한 결과를 초래할 수 있음을 보여 주었기 때문이다. 그렇기 때문에 나는 아도르노Theodor Adorno의 에세이 「Education

After Auschwitz」(아우슈비츠 이후의 교육)의 첫 문장에 동의하는 편이다. 거기에서 그는 "**모든 교육에 있어서 최우선의 요구는 아우슈비츠가 다시는 일어나지 않게 하는 것**"이라고 말한다(Adorno 1971, p.79). 흥미롭게도 아도르노는 이 요구가 '다른 어떤 조건보다' 우선하기 때문에 "그 요구는 정당화할 필요도 없고 정당화해서도 안 된다"고 덧붙인다. 왜냐하면 그것을 정당화하는 것은 이전에 있었던 극악무도한 행위 위에 또 하나의 끔찍한 일을 덧붙이는 셈이 되고 말 것이기 때문이다.

물론 이것이 모든 교육에 대한 첫 번째 요구라는 것에 동의하는 것과 아우슈비츠 같은 일이 다시는 일어나지 않도록 보장할 수 있는 교육 방법을 찾아내는 것은 별개의 문제다. 이 점에서 **아우슈비츠는 한 번 일어났기 때문에 '다시 일어날 수 있다'**는 프리모 레비Primo Levi의 주장이 아마도 보다 현실적이면서 또한 더 정직한 표현일 수 있다.[5] 결국 그의 주장은 '아우슈비츠'가 단순히 우리와 **무관한** 악이 아니며 우리가 저지해야 한다는 것을 인정하는 것이다. 그것은 우리 모두가 '아우슈비츠'의 가능성을 우리 **안**에 지니고 있음을 인정하는 것이다.

'아우슈비츠'는 단순히 '평범한' 악이 어떻게 현실로 존재할 수 있는지(Arendt 1963)를 포함하여 **악**의 가능성을 보여 주기만 하는 것이 아니다. 우리의 **자유**, 자유라는 사실, 자유라는 '이슈', 자유에 대한 물음, 자유의 수수께끼, 나아가 자유의 미스터리에 직면하게 한다. '아우슈비츠'는 우리가 행동**할 수 있다**는 것을 보여 주며, 또한 우리가 행동**해야 한다**는 것, 즉 우리의 삶은 우리 앞에 그냥 주어져 있는 것이 아니라 우리가 우리 삶의 행위자라는 것을 일깨워 준다. 물론 우리의 행위 주체성이 절대적이고 제한이 없다는 말이 아니다. 우리는 항상 자연 및 사회로서의 세계 속에서 살아가는데, 그 세계는 우리가 만드는 것이 아니며 우리에게 가능성과 제약을 동시에 제공한다. 물론 우리는 우리의 행위 주체성을 이용하여 우리의 자유가 상실되게 할 수도 있고 우리의 자유를 외부 권력에 넘겨주기로 결정할 수도 있다. 이 경우 선의good faith로 행동한 것(어떤 상황에서는 중요할 수도 있다)이 맹신blind faith에 따른 행동으로 전락할 수도 있다. 그리고 우리는 자유에 대한 전체적인 생각이 단순히 떠오르지 않았거나 떠오르는 것이 불가능한 상황에 처하게 될 수도 있다(이 점에 대해서는 Freire 1993 참고).

장 자크 루소의 『에밀: 교육에 관하여Emile, or on Education』(1762)는 자유의 문제를 명시적으로 교육의 의제에 올려놓은 최초의 텍스트 중 하나이다. 이 책에서 루소는 '에밀'이 외부 세계로부터 너무 강한 영향을 받지 않도록 보호하는 것이 교육자의 임무라고 주장했다. 이 주장은 이 책의 유명한 첫 문장에 나와 있다. "조물주는 모든 것을 선하게 창조했으나 인간의 손길이 닿으면서 모든 것은 타락하게 된다"(Rousseau 1979, p.37). 그러나 루소는 에밀이 '내부'로부터의 힘ㅡ루소가 말하는 '열정'ㅡ에 압도당하지 않도록 교육자가 해야 할 일을 아주 상세하게 그려 놓았다.

그러므로 좀 더 일반적인 용어로 말하자면, 루소는 새로운 세대가 주체로서 존재할 수 있도록 공정한 기회를 제공하는 것을 목표로 삼는 것이 교육자의 임무라고 묘사했다고 할 수 있다. 따라서 나는 이것이 '우리'가 '아이들'과 더불어 하고자 하는 것에 대한 핵심적인 정당화라고 말하고자 한다. 물론 주체성을 발휘해야 하는 것은 아이 자신이다. 왜냐하면 그것은 교육자가 아이를 대신해서 해줄 수 있는 것이 아니기 때문이다. 다만 교육자는 아이로 하여금 자신의 주체성을 '받아들이도록' 격려함으로써 자기 삶의 주체로서 존재할 수 있다는 것을 잊지 않도록 하며, 그것이 실질적으로 가능한 조건을 마련하기 위해 노력할 수 있다.

교육의 폭넓은 과제

이 시점에서 제기할 수 있는 질문은, 이것이 '우리'가 '아이들'과 더불어 해야 하는 일의 전부인가 하는 것이다. 이것이 교육의 전부이고 또 전부여야 하는가? 그러나 이것이 이 책에서 주장하는 입장은 아니다. 교육은 내가 주체화(아이가 주체성을 갖게 하는 것)라고 부르는 중요한 과제 외에도 새로운 세대에게 과거와 현재의 전통, 문화, 관행에 대한 방향을 제시하는 데 중요한 역할을 한다. 이것은 사회화라고 하는 중요하고도 어려운 과제이다. 이것이 어려운 이유는 단지 모든 것을 모든 사람에게 (다시) 제공하는 것이 가능하지 않다는 것을 알면서 어떻게 전통과 문화 및 관행을 커리큘럼에 담을 수 있고, 어떻게 의미 있는 선택을 할 수 있는가 하는 모든 복잡한 질문을 제기하기 때문만이 아니다(이에 대해서는 Mollenhauer 1983 참고). 이 과제가 어려운 또 하나의 이유는 사회화의 과정에서 학생들의 주체성을 망각한 채 그들을 사회화의 대상으로 전락시키고 그들이 **우리의** 이상에 얼마나 근접하게 부응했는지를 기준으로 교육의 '성공'을 측정할 위험이 항상 도사리고 있기 때문이다. 이는 좋은 의도의 사회화 의제조차도 쉽게 잘못될 수 있음을 말해 준다.

주체화와 사회화 외에도 교육에는, 케네스 버크Kenneth Burke의 유용한 표현으로, 새로운 세대에게 '삶을 위한 준비'를 제공하는 중요한 과제가 있다(Burke 1973; Rivers & Weber 2010 참고). 이것은 학생들에게 세계에서 살아갈 수 있는 지식과 기술을 제공하는 **자격부여**qualification라는 과제이다. 다시 말하지만 이 과제는 단지 지식과 기술을 제공하는 문제 때문에 어려운 것이 아니다. 자격부여라는 과제를 효율적이고 효과적이며 궁극적으로 '완벽하게' 수행하려는 욕구로 인해 학생의 주체성을 망각할 위험이 있기 때문이다(완벽이란 문제에 대해서는 Biesta 2020a 참고). 앞서 지적한 바와 같이 이것은 아이들과 젊은이들이 스스로 박식하고 능숙해지도록 격려하는 데 초점을 맞추기보다는, 측정 가능한 '학습 결과'를 산출하는 데 집착하는 '측정의 시대'에 표출되는 진정한 위험이다.

그러므로 나는 자격부여와 사회화를 주체화로 대체하자는 것이 아니라 교육의 우선순위를 바꾸는 것을 고려해야 한다고 제안한다. 현재는 자격부여가 교육의 중심을 차지하고 있는 것 같다. 사회화는 아이들과 젊은이들의 행동에 어떤 문제가 있을 때 교육의 영역으로 진입하는 경향이 있다. 이는 흔히 가치교육, 인성 교육, 시민권 교육 또는 환경 교육 같은 것들이 여기에 포함되는 근거가 된다. 이러한 상황에서 주체로서의 학생 혹은 학생의 주체성에 대한 관심은 소위 기본적인 것들을 모두 다루고도 시간이 남을 때, 맨 마지막에 등장하는 경우가 많다. 이는 주체화에 대한 관심이 모든 사람이 아니라 일부 사람들에게만 요청되는 것 혹은 우연적으로만 일어날 수 있는 것임을 의미한다.

나는 학생의 주체성에 대한 질문이 교육의 진정한 '기초'라는 사실을 인정함으로써 이 교육과정의 위계를 일종의 '거꾸로' 교육과정(거꾸로 교실이 아님)으로 뒤집어 생각하자는 것이다. 물론 이러한 주체성은 진공 속에 존재하는 것이 아니라 항상 세계 '안에서' 그리고 세계와 '더불어' 존재하는 것이다. 이는 교육이 학생 주체에게 방향성을 제시하고 지식과 기술을 갖추게 하여, 학생 주체가 세계 속에서 나름의 길을 찾고 행동할 수 있도록 해야 한다는 의미이다. 그러나 학생의 주체성에 대한 관심, 즉 학생이 주체로 존재할 가능성에 대한 관심이 없다면, 교육은 교육적이지 않게 되어 효과적이든 그렇지 않든 관리의 대상이 된다.

이 책의 개요

이 책의 내용은 두 가지 아이디어를 중심으로 구성되어 있다. **하나는 교육적 질문이 근본적으로 실존적인 물음이라는 사실**이다. 즉 우리가 인간으로서 존재하기 위해 어떤 노력을 하는지, 다시 말해 우리가 만든 것도 아니고 원하거나 기대하는 것을 우리에게 제공해 줄 의무도 없는 세계에서 그리고 그런 세계와 더불어 삶을 영위하기 위해 어떻게 노력하는가에 대한 물음인 것이다.[6] 우리가 세계 속에 존재하기 위해서는 '집'을 떠나야 한다는 것을 알고 있지만, 한나 아렌트Hannah Arendt(1994)의 아름다운 표현을 빌리자면, 이러한 실존적 도전은 '세계 속에서 편안해지려고 노력하는 것'(Biesta 2019a 참고)이다. 이 책의 또 다른 핵심 아이디어는 실존적 도전과 관련이 있는 교육적 '작업work'7으로 다가간다는 것이다. 그러므로 이 도전은 학생들의 배움이나 이해에 관한 것, 즉 학생 내부에서 세계를 향해 나아가는 것에 관한 것이 아니라 학생들이 우연히 만나는 것, 그들에게 이야기하고 말을 거는 것, 그들이 찾고 있건 아니건 원하건 원하지 않건 그들에게 주어지는 것과 관련이 있다. 이는 교육의 기본적인 '제스처'가 **가르치는 것**임을 의미한다. 물론 **교육적** 가르침, 더 나은 표현으로 교육적으로 중요한 가르침은 결코 학생을 통제하는 것이 아니라, 간단히 말해서 그들의 주체 가능성에 대해 유의하도록 하는 것임을 덧붙인다(Biesta 2017a 참고).

2장에서는 이러한 문제들을 '학교'와 '사회'의 관계라는 측면에서 논의하고자 한다. 여기서는 학교가 사회를 위해 무엇을 '해야' 할지가 아니라(이는 오늘날 학교의 과제를 인식하는 가장 두드러진 방식이 되어 왔다), **사회가 학교를 위해 무엇을 '해야' 할지를 물을 것이다**. 이는 학교가 학교다워지고 다음 세대에게 그들의 주체성과 관련하여 공정한 기회를 줄 수 있는 자유롭고 해방된 시간을 마련해 주어야 하기 때문이다. 나는 현대 사회가 '충동적'이 되는 만큼, 그리고 이러한 논리가 어느 정도 교육기관의 일부가 될수록, 그 교육기관이 교육의 과제를 수행할 수 있는 기회는 현저하게 줄어든다고 생각한다.

3장에서는 교육의 질문이 근본적으로 실존적인 질문이라는 주장에 초점을 맞출 것이다. 한편으로는 '파크스-아이히만 역설'이라는 현상에 대한 논의를 통해 실존적 물음이 무엇인지, 이러한 물음이 인간과 그들의 학습 그리고 발달을 바라보는 다른 관점들과 어떻게 근본적으로 다른지를 분명히 밝히려고 노력할 것이다. 또한 이 질문이 교육에 어떻게 반영되고 있는지에 대해서도 논의하면서 교육의 실존적 핵심이 실천만큼이나 교육 이론에서 제대로 다루어지기 위해서는 널리 알려진 함양 과정으로서의 교육이라는 관점 외에, 이와 다른 실존적 '패러다임'이 필요하다는 점을 주장할 것이다.

4장에서는 교육목적의 세 가지 영역 중 '주체화'의 개념에 수반되는 것을 탐색함으로써 교육의 실천에 대해 더 자세히 살펴볼 것이다. 이는 주체화가 아닌 것이 무엇인지를 명확히 하려는 것이기도 한다. 얼핏 보면 '주체화'와 관련이 있는 것처럼 보이는 교육의 여러 측면들이 다른 것을 '추구'하는 것으로 드러나는 경우가 종종 있기 때문이다. 또한 주체화에 대한 논의는 교육의 실존적 차원에 비추어 교육의 과제가 어떤 모습인지를 조명하는 계기가 되며, 이 논의에서는 **멈춤, 지연, 지지**라는 세 가지 중요한 특징을 강조할 것이다.

교육은 의도적인 행위의 한 형태이며, 따라서 학생이 받아들이는 것이 아니라 학생에게 주어지는 것이라는 아이디어가 5장의 핵심을 이룬다. 여기서는 교육에 있어서 학습의 언어 그리고 교육적 담론과 실천에 있어서 보다 일반적인 '학습화'에 관한 나의 관심을 요약하면서 '주어짐givenness'의 개념을 탐색한다. 나는 장 뤽 마리옹Jean-Luc Marion의 아이디어에 대해 논의하면서 '주어짐'을 진지하게 여기는 것이 무엇을 의미하는지 보여 주려고 한다. 이것은 '취함taken'의 문제와는 다른 것이다. 또한 가르침의 세 가지 '선물'을 강조함으로써 주어짐이 교육의 어느 지점에서 나타나는지에 대한 사례들을 제시할 것이다.

6장에서도 가르치는 것에 대한 논의를 이어갈 것이다. 여기서는 클라우스 프랑게Klaus Prange의 저작을 바탕으로 단지 가르치는 의도보다는 가르침의 형식 자체가 교육적으로 중요하다는 개념에 대해 탐색할 것이다. 가르침이란 누군가의 주의를 (다시) 기울이게 하는 일이라는 다소 오래된 견해에서 출발하여, 프랑게의 교육작용 이론의 주요 측면들을 재구성함으로써 가르침의 교육적 의의는 외부로부터 가르침으로 보완할 필요가 있는 어떤 것이 아니라, 가르침을 실행하는 방식, 말하자면 세계를 가리키는 행위로 확인할 수 있다는 생각에 의미를 부여하고자 한다. 프랑게가 설명했듯이 가르친다는 것은 항상 누군가에게 세계를 보여 주는 것이다. 그러므로 교육적으로 볼 때 가르침의 제스처는 학생들에게 세계 및 그 세계에 참여하는 일에 관심을 갖도록 요청하는 것이라고 주장한다.

마지막 7장에서는 세계 중심 교육에 대한 개념으로 돌아와서 어떻게 하면 세계와의 만남을 가장 잘 이해할 수 있을까 하는 질문에 초점을 맞출 것이다. 나는 이 문제를 학습과 이해의 자세라는 측면에서 접근하기보다는(이는 학생들을 중심에 놓고 세계를 그들의 대상으로 삼는 것이다) 반대 방향, 즉 세계가 나에게 이야기하고 말을 걸어 오는 곳, 그런 의미에서 나를 가르치고자 하는 방향에서 탐구할 것이다. 이러한 자세는 학생을 중심에 두는 것이 아니라 오히려 주목의 대상이 되게 한다.

그러므로 여기서 **핵심 질문은 내가 세계로부터 무엇을 원하는가가 아니라 세계가 나에게 무엇을 원하는가에 관한** 것이다. 나는 이것이 세계 중심 교육의 중심적인 '자세'이며, 교육의 과제가 실행되고 제자리를 찾는 것이 바로 이 지점이라고 주장할 것이다.

세계 중심 교육이라는 개념 뒤에 숨어 있는 핵심적 직관은 현대 연극에 대한 브레히트Bertolt Brecht의 관찰에 잘 표현되어 있는데, 그에 따르면 현대 연극은 "관객의 습관을 만족시키는 것이 아니라 그들의 습관을 변화시키는 일에 성공하는 것으로 판단해야 한다"(Brecht 1964, p.161). 이는 그 연극이 관객으로 하여금 티켓 구매(말하자면 연극 자체)가 아니라 세계에 관심을 갖게 했느냐에 대한 질문이 필요하다는 의미이다.

현재를 바라보는 시각

그러면 원서의 부제인 '현재를 바라보는 시각'을 살펴보자. 교육은 미래를 위한 것이므로 미래 지향적이어야 한다는 것이 상식처럼 느껴진다. 미래 지향적인 교육이라는 개념은 사실상 현대 교육에서, 특히 세상이 너무 빨리 변하기 때문에 미래가 실제로 어떤 모습일지 알 수 없다는 주장과 관련하여 매우 인기 있는 주제가 되었다. 이것은 교육이 더 이상 '오래된 지식'이라는 것을 아이들에게 전달하는 데 초점을 맞출 것이 아니라, 변화하는 환경에 신속하고 효과적으로 적응할 수 있는 기술을 제공하는 데 초점을 맞추어야 한다는 주장이다. 그러나 이러한 주장에는 상당히 많은 오류가 있다. 한 가지 근거는 삶이란 단지 상황에 **적응**하는 것이 아니기에 교육을 통해 신속하고 순조롭게 적응할 수 있는 기술을 제공하는 것이 결코 전부가 될 수 없다는 것이다. **어떤 상황이든 제기해야 할 첫 번째 질문은, 특정 상황이 적응할 가치가 있는가, 아니면 적응에 저항하고 거부할 필요가 있는가 하는 것이다.**[8] 따라서 아이들과 젊은이들이 단지 적응할 준비가 되어 있어야 한다는 주장은 분별없고 위험하기까지 하다.

세계가 과연 그렇게 빨리 변하고 있는지에 대한 의문도 있다. 이 모든 것은 사실 어떤 '세계'를 말하고 있는가에 달려 있다고 생각한다. 세계 특정 지역의 일부 사람들 및 그들 삶의 특정 영역에서는 상황이 빠르게 변하고 있으며 앞으로도 계속 빠르게 변할 것이다. 현대 서구 국가에서 일working의 영역은 사실 급속도로 변해 왔다. 이는 특히 많은 생산 부문이 '서양'에서 '동양'으로 이동했고 로봇과 ICT(정보통신기술)의 역할이 증가했기 때문이다. 그러나 세계의 다른 지역들과 삶의 다른 영역들은 그다지 변하지 않았다. 먹을 수 있는 충분한 음식을 찾고 깨끗한 물과 적절한 위생 시설, 거처할 주거공간을 확보하는 사치를 누리는 것이 여전히 도전 과제인 사람들이 아직도 많으며, 이런 일은 '서양'에서도 마찬가지이다. 그런 점에서 단순히 빠르게 변화하고 있는 세계라는 생각은 전형적인 이데올로기를 보여 준다고 할 수 있다. 이는 특정 진실을 표현함으로써 '편리하게' 다른 진실을 숨기고 있는 것이다.

우리에게는 다음과 같은 도전이 늘 존재한다. '우리는 어떻게 서로를 돌볼 것인가, 특히 더 이상 스스로를 돌볼 수 없는 사람들을 어떻게 도울 것인가? 더불어 평화롭게 살기 위해 어떤 노력을 할 것인가? 우리가 이용할 수 있는 제한된 자원을 어떻게 공정하게 분배할 것인가? 어떻게 우리가 살고 있는 지구를 황폐화시키지 않도록 할 것인가?' 만일 이와 같은 인간 존재의 커다란 도전이 미래에 사라진다면 놀라운 일이 될 것이다. 그러나 이런 일들은 쉽게 사라지지 않는 '상수常數'이며, 이것은 미래가 미지의 블랙홀이라는 주장이 사실 그다지 말이 되지 않는 또 하나의 이유이다.

그러나 교육에 있어서 현재의 중요성을 강조하는 주된 이유는 교육이 **지금 여기에서** 이루어져야 한다는 단순한 사실과 관련이 있다. **우리가 아이들과 더불어 무엇을 할 것인가 하는 문제는 미래에 대한 질문도, 완벽한 답을 찾을 때까지 편리하게 '괄호로 묶어 보류할 수 있는' 질문도 아니다.** 교육에는 본질적이고 어쩔 수 없는 긴급성이 있다. 우리는 아이들에게 그들과 더불어 무엇을 해야 할지 알아낼 때까지 기다려 달라고 말할 수 없다. 그리고 마찬가지로 학생들에게 집으로 갔다가 무언가를 함께 할 수 있는 완벽한 방법을 찾은 후에 돌아오라고 말할 수도 없다. 우리는 항상 교육이 이루어지고 있는 과정에 있기에 거기서 최선을 다해야 한다. 그래서 우리에게는 비법이나 처방이 아니라 증거에 기반을 둔 것이든 아니든 교육자로서 예술성이 필요하다. 그렇기 때문에 교육에는 무엇보다도 현재를 바라보는 시각이 필요하다.[9] 말하자면, 이는 교육자가 현재 직면하고 있는 것을 보다 정확하고 명확하게 볼 수 있도록 하기 위한 것이다. 이어지는 장들은 이러한 과제에 나름의 도움을 주려는 의도로 이루어졌다.

02

학교를 위해서는
어떠한 사회가 필요한가?

02 학교를 위해서는
어떠한 사회가 필요한가?

　　나는 교육, 특히 아우슈비츠 이후의 교육을 정당화하는 주요 근거
는 새로운 세대에게 세계 '안에서' 그리고 세계와 '더불어' 존재하는 공
정한 기회를 주는 것이라고 주장해 왔다. 이와 관련된 교육자의 과제는
부분적으로 새로운 세대를 대상으로 한다. 여기서는 그들에게 그들의
주체성을 "받아들이도록" 격려하고, 그들에게 노출되어 그들을 대상화
하는 모든 힘에 굴복하기보다는 그들 스스로 삶의 주체로서 존재할 수
있는 가능성을 잊지 않도록 하는 것과 관련이 있다. 그러나 새로운 세
대에게 주체로서의 존재에 대해 공정한 기회를 주려면, 이런 기회가
일어날 수도 있고 혹은 일어나지 않을 수도 있는 조건에 주의를 기울여
야 한다. 이번 장에서는 학교와 사회의 관계를 탐색함으로써 이 문제에
대해 보다 넓은 그림을 제시하려고 한다. 사회는 어떤 학교를 필요로

하거나 원하는가 하는 일반적인 물음과 달리 나는 에카르트 리바우 Eckart Liebau(1999)의 주장을 바탕으로 문자 그대로 **교육다운 교육이 이루어질 수 있는 기관으로서의 학교가 되려면 어떤 사회적 조건이 필요한가** 하는 물음을 제기하고자 한다(Biesta 2018c 참고).[1]

근대 학교, 해법인가 문제인가?

근대 학교의 역사는 사회 민주주의 및 복지 국가의 약속과 밀접하게 관련되어 있다. 이 체제에서 학교는 일반적으로 '해법'의 일부, 즉 개인적 진보, 사회적 포용, 민주화, 번영 및 복지에 기여하거나 이를 실현할 제도로 여겨진다. 물론 근대 학교가 이러한 포부를 어느 정도 달성할 수 있는가에 대한 관심은 여전히 지속되고 있다(예: Hopmann 2008; Ravitch 2011 참고). 그러나 이러한 관심이 표출되고 있다는 사실은 학교에 대한 특정의 기대 지평期待地平이 여전히 널리 남아 있다는 것을 보여 준다. 이는 모든 것이 근대 학교와 잘 어울리지는 않는다는 것을 의미한다. 전 세계의 많은 지역에서 학교는 끊임없이 수행 압력을 받고 있으며, 이러한 수행의 성공 여부와 정도에 대한 표준은 점점 더 세계적 차원의 교육측정산업global education measurement industry에 의해 설정되고 있고(Biesta 2015a) OECD의 PISA가 그 길을 '선도'하고 있다(이에 대한 비판적인 분석은 D'Agnese 2017 및 Sellar, Thomson & Rutkowski 2017 참고).

이 모든 것은 학교와 교사 및 학생들뿐만 아니라 정책 입안자들과 정치인들에게도 압력을 가하는데, 이들 모두가 세계적으로 치열한 교육 경쟁에 휘말리고 있는 것으로 보인다. 교육의 질에 대한 공포스러운 담론이 있는데, 이는 더 좁은 정의에 맞춰 무엇이 교육으로 간주되고 교육에서 중요한 것은 무엇인지 논의하며 만족할 줄 모르는 성적 향상의 필요성을 부추기고 있는 것으로 여겨진다. 그 결과 놀랍게도 근대 학교가 해법이 아니라 점점 더 문제의 일부로 간주되고 있다. 이와 관련하여 교사와 학생, 정치인, 언론 및 일반 대중들은 학교 교육에 대한 불만이 높다. 이들은 모두 학교에서 더 나은 것을 원하지만, '더 나은' 것이 무엇인지 또는 어떻게 이를 실현할 것인지에 대해서는 의견이 다르다. 이러한 사실은 근대 학교와 근대 학교의 약속을 포기하고, 어쩌면 교육 사업에 '열의가 있고 준비되어 있으며' 교육 사업을 운영하여 상당한 돈을 벌어들일 가능성이 높은 피어슨Pearson과 같은 교육 자본가들에게 그 약속을 넘겨주어야 하는가(Sellar & Hogan 2019 참고), 아니면 공교육의 약속에 대한 믿음으로 민간 부문이 공교육을 인수하고 있는 혹은 이미 인수가 이루어지고 있는 여러 가지 방식들에 저항해야 하는가 하는 질문을 제기하게 한다(Ball 2007, 2012 참고).

이 장에서 제시하려는 성찰은 주로 학교와 사회의 관계에 대해 다시 생각해 보기 위한 것이다. 그렇게 함으로써 나는 좀 더 '집요한' 학교(Biesta 2019b)와 덜 '충동적인' 사회(Roberts 2014)의 정당성을 주장할 것이다. 학교와 사회의 관계를 이렇게 재설정할 수 있는지는 교육의 현주소를 나타내는 지표일 뿐만 아니라 사회 자체의 민주적 질quality에 대한 기준이기도 하다. 그러므로 여기에는 많은 현안이 걸려 있다. 그리고 모든 것은 질의 문제에서 시작된다.

교육의 질quality 문제

교육의 현주소와 관련하여 한 가지 주목할 만한 점은 교육의 질과 관련하여 활발하고 매우 구체적인 논쟁이 있다는 것이다. 이것은 교육의 질에 관심 있는 사람들이 많다는 인상을 줄 수 있지만, 질에 초점을 맞추는 것이 문제가 없는 것은 아니다. 어쩌면 '질'에 대한 모든 논의가 정말로 제기해야 할 질문에서 우리의 관심을 멀어지게 할 수도 있다.

질에 초점을 맞추는 데 따르는 한 가지 문제는 언어적인 것이어서 '질'이라는 단어가 '이의 제기가 불가능한 것', 즉 반론하기 어려운 단어의 하나로 특징지어질 수 있다는 사실과 관련이 있다. 결국 누가 질에 **반대**하려고 할 것인가? 이것은 이미 '질'을 추구한다는 것이, 또는 더욱 문제가 되는 것으로서 '양질의 교육quality education'을 목표로 한다는 것이 무슨 말을 하고는 있지만 그다지 많은 것을 말해 주는 것은 아님을 나타낸다. 결국 질이 무엇인지, 질로 간주되는 것이 무엇인지에 대해서는 서로 대립되는 정의와 견해가 있으며, 궁극적으로 이는 대립하는 기본 가치와 관련이 있다. 결국 '질'은 판단의 문제이며, 보다 구체적으로는 우리가 어떤 것을 좋은 것으로 간주할지 말지에 대한 판단이다. 이는 교육의 질에 대한 질문이 기술적인 것이 아니라 매우 정치적인 것임을 보여 준다. 그러나 이것 자체가 우리를 놀라게 하지는 않는다. 우리를 진정 놀라게 하는 것은 질, 곧 좋은 교육이 무엇인지에 대한 문제를 효과적으로 보이는 증거를 만들어내는 일에 끊임없이 집착하는 것처럼 기술적인 수단으로 해결할 수 있다고 많은 이들이 생각하는 것 같다는 사실이다.

　교육의 질에 대한 논의와 관련해서는 일반적으로 세 가지 오해가 있다. 첫째는 교육의 질이 효과성 및 효율성의 문제와 관련이 있다는 잘못된 생각과 관련이 있다. 효과성과 효율성이 일종의 가치이기는 하지만 여기서 문제는, 이것이 과정적 가치라는 것이다. 이는 주어진 목표를 달성하는 데 특정의 프로세스가 얼마나 유용한지(효과성), 그리고 그렇게 하는 데 이 프로세스가 필요한 자원을 얼마나 잘 활용했는지(효율성)를 나타내는 것이다. 그러나 효과성과 효율성은 그 프로세스를 통해 얻고자 하는 것에 대해서는 철저히 중립적이다. 솔직히 말하면 효율적인 고문torturing이 있고 비효율적인 고문이 있는 것처럼, 효과적인 고문도 있고 비효과적인 고문도 있다. 그렇다고 해서 효과적이고 효율적인 고문이 좋은 것이라고는 말할 수 없다. 따라서 진정한 질의 문제는 특정한 교육의 과정과 실천이 효과적이고 효율적인지가 아니라, 그러한 과정과 실천이 무엇을 추구하기 위한 것인지 묻는 것에서 출발해야 한다.

　질에 대한 논의의 두 번째 오해는, 질이란 고객에게 원하는 것을 제공한다는 가정이다. 매우 놀랍게도, 이러한 견해는 ISO 9000[2] 품질 표준의 첫 번째 "질 관리 원칙"이다.

질 관리의 주요 초점은 고객의 요구사항을 충족하고 고객의 기대를
뛰어넘기 위해 노력하는 것이다.   (ISO 2015, p.2)

이러한 아이디어는 매력적으로 들릴 수도 있다. 그래서 교육 기관
은 학생들의 요구를 충족시켜야 한다는 생각, 즉 학생들이 원하는 것을
제공해야 한다는 생각으로 교육의 영역에 들어왔지만, 고객이 부도덕
한 일을 원할 때 혹은 학생이 비교육적인 것을 원할 때는 문제가 발생
한다(예를 들면 시험 문제의 정답이나 성공에 대한 서면 보증을 원하는 것
등. 이러한 문제에 대해서는 Eagle & Brennan 2007; Nixon, Scullion & Hearn 2018
참고).

그리고 세 번째는 '성과주의performativity'의 문제이다(Ball 2003; Gleeson
& Husbands 2001). 이것은 질의 지표를 질의 정의definition로 받아들여 조직
의 전략적 목표를 성적표 상의 특정 위치에 도달하는 것으로 규정하고
이런 위치에 이르렀음을 보여 주는 지표를 향해 맹목적으로 조직의 성
취를 몰아간다. 이러한 행동이 어떻게 교육의 질 자체에 대한 관심을
크게 잠식하는지는 다이앤 라비치Dianne Ravitch가 2011년에 저술한 『The
Death and Life of the Great American School System: How Testing and
Choice are Undermining Education』에 자세히 수록되어 있다. '측정의 시
대'(Biesta 2009)에 우리는 가치 있는 것을 모두 측정하는 것은 불가능하
다는 사실을 망각한 채, 종종 교육에 있어서 가치 있는 것을 측정하려
하기보다는 측정되는 것을 가치 있게 여기고 있는 것 같다.

교육의 목적과 역동성 그리고 해야 할 일의 실행

앞의 논의에서는 교육의 질에 대한 진정한 질문은 어떻게 하면 교육을 보다 효과적이고 효율적으로 만들 수 있는지, 어떻게 교육이 고객을 행복하게 하고 그들이 원하는 것을 얻을 수 있도록 할 것인지, 어떻게 질의 지표에서 높은 점수를 얻을 수 있는지에 관한 것이 아니라는 사실을 보여 주었다. 이 모든 것은 교육이 무엇을 추구하기 위한 것인가의 문제를 다루지 않는 한 공허한 상태로 남아 있다. 나는 이 문제에는 세 가지 "층위"가 있다고 제안하고자 한다. 하나는 '교육의 목적'과 관련이 있고, 또 하나는 '교육의 역동성'과 관련이 있으며, 나머지 하나는 '해야 할 일의 실행'과 관련이 있다.

1장에서는 이미 교육에 대한 오늘날의 논의에서 지배적으로 자리 잡은 학습의 언어가 교육의 언어로서는 그다지 도움이 되지 않는다는 사실을 언급했다. 왜냐하면 교육의 핵심은 결코 아이들과 젊은이들이 '단지' 배우는 것이 되어서는 안 되기 때문이다. 교육의 관점에서는 항상 그 배움이 무엇을 위한 것인지를 구체화할 필요가 있다(뿐만 아니라 교육에는 배움보다 더 많은 것이 있음을 망각해서는 안 된다. 이에 관해서는 특히 Biesta 2015b 참고). 교육은 무엇을 위한 것인가라는 물음에 대해서는 교육이 관심을 갖고 지향해야 할 목적으로 자격부여, 사회화, 주체화 등 세 가지 영역이 있음을 밝힌 바 있다.

나는 또한 자격부여가 우선이고 사회화가 두 번째, 주체화는 여유가 있을 때 추구하는 것이라고 생각하기보다는, 이러한 위계질서를 뒤집어 주체화가 모든 교육의 핵심이라는 가정에서 논의를 해야 한다고 주장했다. 앞에서 설명했듯이 이는 주체화가 교육의 전부라고 말하거나 학생들은 단지 사회화와 자격부여만 이루어지면 되는 '대상'이 아니라, 세계에 대한 방향 감각 및 세계 '안에서' 그리고 세계와 '더불어' 살아가기 위한 '준비'가 필요한 인간이라는 것을 인정하기 위함이다. 학습이라는 방향성 없는 언어에서 무엇을 **위한** 학습인가 하는 질문으로 넘어가면, 교육의 질에 대한 논의에 내용이 추가되기 시작한다. 그리고 교육에 세 가지 합법적인 목적의 영역이 있다는 주장은 오늘의 학교가 수행해야 하는 보다 폭넓은 과제를 개괄하는 출발점이 되기 때문에, 이 과제를 자격부여라는 영역 안에서 측정 가능한 결과의 산출로 축소하려는 시도에 대항하는 방식을 제시한다.

교육의 목적에 세 가지 영역이 있음을 안다는 것은 교육의 효과성과 효율성에 대한 논의에도 중요한 의미를 갖는다. 왜냐하면 학생들은 뭐니 뭐니 해도 교사로부터 전달받는 것과 교사가 그들에게 요구하는 것, 말하자면 커리큘럼과 교육활동 및 평가를 통해서만 배우는 것은 아니기 때문이다. 학생들은 교사들과 관계를 맺는 방식으로도 배우는데, 그들은 '무엇'과 '어떻게' 사이의 모순을 발견하는 데 실제로 능숙한 편이다. 교육에서 '어떻게'는 '무엇'만큼이나 중요하기 때문에 우리는 결코 가르침을 단지 중립적인 '개입'으로만 생각해서는 안 된다. 그러므로 보상과 처벌은 특정한 결과와 '성과'를 산출하는 데 효과적일 수도 있고 어쩌면 효율적일 수도 있지만, 이는 학생들과 관계를 맺는 데 있어서 결코 교육적으로 바람직한 방법이 아니다. 이는 교육목적의 한 영역에 효과적이거나 효율적인 것이 다른 영역에서는 역효과를 낼 수도 있음을 말해 준다. 따라서 교육의 구체적인 역동성과 세 가지 교육 목적의 복잡성을 언급하지 않고는 효과성과 효율성에 관한 질문은 의미가 없다.

교육에 있어서 질의 본질에 관한 세 번째 고려 사항은 교육의 질에 관한 논의에서 교육의 '결과', 즉 모든 교육적 노력에 의해 얻어질 것으로 예상되거나 실제로 얻게 되는 것에만 초점을 맞추어서는 안 된다는 사실과 관련이 있다. 말하자면 이러한 '결과 논쟁' 외에도 '문명 논쟁'도 고려해야 할 필요가 있다는 것이다. 이것은 문명사회가 그 자체로 가치 있게 여기는 것들에 관한 것으로, (측정 가능한) 결과에 영향을 미치는지 여부와는 무관한 것들이다. 학생이라면 품위 있고 아름다운 학교 건물을 향유할 자격이 있다. 이러한 사실은 그러한 건물이 교육의 성과 면에 어떠한 차이를 가져오는지에 관계없이 가치 있는 고려 사항이 될 수 있다. 또는 학교가 학생들의 삶에서 '일상적으로' 만나지 않을 다른 학생들을 만날 수 있는 장소여야 한다는 것은 성과에 영향을 미치지 않아도 혹은 한걸음 더 나아가 특정의 성과에 부정적인 영향을 미친다 하더라도 중요한 문명 논쟁이 될 수 있다. 문명 논쟁은 그것이 비용을 절감하는 것이라도 학교를 시장이나 사적 영역으로 넘겨주지 않기로 결정하게 하는 중요한 근거가 될 수도 있다. 오스카 와일드가 상기시켜 주듯이 핵심은, 무언가의 가격을 아는 것과 그것의 가치를 아는 것은 매우 다르다는 것을 잊어서는 안 된다는 점이다.[3]

근대 학교의 이중적인 역사

이번 장에서는 오늘날의 학교가 왜 그리고 어떻게 문젯거리가 되었는지 이해하고자 한다. 지금까지 나는 이 문제가 교육의 질에 관한 논의와 관련이 있다는 것을 보여 주었다. 앞에서 설명했듯이 이 논의는 특히 교육의 목표와 목적에 대한 질문, 그리고 '성과'에 '영향'을 미치건 그렇지 않건 문명사회가 학교에 대해 가져야 하는 관심과 관련된 실질적인 질문과 단절되어 있기 때문에 적어도 오해의 소지가 있으며, 어쩌면 잘못된 것일 수도 있다.

그러나 교육의 질과 관련된 문제는 질의 정의 및 이러한 정의의 중요한 요소인 가치에 관한 문제일 뿐 아니라 정치적 차원이 더 많은 비중을 차지하는 문제이기도 하다. 이는 교육의 질을 규정하고 평가하는 데 합법적인 목소리를 가진 사람이 누구인가 하는 것과 관련이 있기 때문이다. 이러한 사실은 곧바로 학교와 사회의 관계 및 근대 학교의 역사에 대한 문제에 관심을 갖게 한다.

이와 관련하여 내가 주장하고자 하는 것은 근대 학교가 그 핵심에 근본적인 긴장을 조성하는 두 개의 서로 다른 역사, 어떤 의미에서는 대립하는 역사에서 출현했다는 점이다. 이것은 근대 학교의 난제를 이해하는 데 도움이 될 뿐만 아니라 학교와 사회의 관계에 대해 생각하는 방식을 밝히는 데도 유용하다.

현대 학교의 초기 역사이자 어떤 면에서는 보다 일반적인 역사에서 근대 학교는 사회의 근대화에 따른 결과로, 보다 구체적으로는 사회의 영역과 기능이 분화하는 과정에서 등장했다고 한다(Parsons 1951; Mollenhauer 1973 참고). 삶과 일이 밀접하게 얽혀 있던 농경 사회에서 신세대들은 아마도 이리저리 '어슬렁거리기'만 해도 알아야 할 모든 것들을 '주워 들었을' 것이다.[4] 그러나 일이 공장과 사무실로 옮겨 가면서 이런 일은 더 이상 가능하지 않게 되었다. 기능적 분화의 결과로 사회는 교육의 '힘'을 잃기 시작했고, 이로 인해 아이들이 미래 사회에 참여할 수 있도록 대비시켜 줄 특별한 기관이 필요하게 되었다. 근대 학교는 이러한 발달의 과정에서 출현한 핵심 기관, 즉 미래의 사회생활에 참여할 준비 임무를 맡은 기관이다(Mollenhauer 2013 참고).

이러한 역사의 핵심은 근대 학교가 사회의 기능 및 사회를 위한 기능으로 등장했다는 것이다. 보다 일반적으로 표현하면, 근대 학교가 사회를 위해 중요한 '일'을 하는 기관으로 출현했다는 의미이다. 이것은 단지 학교가 이런 일을 잘 해낼 뿐만 아니라 사회가 학교에 대해 합법적 기대를 가지고 있음을 의미하는 것이기도 하다. 이러한 근대 학교의 역사는 학교가 무엇을 해야 하는지 사회가 강력한 목소리를 낼 수 있게 할 뿐만 아니라, 학교에서 진정으로 사회가 원하는 것을 제공하고 있는지를 확인할 정당한 권리 또한 부여한다. 오늘날 교육의 질에 대한 관심은 이러한 역사와 일치하며 세계적 차원의 교육측정산업은 어떤 면에서 이러한 추세가 논리적으로 진척된 단계일 뿐이다. 학교가 단지 '수행 기능'에 불과하고 유일한 '일'이 사회에 기여하는 것이라면, 그일을 잘해 나가기만 하면 되는 것이고 그 기능을 공공기관이 수행하건 민간 기업이 수행하건 별로 중요하지 않다고 할 수 있다.

이것이 근대 학교와 사회의 관계에 관해 말할 수 있는 전부라면, 우리는 여기서 종결하거나 단지 학교가 사회를 위한 보다 완벽한 도구가 될 수 있는 방법만을 미세 조정하는 기술적인 문제로 옮겨 갈 수 있다. 그러나 나는 학교에 대해 들려줄 또 다른 역사가 있다고 제안하고자 한다. 이것은 더 오래되고, 더 깊이 숨겨져 있고, 아마도 거의 망각된 역사일 것이다. 이 역사에서 학교는 사회의 기능 혹은 사회를 위한 기능이 아니라 '가정'과 '길거리'의 중간, 가정의 사생활과 사회의 공적인 삶의 중간에 있는 다소 기이한 공간이다. 이 역사에서 학교는 '가정'도 '일터'도 아닌 일종의 '중간 지대'로서, 무언가를 연습하고 시험해 볼 수 있는 장소이자 공간이다. 한나 아렌트가 주장한 바와 같이 이러한 역사에서

> 학교는 결코 세계가 아니며 그렇게 행세해서도 안 된다. 오히려 학교는 가정에서 세계로의 전환을 가능하게 하기 위해 가정이라는 사적인 영역과 세계 사이에 끼여 있는 기관이다. (Arendt 1977, pp.188-189)[5]

질문의 전환

초기의 역사에서 사회는 학교에 대해 정당한 권리를 주장하고, 학교는 이를 '수행할' 의무를 진다. 즉 이러한 사회의 요구에 부응하고 그것이 어떻게 수행되고 있는지에 대해 사회에 철저하고 투명하게 밝

48 학습자와 교육과정을 넘어: 세계와 함께하는 교육

혀야 했다. 이러한 초기의 역사에서는 학교가 사회를 향해 '개방될' 필요가 있었다면, 두 번째 역사에서는 반대로 학교를 사회의 요구로부터 보호하고 차단해야 할 필요가 있음이 암시된다. 이는 바로 새로운 세대가 세계와 만나고 세계와의 관계 속에서 자신을 만날 시간적 여유를 누리며 모든 것이 그들에게 어떤 의미가 있는지 그리고 그들에게 무엇을 요구하는지를 알아내기 위함이다. 따라서 근대 학교의 이중적인 역사는 근대 학교의 핵심에 구조적 긴장이 있음을 알려 준다. 이것은 사회가 학교에게 원하는 것과 사회와 거리를 두어야 한다는 요구, 말하자면 '과제 수행'에 대한 요구와 '자유로운 활동'에 대한 요구 사이의 긴장이다.

대부분의 교사들은 이러한 긴장을 잘 알고 있으며, 일반적으로 이러한 긴장에 대처하는 방법도 알고 있다. 그들은 때로 학생들에게 엄격하고 까다로울 필요가 있지만 때로는 압박을 풀어 주고 시간적, 공간적 여유를 허용할 필요가 있다는 것을 안다. 그러므로 문제는 이러한 긴장을 모르거나 이해하지 못한다거나 혹은 교사들에게 그것을 다룰 수 있는 능력이 부족하다는 것이 아니다. 그러나 이러한 이중의 역사에서 드러나는 것이 '두 주인의 하인'으로서 학교의 모습이라면, 이 시대 학교의 문제는 한 주인의 목소리, 즉 학교를 향해 '수행하라! 사회가 필요로 하는 것을 제공하라! 실용적이 되어라! 쓸모가 있어라!' 하는 목소리가 다른 목소리, 즉 수행에 대한 끊임없는 압력이 결국에는 일종의 공포로 끝난다는 것을 이해하는 목소리보다 훨씬 더 커졌다는 사실이다(Ball 2003). 그러므로 문제는 합법적인 목소리가 있고 비합법적인 목소리가 있다는 것이 아니다. 비합법적인 목소리의 경우, 학교에 대한 과도한 기능주의적인 개념을 과도하게 낭만적인 개념으로 대체할 위험이 있다. 가장 큰 문제는 상황이 균형을 잃었다는 것이며, 여기서 필요한 것은 재조정, 즉 앞서 말했듯이 시스템을 '재설정'하는 것이다.

오늘날의 교육을 둘러싼 문제는 학교와 사회의 관계에 대한 다소 일방적인 시각에서 비롯된 것 같다. 이러한 시각에서 이들의 관계에 제기할 수 있는 유일하게 **합당한** 질문, 즉 일부 사람들이 유일하게 **던질 수 있는** 질문은 사회가 어떠한 학교를 필요로 하는가라고 가정한다. 이러한 설정에서는 근대 학교의 첫 번째 역사, 즉 사회는 요구하고 학교는 이 요구에 따르는 역사의 영향을 분명히 확인할 수 있다. 그러나 학교와 사회의 관계에 대해서 제기할 수 있는 또 다른 질문이 있다. **이것은 학교가 실제로 어떤 사회를 필요로 하는가, 보다 구체적으로는 새로 오는 세대를 자유롭게 하려는 이 시점에서 단지 완벽한 '기능수행'을 하는 학교가 아니라 학교다운 학교가 되려면 학교에는 어떠한 사회가 필요한가 하는 것이다.** 에카르트 리바우(Eckart Liebau 1999, p.5)가 제기한 이 질문을 통해 우리는 학교로부터 그리고 학교에 '문제'가 있다는 주장으로부터 시선을 돌려 사회가 나아가야 할 방향을 바라볼 수 있다.

충동적인 사회의 부상

이 문제와 관련한 논의에서 현대 사회에 대한 설득력 있고 상당히 타당한 분석을 소개하고자 한다. 이 분석은 현대 사회가 상당 부분 '충동적인 사회'가 되었다(Roberts 2014)는 로버츠Paul Roberts의 주장에 초점을 맞추고 있다. 로버츠가 영국판 저서의 부제를 통해 제기한 '우리가 원하는 것을 얻는 데 있어서 무엇이 잘못되었는가?'라는 수사적인 질문은 이미 어디에 문제가 있는지를 보여 준다. 물론 미국판 부제인 '즉각적인 만족의 시대의 미국'은 로버츠가 내린 진단을 더욱 절박하고 정확하게 요약하고 있다.

로버츠의 분석에서 핵심적인 구분은 '필요needs'와 '욕구wants' 간의 차이이다. 로버츠는 미국 경제의 약 70%가 '임의소비discretionary consumption', 즉 실제로 필요하지는 않지만 그럼에도 불구하고 원하는 것에 중점을 두고 있음을 보여 준다. 그런데 이러한 문제가 야기되는 이유는 '우리가 원하는 것을 제공하는 쪽으로 방향을 바꾼 경제가 단지 우리에게 **필요한 것**을 제공해 줄 수 있는 최선의 대안이 아니라는' 사실 때문만은 아니다(Roberts 2014, p.8. 강조는 원문). 또 다른 이유는 '우리가 원하는 것을 너무 잘 공급해 주는 경제 시스템에 대처하는 것'이 매우 어려울 수 있기 때문이다(ibid., p.2). 예를 들면 이러한 시스템이 초래한 '결과' 중 하나인 비만뿐만 아니라 '패스트 패션fast fashion'으로 인해 야기된 모든 환경 문제들을 생각해 볼 수 있다. 이것은 현대 자본주의의 역동성과 관련 있는 우리의 욕구가 실제로 어디에서 출현하는 것인가 하는 질문을 제기한다.

자본주의의 주요 문제는 자본주의가 스스로 존속하기 위해서는 성장을 해야 한다는 사실이다. 자본주의는 오랫동안 공간의 확장, 즉 새로운 시장을 개척함으로써 이 문제에 대처할 수 있었다. 어떤 의미에서

식민주의 시대에 시작된 이런 전략은 경제가 문자 그대로 세계화되고 확장할 공간이 사라지면서 한계에 도달했다. 이러한 시점에서 세계 자본주의는 주로 주식시장의 논리를 통해 **시간**으로 돈을 벌어들이는 다른 성장 방법을 찾아냈다. 이 시장에서는 매매를 통해 다른 사람들보다 (단지) 한발 앞서 있기만 하면 시간으로부터 돈을 버는 것이 가능해지면서 '시간은 돈'이라는 오래된 생각에 완전히 새로운 의미를 부여했다. 그러나 더욱 빨라진 컴퓨터 알고리즘의 등장으로 이러한 기업도 이제 한계에 도달했다. 이것이 자본주의가 문자 그대로 한계에 다다른 2008년 당시에 벌어진 금융 위기의 주요 원인 중 하나였다.

그러나 하나의 '전략'이 남아 있는데, 이것이 현대 자본주의의 핵심적인 요소가 되었다. 여기서 등장한 가장 좋은 예는 아마도 애플Apple일 것이다. 우리는 애플이 파는 것이 휴대폰이라기보다는 새로운 휴대폰에 대한 욕망이라는 것을 알고 있다. 애플은 이 욕망을 무료로 판매하지만, 일단 이 **욕망**이 우리 내부에 도달하면 우리는 힘들게 번 현금을 최신 모델로 교환하는 것 이상의 행동을 한다는 것을 종종 발견하게 된다. 현대 자본주의는 욕망을 파는 사업을 하고 있다고 말할 수 있다. 로버츠는 '소비 시장이 사실상 자아 **내부로** 전환되었다'고 결론짓는다 (ibid., p.6. 강조는 원문). 이러한 '전환'에 있어서 기발한 사실은 "밑바닥 없는 자아의 욕구가 성장을 멈출 수 없는 성숙한 산업 자본주의 경제의 산출물을 모두 끌어 담을 수 있기 때문에" 무한한 성장이 가능해 보인다는 점이다(ibid., p.7).

이 책에서 로버츠는 즉각적인 만족의 논리가 현대 자본주의의 결정적 특성이 되었을 뿐만 아니라 현대 사회의 모든 영역에 영향을 미쳤음을 보여 준다. 그렇기 때문에 우리는 단순히 충동적인 경제로만 고통받는 것이 아니라 충동적인 사회로 인해서도 고통 받고 있다는 것이다. 그리고 충동적인 사회에서 새로운 사실은 우리가 욕망을 가지고 있고 그 욕망이 이기적이라는 것이 아니라, 개인의 이기적인 행동양식이 **전체 사회**의 행동양식이 되었다는 것이다(ibid., p.4. 강조는 추가). 또 하나 걱정스러운 것은(이는 로버츠의 분석에서도 중요한 측면이다) "한때 신속하고 이기적인 보상을 추구하는 개인을 누그러뜨리던 기관들(여기서 로버츠는 정부, 미디어, 학계 그리고 특히 기업을 언급하고 있지만 놀랍게도 교육에 관해서는 거의 언급하지 않는다)이 이제는 같은 것을 추구하는 데 점점 더 많이 동참하고 있다"는 사실이다(ibid.).

우리는 이것을 통해 최근에 포퓰리즘 정치가 어떻게 부상하게 되었는지 이해할 수 있다. 포퓰리즘 정치에서는 만일 사람들이 그들에게 찬성표를 던지기만 하면, 원하는 것은 무엇이든지 제공할 것이라고 약속하는 것이 정치인들의 주요 메시지로 보인다. 여기서는 그런 약속의 실천에 따르는 복잡성을 설명하거나 모든 사람에게 원하는 것을 다 제공하는 것이 전혀 불가능하다는 점을 지적하는 일에는 충분한 노력을 기울이지 않는다. 이번 장의 논의에서 더 중요한 것은, 이것이 또한 현대 교육이 처한 난제를 이해하는 방법이라는 것이다. 말하자면 현대 교육은 학생들이나 부모 혹은 사회가 원하는 내용이, 과연 그들이 실제로 바라는 것인지 아니면 그러기를 욕망하는 것인지 어렵지만 중요한 질문을 숙고하여 제기하는 대신, '고객들'이 원하는 것을 그대로 제공해 버리는 논리에 굴복하지 않는 것이 점점 더 어려워지는 충동적인 사회의 욕망에 붙잡혀 있다는 것이다.

교육 과제의 시급성

그러나 바로 여기서 우리는 교육 과제의 '시급성'(Meirieu 2007, pp.53-58 참고)을 확인하게 되는데, 이것은 **교육** 과제의 시급성일 뿐만 아니라 **민주적** 교육 과제의 시급성이기도 하다. 교육의 핵심은 메리외Philippe Meirieu가 잘 정리하고 있듯이 아동에게 있어서는 단지 자신의 욕망만을 추구하려는 것이 정상적인 발달의 단계라는 것이다(ibid.). 메리외에 따르면, 이 단계를 '초기 나르시시즘'이라고 부르든 '유아기적 이기주의'라고 부르든 그것은 그다지 중요하지 않다. 그의 핵심적 주장은 자신의 욕망에 사로잡혀 아직 그 실체를 알아보지 못하고 그것을 세계와의 만남에서 의미 있는 부분으로 만들지 못하는 아이들은 맹목적으로 행동하려 하며(즉각적인 만족을 추구하는 것), 원하는 모든 것을 성취하거나 실현할 수 없다는 사실을 미처 이해하지 못한다는 것이다. 교육의 (더딘) 과제는 이 여행에 아이들과 동행하며 여행을 계속하도록 격려하고, 자신의 욕망에 대한 통찰력과 관점을 얻어 그 욕망을 다스릴 수 있도록 함으로써 어떤 욕망이 세계에서 타자들과 함께 자신의 삶을 잘 살아가는 데 도움이 되고, 또 어떤 욕망이 이 일을 방해하는지 알아내도록 하는 것이다.

여기서 교육의 주요 과제는 아이의 '발달'을 지원하는 것이 아니라, 아이의 욕망에 저항함으로써 그것을 저지하는 것이다. 이와 관련해서 메리외는 아이가 대상으로 존재함으로써 자신의 욕망에 지배되는 대신, 주체로서 자신의 욕망을 다스릴 수 있도록 **교육은 저항의 의무를 진다**고 주장한다(Meirieu 2007 – 'le devoir de resister': 저항의 의무). 이것은 소위 '유아적인' 방식이 아니라 '성숙한' 방식으로 세상을 살아가려는 도전이다(이 용어는 Biesta 2017a의 1장 참고).

그러나 이것은 단순히 나이의 문제가 아니라는 점에 유의해야 한다. 나이 많은 사람들은 자신의 욕망을 다스릴 수 있지만, 젊은 사람들은 그렇지 못하다 것은 **사실과 다르다**. 반대로 자신의 욕망을 다스리고 그것에 대해 어느 정도의 통제력을 발휘하는 젊은이들의 사례를 많이 볼 수 있듯이 자신들의 욕망에 완전히 사로잡혀 있는 성인들의 사례도 많이 볼 수 있다. 그런 점에서 사실상 누가 '아이들'인가는 단순히 나이의 문제로 가정하는 것보다 더 흥미롭고 복잡하며 긴급하고 정치적인 문제가 된다. 메리외가 말했듯이 '유아적인 것'은 실제로 우리의 삶 전체에 걸쳐 우리를 따라다닌다(Meirieu 2007, p.54). '어려운' 질문을 하지 않으려 하고 단지 자신의 욕망만 추구하려는 마음은 영원히 해소되지 않는다. 메리외의 표현에 따르면, 타자를 파괴하고 짧은 순간일망정 자신을 우주의 유일한 통치자로 보려는 유혹은 항상 존재한다(ibid.).

이것이 메리외가 우리 자신의 욕망에서 벗어나는 것이 상당히 어렵다고 주장하는 이유이기도 하다. 그는 자신의 욕망을 다스리고, 자신의 욕망에 대한 관점을 얻고, 우리가 추구해야 할 욕망과 버려야 할 욕망을 알아낼 수 있도록 서로를 지원하는 사회적 장치가 필요하다고 주장한다. 학교 교육은 전적으로 사회의 요구에 지배되거나 결정되어서는 안 되며 기능 수행보다는 하나의 '스콜레schole'로서, 자유 혹은 해방의 기회로서, 바로 이러한 일을 하는 사회적 장치이다. 그리고 오늘의 교육과 사회가 진정으로 제기해야 할 물음은 이러한 사회적 장치가 여전히 가능한가 하는 것이다.

오늘날에도 학교는 여유로운 공간이 될 수 있는가?

이 논의를 충동적인 사회에 대한 로버츠의 분석과 연결하면, 두 가지 다소 충격적인 결론이 뒤따른다. 첫째, 충동적인 사회는 사실 우리가 우리의 욕망에 의문을 제기하는 것을 원하지 않는다는 것이다. 충동적인 사회는 우리가 '유아기'에 머물러 있어야, 즉 욕망을 다스리기보다는 욕망과 합치되어 있어야 많은 돈을 벌기 때문에, 우리가 어른으로 성장하거나 어른이 되는 방식으로 존재하려는 것을 원하지 않는다. 다시 말하면 충동적인 사회는 우리의 주체화, 즉 우리가 주체로 존재하는 것에 관심이 없는데, 이는 충동적인 사회의 '비즈니스 모델'이 우리의 지속적인 대상화에 달려 있기 때문이다. 두 번째 결론은 충동적인 사회가 우리로 하여금 욕망을 초월하여 성장하는 것, 우리가 욕망 자체가 되기보다는 욕망을 지배하는 것 혹은 그럴 수 있도록 서로 지원하는 것을 가능하게 해준 바로 그 제도를 약화시켜 왔다는 사실이다.

이 지점에서 민주주의가 논의의 주제로 들어온다. 이것은 포퓰리즘과 달리 바로 개인과 집단의 모든 욕망을 숙고한 후 어떤 것은 받아들이고 어떤 것은 받아들이지 말아야 할지(예를 들면, 민주주의의 핵심 가치인 자유와 평등에 압박을 가하거나 이런 가치를 훼손할 위험이 있는 경우)를 알아내는 것이 민주주의의 핵심이라고 할 수 있기 때문이다. 원하는 것을 모두 얻을 수는 없다는 것이 포퓰리즘과 구분되는 민주주의의 핵심이다(Biesta 2014b 참고). 이것은 민주주의가 어려울 뿐만 아니라 한계란 없다는 말이 반복되는 시대에 점점 인기를 잃어 가는 이유이기도 하다.

앞에서의 성찰과 판단이 타당하다면, 이는 현대 사회에 중대한 질문을 제기하기 시작한다. 그 질문이란 현대 사회에서 학교가 여전히 '여유로운 공간'이 될 수 있는지,[6] 더 정확히 말하면 학교가 여전히 '가정'과 '길거리' 사이의 중간 지대로서 '스콜레'가 될 수 있는지에 관한 것이다. 나는 학교에 대한 이러한 시각을 낭만적이거나 구태의연한 것이라고 생각하기보다는, 새로운 세대에게 세계와 그들 자신을 대면할 수 있는 기회, 가장 중요하게는, 세계 및 그들 자신의 욕망과 만날 수 있는 기회 그리고 그 과정에서 만나는 것들을 처리할 수 있는 기회를 마련해 주기 위해 이러한 공간과 장소가 필요하다는 점을 주장하고자 했다. 그리고 이런 의미의 학교가 중요한 것은 이를 통하여 새로운 세대가 자신들의 욕망에 지배당하기보다는 그런 욕망과 관계를 맺을 수 있게 되기 때문이다. 이것이 장소와 공간으로서의 학교이다. 그러나 아마 무엇보다도 하나의 기회, 즉 사뮈엘 베케트Samuel Beckett가 말했듯이 새로운 세대에게 부여하는 무언가를 시도할 수 있는 기회, 실패할 수 있는 기회, 그러면 다시 시도할 수 있는 기회, 이번에는 더 나은 실패를 할 수 있는 기회[7]로서의 학교일 것이다.

그렇다면 학교에는 어떠한 사회가 필요한가? 그것은 분명 사회의 요구대로 수행하고 전달하는 학교를 원하는 충동적인 사회가 아니라, 욕망하는 혹은 욕망으로 나타나는 모든 것을 추구할 수는 없으며 그래서도 안 된다는 것을 이해하는 민주사회이다. 이러한 학교, 말하자면 근대 학교의 두 번째 역사에서 나오는 형태가 여전히 가능한지는 단지 교육의 문제가 아니라 궁극적으로 사회의 민주적 질democratic quality 자체에 대한 시험이다. 이를 위해서는 사회에 봉사도 하고, 한편으로는 저항하고 신념을 고수할 필요도 있는 이중의 역사에 서 있음을 이해하는 학교도 필요하다(Biesta 2019b). 사회가 민주적이고 성숙한 미래에 다시 관심을 갖는다면, 아이러니하게도 바로 이런 식으로 저항하고 신념을 고수하는 것은 학교가 사회에 봉사할 수 있는 가장 중요한 방법일 것이다.

파크스-아이히만 역설과
교육의 두 패러다임

03 파크스-아이히만 역설과 교육의 두 패러다임

이 책에서 줄곧 추구해 온 관심은 우리가 자연 및 사회로서의 세계 '안에서' 그리고 그런 세계와 '더불어' 어떻게 인간으로서 존재하는가 하는 것이 교육의 핵심적인 질문이라는 것이다. 따라서 교육의 중심에서 우리는 **실존적** 관심을 발견하게 되는데, 이것은 '우리가' '아이들'과 더불어 하는 일에 방향을 제시하고 중요한 정당성을 제공한다. 앞 장에서는 근대 학교가 새로운 세대에게 주체로서 존재하는 도전에 참여할 시간과 자원을 어디까지 제공하는 공간이 될 수 있는지에 대해 탐구했다. 뿐만 아니라 그렇게 함으로써 이 도전이 단지 새로운 세대에게 그냥 주어지는 것이 아니라 사실은 평생의 도전이라는 것을 보여 주었다. 결국 유아적인 '충동'은 결코 완전히 해소되지 않으며 우리의 삶 전체에 '따라다닌다'는 것이다.

그러므로 주체성과 관련하여 교육자로서 '우리'는 '어른스러운' 반면 '아이들'은 그렇지 않다고 가정하는 것(완전히 주제넘는 일일 것이다)보다, 새로운 세대들에게 주체로서 존재할 공정한 기회를 부여하는 것이 교육의 과제라고 주장해 왔다. 이번 장에서는 교육을 이론화하는 방법에 있어서 교육의 실존적 지향성이 무엇을 의미하는지에 초점을 맞출 것이다. 교육을 함양cultivation의 과정으로 보는 교육 실재에 대한 주류의 관점(저자는 이를 제1의 '패러다임'으로 본다. 옮긴이)은 실존적 '차원'을 설명할 수 없기 때문에 제2의 '패러다임'으로 보완할 필요가 있음을 지적하고자 한다. 나는 두 '패러다임'의 차이가 무엇을 의미하는지를 밝히고, 교육의 실천과 관련한 여러 가지 함의를 논의하고자 한다.[1]

교육 현실에 대한 주류의 설명은 완전하다고 할 수 있는가?

이번 장의 아이디어는 1935년 5월 15일 『피지컬 리뷰Physical Review』 저널에 실린 논문에서 영감을 얻은 것이다. 이 논문의 제목은 "물리적 실재에 대한 양자역학적 설명이 완전하다고 할 수 있는가?"이며 저자는 아인슈타인Albert Einstein, 포돌스키Boris Podolsky 그리고 로젠Nathan Rosen이다(Einstein, Podolsky & Rosen 1935). 이 논문에서 저자들은 양자역학의 주류 해석(소위 "코펜하겐 해석")은 역설을 포함하고 있으며, 따라서 물리적 실재에 대한 완전한 설명으로 볼 수 없다고 주장했다. 이후 아인슈타인−포돌스키−로젠 역설로 알려진 이 주장은 입자들이 하이젠베르크의 '불확정성 원리'가 허용하는 것보다 더 정확하게 위치와 운동량을 측정할 수 있도록 상호작용할 수 있다는 사실과 관련이 있다. 이는 정보가 빛의 속도보다 빠르게 이동하는 것이지 한 입자를 측정하는 것이 **순간적으로** 다른 입자에 영향을 미치는 것은 아니라는 것이다.[2] 따라서 아인슈타인이 말했듯이 그러한 '유령 같은 원거리 작용spooky action-at-a-distance'은 불가능하다고 여겨졌다.[3]

나는 오늘날의 연구와 정책 및 실천에서 확인할 수 있는 교육의 현실에 대한 주류의 설명이 얼마나 완전하다고 할 수 있는지를 탐구하고자 한다. 이런 점에서 3장에서 다루는 질문은 아인슈타인과 그의 동료들이 제기한 주장과 유사하다고 할 수 있다. 이러한 질문을 제기하게 된 동기는 "파크스−아이히만 역설"이라고 부르게 될 교육의 패러독스에 기인한다. 이 패러독스는 하나의 관점에서 교육의 성공으로 보이는 것이 다른 관점에서는 실제로 상당히 문제가 되는 반면, 교육의 실패로 보이는 것이 사실은 교육적으로 매우 중요한 것을 드러낼 수 있다는 사실과 관련이 있다. 그러므로 내가 **함양**으로서의 교육 '패러다임'이라 부르고자 하는 이 역설은 교육의 현실에 대한 주류의 설명이 불충분하거나 불완전하다는 주장이 된다.

이 장 뒷부분에서 좀 더 자세히 다루겠지만, 함양으로서의 교육이라는 개념은 '외부'로부터의 영향을 통해 가능한 넓은 의미의 '무언가things'가 길러지는 과정이라는 주장이다. 나는 이러한 함양이 이루어지는 특정 목표나 포부에 초점을 맞추는 것이 아니라, 순종적인 행동에서 지식과 이해, 나아가 비판적 사고를 기르는 것에 이르기까지 모든 범위를 포괄하는 교육의 역동성에 대한 이해에 초점을 맞추고 있다. 함양으로서의 교육은 외부에서 학생들에게 영향을 미치는 것을 교육으로 보는 것이 핵심인데, 나는 이것을 매우 다른 실존적 '현실'과 대비하고자 한다. 요컨대 실존적 현실은 우리가 인간으로서 '내부'에서 '외부inside out'로 나아가는 삶을 영위한다는 사실과 관련이 있다. 다시 말하면 나는 독자들에게 교육에 대한 3인칭과 1인칭의 관점 차이를 고려하도록 초대한다(후자의 구분은 Biesta 2017a의 1장 및 Böhm 2016 참조).[4]

　나는 존 듀이의 저작을 분석하면서 이러한 '패러다임'의 핵심적 특징과 한계를 밝히고, 이를 소위 **실존적** 교육 '패러다임'으로 보완할 필요가 있다는 점을 지적할 것이다. 나는 '직접' 교육하는 것이 가능한가(듀이는 이를 명시적으로 부인한다) 하는 물음을 통해 이 두 패러다임의 구별을 강조할 것이다. 이어서 독일어의 '전인교육Bildung'과 '사회화교육Erziehung'의 개념을 살펴보고, 이들이 두 교육 패러다임을 명확하게 구별할 수 있는 일련의 개념을 어느 정도 제공할 수 있는지를 탐구할 것이다.[5] 이 용어의 정확한 정의에 대한 합의가 이루어지지 않았기 때문에, 나는 이것이 보기만큼 간단하지 않다는 것을 보여 줄 것이다. 그러나 '교육'이라는 하나의 단어보다는 두 가지 용어를 사용하는 것이 내가 시도하는 구별을 가능하게 하는 데 중요하며, 이와 관련해서 '전인교육'과 '사회화교육'이라는 개념이 도움이 된다. 실존적 패러다임이 교육의 실천에 어떤 의미를 내포하고 있는지를 개괄적으로 설명하기 위해 교육의 '실존적 과제'에 대한 간략한 스케치로 이 장을 마무리할 것이다.[6]

그러나 먼저 역설의 문제부터 살펴보자.

파크스-아이히만 역설

1955년 12월 1일, 앨라배마주 몽고메리시에서 로자 파크스Rosa Parks
가 9개월 전의 클로데트 콜빈Claudette Colvin과 마찬가지로 자신이 탑승한
버스 운전사로부터 '유색인' 구획의 좌석을 백인 승객에게 양보하라는
명령을 거부했다(후자에 대해서는 Hoose 2009 참고). 파크스는 버스 표지
판에 적힌 '백인 앞좌석, 유색인 뒷좌석'이라는 메시지는 읽었지만, 운
전사의 좌석 배정 요구에는 따르지 않았고 이로 인해 결국 체포되었
다.[7] 이것은 이른바 '몽고메리 버스 보이콧'을 촉발시켰는데, 1955년 12
월 5일부터 1956년 12월 20일에 「버스에서의 승객 분리에 관한 앨라배
마와 몽고메리 법」이 위헌이라고 선언한 연방 판결이 시행될 때까지
계속되었다.

한편 1961년 4월 11일, 예루살렘 지방법원의 특별재판소는 제2차 세
계대전 동안 나치가 점령했던 동유럽의 게토와 집단학살 수용소로 유대
인을 비롯한 여타 다른 사람들을 대량으로 이송하는 계획을 조직하고
관리하는 임무를 맡았던 나치 상급돌격대지도자Nazi ss-Obersturmbahnführer 아
돌프 아이히만에 대한 재판을 시작했다. 아이히만은 인류에 대한 범죄,
전쟁 범죄, 유대인에 대한 범죄 및 범죄 조직의 회원 등 15가지 죄목으로
유죄 판결을 받았지만, 개인적으로 누군가를 살해한 것에 대해서는 유

죄 판결을 받지 않았다. 1961년 12월 12일, 아이히만은 교수형을 선고 받았다. 그는 평결에 대해 항소했지만 사면 요청과 마찬가지로 거부되었고, 결국 1962년 6월 1일에 처형되었다. 아이히만의 사례를 유명하게 만든 것(Arendt 1963 참고)은 그가 유대인을 비롯한 여타 다른 사람들의 대량 이송을 주선했다는 점은 인정했지만, 자신은 단지 명령을 따랐을 뿐 결과에 대한 책임, 즉 집단학살에 대한 책임은 부인했기 때문이다.

교육적인 관점에서 로자 파크스와 아돌프 아이히만의 사례는 하나의 역설을 보여 준다. 많은 연구조사와 공교육 및 대학에서는 교육을 사전에 규정된 효과 또는 결과를 얻으려는 개입으로 보고, 이 개입과 결과 사이의 연결고리가 더 확실할수록 성공적인 것으로 판단할 수 있다고 가정한다. 만일 이러한 가정을 받아들인다면, 아돌프 아이히만의 교육은 성공적이고 로자 파크스의 교육은 실패라고 단언해야 할 것이다.[8] 아이히만의 경우 그에게서 기대되는 것과 그의 행동 간에 완벽한 일치가 있었다. 아이히만은 잘 순종하는 법을 배웠다고 할 수 있고, 로자 파크스는 그녀를 대상으로 한 메시지를 효과적으로 해독할 수 있었지만(그녀의 기능적 문해력은 정상이었고 법률, 규칙 및 규정을 이해하는 능력도 마찬가지였다), 그러한 규정에 따라 행동하지 않았다는 것은 분명한 사실이다.

그러나 이 역설은 효과적인 가르침과 성공적인 학습, 즉 자격부여와 사회화로서의 교육이라는 관점에서 성공(아이히만)이나 실패(파크스)로 보이는 것이, 소위 '인간적 관점', 즉 주체로서 존재한다는 관점, 주체화로서의 교육이라는 관점에서는 결국 정반대의 결과로 드러난다는 사실과 관계가 있다. 이것은 후자의 관점이 갖는 정확한 '위치'가 무엇인지, 그리고 이것이 전자와 어떻게 관련되는지에 대한 질문을 제기한다. 이 질문에 대한 답을 얻기 위해 독일의 교육학자 디트리히 베너의 연구에 제시된 흥미로운 주장을 살펴본다.

교육은 변화를 일으킬 수 있는가?

베너D. Benner는 『일반교육학Allgemeine Pädagogik』(Benner 2015)의 매력적인 구절에서 교육은 과연 변화를 일으킬 수 있는지, 즉 부모, 교사 및 기타 교육자의 가르침이 변화를 가져올 수 있는지를 묻고 있다. 그는 이 문제를 자연-양육 논쟁의 맥락에서 접근하고 있으며, 인간을 형성함에 있어서 자연과 양육 및 교육의 상대적인 기여가 무엇인지를 묻는다. 이것은 교육자들에게 중요한 질문으로 보인다. 왜냐하면 만약 우리의 유전적 구성(자연)이 75%를 차지하고 환경(양육)의 영향이 20%를 차지한다면, 교육이 변화를 가져올 여지는 별로 남아 있지 않을 것이기 때문이다. 오늘날 이 문제는 두 가지 점에서 특히 중요하다. 한편에서는 인간의 유전적 구성의 기여도가 75% 이상이라는 연구가 있고(예: Harris 2009 참고), 다른 한편에서는 자녀와 학생들에 대한 외부 세계의 영향, 이를테면 소셜 미디어를 통해 가정과 학교로 들어오는 것을 제한하기 위해 실제로 애쓰는 부모와 교사들이 많기 때문이다.

저명한 교육학 교수인 베너가 교육이 자연과 양육에 비해 상당한 기여를 한다고 옹호하려 할 것 같지만, 그는 자연과 양육이 차지하는 상대적인 비율과 상관없이 **이 둘을 합하면 항상 100%가 될 것**이라는 놀라운 주장을 한다(Benner 2015, p.73 참고). 베너는 이것을 완전히 교육을 포기해야 한다는 주장으로 읽지 않는다. 오히려 이와 다른 관점에서 **교육의 문제**[9]**는 사실상 전적으로 다른 질서라고 주장한다.** 교육의 질서는 '바이오-신경-사회-문화'의 질서가 아니라, 나의 표현대로 하면, 철저하게 **실존적인 질서**이다. 그러므로 부모와 교사의 교육활동에는 방향성이 중요하다.

베너의 주장에 따르면 교육이란 개인이 내부에서 외부로inside-out, 즉 유전적, 생물학적 시스템의 발달에 따른 결과로 형성되는 방식에 관한 것이 아니다. 그렇다고 개인이 어떻게 외부에서 내부로outside-in, 즉 환경으로부터 받은 영향의 결과로 형성되는지에 관한 것도 아니다. 이것은 이러한 과정이 일어나지 않아서가 아니라, 교육은 전혀 다른 질문, 즉 인간이 개인으로서 살아가는 방식, 다시 말해 선택하고, '예'라고 말하기도 하고 '아니요'라고 말하기도 하고, 아침 일찍 일어나거나 늦잠을 자기도 하고, 사랑에 빠지고, 질병에 걸리고, 나이를 먹고, 기쁨이나 죄책감을 느끼는 등 자신의 삶을 이끌어 가는 방식에 관한 질문에 관심을 두는 것이기 때문이다.

자연과 양육의 문제가 '내부에서의' 생물학적 과정과 '외부로부터의 영향', 즉 발달과 학습의 결과로 인간 유기체가 어떻게 발달하고 성장하는가에 관한 것이라면, 교육의 문제는 간략하고도 정확하게 말해 '나(I)'가 이 모든 것에서 어떻게 앞으로 나아갈 수 있는가에 관한 것이라고 할 수 있다. 그리고 여기서 우리는 파크스-아이히만 역설의 **교육적** 읽기를 발견할 수 있다. 왜냐하면 로자 파크스가 하나의 '나(I)', 즉 더 이상 자신이 처한 특정 사회 질서의 일부가 되고 싶지 않다고 주장하는 '나(I)'로서 나아간 반면, 아돌프 아이히만은 질문을 받았을 때 그의 '나(I)' 는 명령을 따르는 것 이외에 사실 다른 것에는 관심을 두지 않았다고 말했기 때문이다. 다시 말해 그는 '나(I)'를 외부 사회의 질서에 기꺼이 복종시키려 했다. 말하자면 로자 파크스의 '나(I)'가 앞으로 나아갔다면, 아이히만은 '나(I)'를 철회했다고 할 수 있다.[10]

이런 측면에서 볼 때(이것이 베너가 주장하는 요점이다), 교육의 문제 는 우리가 누구인지, 어떻게 우리 자신이 되었는지(이것은 정체성에 관 한 문제이다)에 대한 문제가 아니라, 우리가 어떻게 존재하는지, 어떻게 자신의 삶을 영위하려고 하는지, 한편으로 자신의 현주소, 배운 것, 습 득한 기술, 개발한 역량을 가지고 무엇을 할 것인지, 다른 한편으로 우 리 자신의 무능력, 맹점, 우리가 할 수 없는 것 등을 감안할 때 무엇을 할 것인지에 대한 질문이다.[11] 이것은 정체성의 문제라기보다는 '주체 성',[12] 즉 '어딘가'로부터 영향을 받는 대상이 아니라 자신의 삶의 주체 로서 살아가려는 우리의 방식과 노력으로서의 소위 '주체성'에 대한 질 문이다(Böhm 1997 참고).[13]

나는 베너의 주장을 참고로 교육이 무엇인지에 대해 다소 강력한 주장을 했다. 즉 교육은 '나'의 문제, 더 중요한 것은 '나'가 어떻게 '나' 로서 **존재**하는가에 대한 문제와 관련이 있다고 주장했다. 내가 말하고 자 하는 요점은 의미론적인 것이 아니고(즉 '교육'이란 단어의 정의에 관한 것이 아니고), 우리가 효과적인 수업과 성공적인 학습이라는 관점의 교육만 생각한다면 시야에서 사라질 위험이 있는 교육 현실의 차원을 확인하게 된다는 점을 강조하고자 하는 것이다. 물론 이런 차원을 어떻게 '지칭할 것인가' 하는 질문도 중요하지만, 영어에는 이 질문과 관련하여 교육의 현실에 대해 언급할 때 '교육education'이라는 단어가 하나밖에 없다는 문제가 있다. 따라서 이와 관련하여 독일 교육학의 어휘에서 중심적인 역할을 하는 '전인교육Bildung'과 '사회화교육Erziehung'이라는 두 가지 개념을 추후에 살펴보고자 한다. 그러기에 앞서 이번 장에서는 내가 보여 주고자 하는 교육 현실의 두 가지 '차원'에 대해 좀 더 논의하면서 교육을 '**함양**cultivation'으로 보는 '패러다임' 외에 교육의 **실존적** '패러다임'이라고 할 만한 것이 필요하다는 점을 주장하고자 한다.

패러다임 1: 함양으로서의 교육

함양으로서의 교육이라는 패러다임은 '내적인' 요인과 '외적인' 영향이 상호작용하여 인간이 현재의 모습으로 형성되는 방식에 관심을 둔다. 다시 말해 이 관점은 가장 넓은 의미에서 인간이 '문화'에 참여함으로써 현재의 모습으로 형성되고 또 이런 과정이 지속되는 방식에 초점을 맞춘다. 이 패러다임은 개인이 이러한 과정을 통하여 현재의 자신이 되는 방식에 대해 부분적으로 설명해 준다. 예를 들어 이 패러다임은 개인이 특정 언어의 화자가 되거나 특정한 태도와 가치를 받아들이는 방식을 설명한다. 그러나 함양의 패러다임은 하나의 교육 프로그램, 즉 교육을 조직하고 '실행'하는 방식이기도 하다. 이 패러다임에 따르면 교육의 과제는 개인이 최대한의 역량과 능력을 개발할 수 있도록 가급적 광범위한 문화(또는 문화적 도구)에 참여할 수 있게 하는 것이다.

함양의 패러다임의 현대적 버전들은 많이 찾아볼 수 있다. 예를 들어 아이들과 젊은이들에게 문화적, 사회적 자본을 제공하려는 교육활동, 다양한 언어와 자연스러운 호기심 및 선천적인 능력을 함양하는 공간을 마련하고자 하는 교육활동, 혹은 가능한 한 넓은 의미에서 성장할 수 있는 기회를 제공하는 데 역점을 두는 교육활동 등이 그것이다. 교육을 이러한 방식으로 이해하고 '실행하는' '패러다임의 사례'는 듀이의 연구에서 찾아볼 수 있다는 점을 지적해 두고자 한다.[14] 예를 들어 "모든 교육의 궁극적인 문제는 심리적, 사회적 요인을 조정하는 것"이라는 주장(Dewey 1895, p.224), 즉 개인의 발달을 사회적, 문화적 자원과 어떻게 연결할 수 있는가에 대한 것이라는 주장처럼, 듀이는 기본적으로 교육을 함양의 과정으로 본다. 또한 듀이의 주장은 인간이 이러한 과정을 통하여 '문화에 동화된 유기체Acculturated Organism(Dewey 1988, p.15)', 즉 문화를 수용하고 이를 통해 문화에 적응한 유기체로 출현한다는 것을 말해 준다.

흥미로운 것은, 교육자가 교육의 목표를 결정하는 것은 아이들이 성장하는 방식에 외적인, 어떤 의미에서는 인위적인 제한을 가하는 것을 의미하기 때문에 듀이는 이를 명시적으로 거부한다는 점이다. 교육은 그보다 성장에 중점을 두어야 하며 성장으로 이해되어야 한다는 주장이다. 이와 관련하여 그는 "성장은 삶의 특징이기 때문에 교육은 성장과 완전히 하나이며, 성장을 넘어선 목적은 없다"고 말한다(Dewey 1985, p.58). 이러한 관점으로 민주주의에 대한 그의 견해를 읽으면, 그가 다양한 관심과 자유로운 상호작용이 있는 사회로서의 민주사회(Dewey 1985, p.89 참고)에 관심을 가졌던 첫 번째이자 어쩌면 주된 이유는 그러한 사회가 모든 개인의 성장에 최적의 조건을 제공하기 때문이라고 할 수 있다(이러한 독법은 Biesta 2016b 참고). 다시 말하면 민주사회는 인간 형성을 위한 최적의 조건이라는 것이다.

직접 교육하는 것이 가능한가?

함양의 패러다임과 관련하여 듀이의 연구에서 확인할 수 있는 한 가지 주목할 만한 시사점은, 직접 교육하는 것은 불가능하며 환경을 통해서(간접적으로) 교육하는 것만이 가능하다는 그의 주장과 관련이 있다(Dewey 1985, p.23) 듀이가 이런 주장을 하는 이유는, 인간을 환경과 끊임없이 '교변작용transaction'하는 살아 있는 유기체로 생각하기 때문이다. 교변작용은 지속적인 '행함과 겪음doing and undergoing'의 과정이다. 듀이는 이를 호흡에 비유한다. 유기체는 호흡을 통해 환경과 상호작용함으로써 평형을 유지하려고 한다. 이 과정에서 유기체와 환경은 시간이 지남에 따라 변화한다. 환경은 유기체 행위의 결과로 변화하며, 유기체 또한 (변화하는) 환경에 적응하기 위해 변화한다. 듀이는 이러한 변화를

'습관'이라고 부르는데, 이것은 행위 자체라기보다는 '행위하려는 성향'이다.

여기서 많은 부분이 자연스럽게 진행되기 때문에 우리는 대부분의 경우 빠르고 쉽게 적응한다고 말할 수 있지만, 듀이는 특히 유기체가 상충되는 습관을 불러일으키는 상황에 직면하는 경우에 초점을 맞춘다. 일상 언어에서는 그러한 상황에서 유기체가 무엇을 해야 할지 확신하지 못한다고 말할 수 있는데, 이는 유기체가 실제로 어떤 종류의 환경에 직면하고 있는지 명확하게 인식하지 못한다는 의미이기도 하다. 듀이는 이 난제를 해결하는 한 가지 방법이 시행착오라고 주장한다. 시행착오가 교변작용을 회복할 수 있는 방법이기는 하지만 문제는 당연히 우리는 오류를 범할 수 있고, 어떤 것은 치명적일 수 있다는 것이다. 그러므로 유기체 생존의 관점에서 행위를 '적합하게' 하는 것이 중요하다. 이것이 인간 유기체가 유리한 지점이다. 듀이가 말했듯이 인간 유기체는 "실제 행동하지 않고도 무대에서 해 볼 수 있는" 상징을 소유할 수 있기 때문이다. 즉 처음에 상상력이나 사고를 통해 상징적으로 반응하는 여러 방법을 시도해 보고 가장 그럴듯한 혹은 위험이 덜한 방법을 찾아내면 그 방법으로 행동하는 것이다.

물론 교변작용이 회복되지 않을 위험은 항상 존재한다(백문이 불여일견). 그러나 듀이가 말했듯이 이런 과정을 통해 더 이성적으로 행동하고 '맹목적인' 시행착오에 의존할 가능성은 줄어든다. 듀이에 따르면 상징은 선천적인 것이 아니라 사회적 상호작용에서, 즉 인간 유기체가 상호작용을 서로 조정하려는 방식에서 출현한다. 듀이는 이러한 조정을 의사소통이라 부르며 "적어도 두 가지 다른 행동의 중심에서 무언가 공통점을 만드는 것"이라고 행동적으로 정의한다(Dewey 1958, p.178).

이와 같이 듀이는 인간 유기체가 발달하는 과정에 대해 상세하게 설명하면서, 이것은 단지 '내부'로부터의 발달이나 '외부'로부터의 영향에 의한 것이 아니라 유기체와 환경의 상호작용 과정이라는 것을 보여 준다. 또 듀이의 이론은 유기체와 다른 유기체의 교변작용을 포함하여 유기체와 환경의 교변작용을 회복시키는 것을 목표로 하는 반성적 혹은 지적인 문제 해결 이론으로 이해될 수 있다. 동시에 듀이는 우리에게 (반성적인) 학습 이론을 제공해 준다. 이러한 학습은 먼저 신체적 차원에서, 즉 유기체가 상호작용하는 환경에 적합한 새로운 습관과 행동 패턴을 끊임없이 습득하는 방식을 통해 이루어진다. 그러나 인간 유기체가 문제 해결의 과정에서 상징을 사용하면 상징 차원의 지식과 학습 및 이해라는 성과도 얻게 된다. 듀이는 오로지 환경을 통해서만 교육할 수 있을 뿐 직접 교육할 수는 없다고 주장한다. 그의 이론에 따르면, 새로운 습관과 지식의 습득을 촉진하기 위해서는 인간 유기체를 새로운 환경과 접촉하게 하는 것이 유일한 방법이기 때문이다. 이는 인간 유기체가 그러한 환경과의 교변작용을 통해 새로운 습관과 지식을 습득하고 학습하는 것과 마찬가지다.[15]

함양의 패러다임이 놓치고 있는 것은 무엇인가?

이와 같이 듀이는 인간 유기체가 어떻게 문화를 수용하게 되는지에 대해 흥미로운 설명을 제시하고 있다. 듀이의 접근법에서 특히 매력적인 점은 이것을 단순히 '정신적' 혹은 '인지적'인 과정이 아니라 충분히 '체화된' 것으로 본다는 것이다. 또 문화 수용을 단순히 개인적인 과정이 아니라 사회적인 과정, 보다 정확하게는 상호주관적인 과정으로 본다는 점도 매력적이다. 이 과정에서 중심적인 역할을 하는 의사소통은 적어도 두 유기체의 행동에 대한 상호조정으로 이해된다. 이러한 이유로 듀이의 이론은 상당 기간 꽤 인기를 얻었으며 지금도 그러하다. 그의 이론은 꽤 완전하고 포괄적으로 보이지만, 뭔가 놓치고 있는 것이 있다. 함양 패러다임의 '전형적인 사례'로 제시한 듀이의 이론은 끊임없이 진화하는 환경 조건에 대한 지적 적응의 이론이다. 다시 말해 지적 생존의 이론이다. 그러나 내가 여기서 강조하고 싶은 문제는 생존과 삶은 동일하지 않다는 것이다. **생존은 인간의 실존과 동일하지 않으며, 적어도 인간 실존의 유일한 '양식'은 아니다.**

듀이는 인간이 자기가 처한 상황에 반성적으로 그리고 지적으로 적응할 수 있는 방식에 대해 치밀하고 상세하게 설명하고 있지만, 인간 유기체가 그러한 적응과 **순응을 거부할 가능성이 있다는 사실은 놓치고 있는 것이 분명하다.** 다시 말해 듀이의 이론은 인간 유기체가 '아니요'라고 말할 가능성을 놓치고 있다. 나는 이번 장을 시작하면서 두 에피소드를 통해 '아니요'라고 말하는 것이 인간인 우리의 존재에 얼마나 중요한 일인지를 분명히 하려고 했다. 이와 관련하여 나는 앞에서 단지 환경과의 '원만한' 교변작용을 확보하는 데 초점을 맞추기보다는 '나'의 문제, 더 정확히는 자신의 삶을 이끌어 가야 하는 과제 앞에 서 있는 '나'의 문제를 전면에 내세우려 하는 교육 이론을 제시했다. 이 점에 비추어 보면, 듀이가 제시한 것은 교육의 이론이 아니라 학습의 이론이다. 로자 파크스와 아돌프 아이히만이 둘 다 학습을 했다는 사실은 의심의 여지가 없다. 때로는 '예'라고 말하고 다른 상황에서는 '아니요'라고 말할 수 있는, 또 그럴 필요가 있는 것이 다름 아닌 '나'이다. 따라서 함양의 패러다임을 아이히만은 '설명'할 수 있지만 파크스는 설명할 수 없다. 이것이 아마도 함양 패러다임이 놓치고 있는 핵심적인 맹점일 것이다. 이는 완전히 다른 교육의 패러다임이 필요하다는 것을 시사한다.

패러다임 2: 실존적 교육

지금까지 제시한 사유의 흐름을 통해서 대안적인 교육 패러다임의 핵심이 무엇인지 여러 차례 지적했다. 간략하게 말하면 이것은 '나'의 패러다임으로, 여기서 '나'는 함양되는 유기체가 아니라 존재하는 인간 개인이며 자신의 삶을 이끌어 가기 위해 도전하는 개인이다. 따라서 실존적 패러다임으로 특징지을 수 있다. 이 패러다임에 있어서 한 가지 흥미로운 것은, '나'는 함양과정의 결과가 아니라는 것, 따라서 **교육적으로 산출될 수 있는 것이 아니라는 점**이다(더 정확하게 말하면, '무언가'를 갈고 다듬어 만들어낼 수 있는 것이 아니라는 점이다). 그러므로 이것은 함양의 패러다임과 근본적으로 다르다고 할 수 있다. 뵘Winfried Böhm의 간결한 표현처럼, '나'라는 것은 기본적으로 '자아가 하는 일'을 말한다(Böhm 1997, p.199 참고). 말하자면 '나'는 자신의 '나'가 되어야 하며 아무도 이러한 '나'를 대신해서 그 일을 해줄 수 없다는 것이다.

그러나 교육이 여기서 아무것도 할 수 없다는 의미는 아니다. 교육의 과제는 인간 유기체의 발전에 영향을 미치거나 이를 지시하거나 지원하려는 것이 아니라, 오히려 **스스로 자아가 되도록 격려하는 것**encouraging과 관련이 있다. 베너Dietrich Benner는 피히테Johann Gottlieb Fichte의 표현을 사용하여 이 과제를 'Aufforderung zur Selbsttätigkeit'라고 표현했는데, 이는 '자발적 행위로의 부름'이라고 번역할 수 있다(Benner 2015; Langewand 2003; Benner 2003 참고). 그러나 이 부름은 당신 자신이 되라는 명령이나 단지 활동적/적극적이 되라는 요청이 아니라는 것을 아는 것이 중요하다. 그렇게 해석한다면, 모든 것을 쉽게 다시 정체성identity의 문제로 돌려 버리게 될 것이다. 이것은 하나의 자아a self, 즉 '하나의 나an I'가 되라는 요청이다.[16] 핵심을 찌르는 아주 단순한 표현으로, 이 요청은 "Hey, you there! Where are you?"[17]라고 물을 때 일어난다. 아이히만은 이 질문을 받았을 때 거의 문자 그대로 '나는 여기에 없어', '그것은 내가 아니야', '나는 그저 명령을 따랐을 뿐이야'라고 말했다.[18]

이러한 말 걸기, 즉 "Hey, you there! Where are you?"는 매우 직접적인 질문이다. 다시 말해 직접 교육의 한 사례, 어쩌면 가장 전형적인 예일 수도 있다. 말하자면 이 요청은 유기체가 지속적이고 성공적인 교변작용을 확실히 하기 위해 서로의 행위를 조정하려는 것이라기보다는, '영혼'에서 '영혼'으로(이 표현에 대해서는 Biesta 2017b 참고) 전해지는 것이기 때문이다. 함양의 패러다임에서는 이러한 직접 교육이 불가능하게 여겨지는 원거리 작용이기 때문에 유령같이 보일 수 있다. 하지만 실존적 교육 패러다임에서는 이러한 직접 교육, 즉 '유령 같은 원거리 작용'이 문자 그대로 사실상 문제의 핵심을 찌른다. 왜냐하면 "Hey, you there! Where are you?"는 마음을 움직이는 표현이기 때문이다.

전인교육Bildung과 사회화교육Erziehung

서로 다른 두 가지 교육 패러다임을 개괄하면서 차이점을 명확히 하고자 했는데, 이것은 교육의 이론과 실천에 있어서 중요하다. 이러한 구분은 내가 창안한 것이 아니라 교육 관련 문헌에서 찾아볼 수 있는 것이다. 물론 모두가 이렇게 구분하고 있거나 이것에 대해 알고 있는 것은 아니다. 특히 중요한 것은 이러한 구분을 할 수 있는 언어적 표현이 있는 것도 아니라는 사실이다. 영어에는 '교육'을 나타내는 단어가 하나밖에 없어서 특별한 어려움이 있다. 반면 독일어에는 매우 흥미롭게도 교육의 실재를 나타내는 어휘가 (적어도) 둘 있는데, 하나는 '빌둥Bildung'이고 다른 하나는 '에어치웅Erziehung'이다.

최근 몇 년 동안 "Bildung"이라는 개념은 영어권 세계에서 더 눈에 띄게 증가한 반면(예를 들어 Løvlie & Standish 2002; Biesta 2002; Pinar 2011;

Horlacher 2017 참고), 'Erziehung'은 그다지 두드러지지 않았다(최근의 예외
는 Guilherme 2019 참고). 그러나 이 두 개념은 모두 독일의 교육사상(예:
Benner 2015 참고), 더 일반적으로는 대륙의 교육사상(Biesta 2011 참고)에
서 기본이 되는 개념이라고 할 수 있다. 이는 이 두 용어가 앞에서 설명
한 두 가지 교육 패러다임, 즉 함양으로서의 교육 패러다임 그리고 실
존적 교육 패러다임과 관련이 있는가 하는 질문을 제기한다.

　이 질문에 대한 정직한 답은 상황에 따라, 더 구체적으로는 누구에
게 묻느냐에 따라 다르다. 베너가 분명하게 밝혔듯이(2020, p.46) 이 두
용어와 관련된 어려움 중 하나는 독일어 문맥에서도 합의된 정의가 없
으며 사실상 독일 학자들 사이에도 상당히 다른 해석과 선호도가 있다
는 것이다. 예를 들어 피터슨Peter Peterson 같은 이들은 'Erziehung'을 교육
자가 아이들에게 무엇을 해야 하는지, 어떻게 생각해야 하는지를 말해
주는 방식, 더 나아가 교화에 가까운 방식을 가리키는 다소 제한적인
용어로 간주하는 반면, 'Bildung'에 대해서는 개방적인 발달과 (자기)함
양의 과정으로 본다. 또한 베너는 'Erziehung'을 기존 사회 질서의 재생
산으로, 'Bildung'을 해방을 지향하는 것으로 본 하이돈Heinz-Joachim Heydorn
의 견해를 언급한다(Benner 2020, pp.46-47 참고). 베너 자신은 두 용어와
그 구별에 대해 다소 색다른 독법을 제시한다(특히 Benner 2020, pp.46-50
참고).

　베너는 플라톤에서 시작하여 'Bildung'을 자신의 시선을 어떤 방향
으로 돌리는 능력, 즉 세계의 어떤 측면에 관심을 집중시키는 인간의
능력과 연결시킨다. 이에 반해 'Erziehung'은 다른 사람의 시선을 어떤

방향으로 돌리는 기술이다. 따라서 이 관점에서 보면 'Bildung'은 외부의 세계에 참여하는 능력, 조심스럽게 말하면 이러한 참여를 통해 배울 수 있는 우리 자신의 능력과 관련이 있다. 반면 'Erziehung'은 교육자가 아이들과 젊은이들에게 그렇게 하도록 격려하는 방식, 즉 그들 '자신의' Bildung에 참여하도록 격려하는 방식과 관련이 있다. 이로 인해 베너에게 'Bildung'은 결코 종점이 없는 평생의 과정으로, 'Erziehung'은 어느 시점, 즉 아이들이나 젊은이들이 더 이상 '외부'의 격려를 필요로 하지 않는 시점이 되면 종료되는 과정이 된다.[19]

베너의 구분 방식은 내가 설명한 두 교육 패러다임과 유사한 점이 있다. 하지만 이 독법에서 'Erziehung'의 과제는 일반적인 의미에서 자발적 행위를 하도록 요청하는 것, 즉 소위 '나 자신'이 되도록 요청하는 것이라기보다는 자기 자신의 'Bildung'에 참여하도록 요청하는 것이 된다. 베너에게 있어서 이것은 주로 자신의 학습에 참여하기 위한 요청으로 이해된다. 그러나 이것으로는 충분하지 않다. 파크스와 아이히만 둘 다 학습했다고 할 수 있지만, 그들의 학습에서 '자아'가 '연결'되거나 '관여'하는 방식은 매우 다른 것으로 판명되었기 때문이다. 따라서 누군가를 '단지' 학습자가 되도록 요청하는 것만으로는 충분하지도 않고, 이번 장에서 설명하려는 교육적 관점에서도 잠재적으로 문제가 될 수 있다(Biesta 2013a 참고).

뵘Winfred Böhm은 실존을 학습으로 축소하기보다 실존의 문제에 보다 명시적으로 초점을 맞춘 저자이다. 그는 저서 『인간 교육학Pädagogik der Person』에서 'Bildung'을 자아가 되기 위한 자아의 과제로 특징짓는데, 이런 자아의 도움으로 'Erziehung'은 이러한 활동을 지지하고 격려하게 된다(Böhm 1997, p.201 참고). 뵘의 연구가 특히 유용한 것은 '인간'의 개념에 대한 실존적 독법 때문이다. 여기서 말하는 '인간'은 개인과 같은 개념이 아니라(유기체는 말할 필요도 없고) 개인이 존재하는 방식을 가리킨다(Böhm 2016 참고). 나의 졸저(특히 Biesta 2017a 참고)에서 독일어의 'Erziehung'이라는 단어로 설명하는 교육이란 (용량이 제한된) 세계 '안에서' 그리고 세계와 '더불어' 성숙한 방식으로 존재하려는 포부, 즉 주체로 존재하려는 욕망을 다른 사람에게 불러일으키는 일에 관한 것이라고 주장한 바 있다. 모든 욕망을 충족시키는 데 한계가 있는 지구에서 타인과 더불어 자신의 삶을 잘 살아가야 한다는 점에서 성숙한 방식으로 존재하려고 하는 것은, 단지 자신의 욕망에 따라 살아가려고 하지 않고 자기가 욕망하는 대상이 혹은 그런 욕망으로서 접하는 대상이 과연 추구해야만 하는 것인가 하는 질문을 제기한다(Biesta 2017a, 1장 참고). 이것은 근본적으로 1인칭 질문으로, 궁극적으로 우리 각자가 스스로 참여해야 하며 다른 사람들이 이 질문에 답하는 방식을 결정하지 않도록 유념해야 한다. 물론 그들이 이런 질문을 잊지 않도록 격려할 수는 있다.

교육의 실존적 과제

이번 장에서 나는 교육의 현실에 대한 주류의 설명, 즉 효과적인 교육과 성공적인 학습의 측면에 초점을 맞춘 설명이 완벽하다고 할 수 있는지 아니면 뭔가 놓친 것이 있는지에 대한 물음을 제기한 바 있다. 파크스–아이히만 역설을 통해 효과적인 교육과 성공적인 학습의 관점에서 성공 혹은 실패로 보이는 것이, 다소 어색하긴 하지만 소위 '나'의 관점에서는 그 반대로 바뀐다는 것을 보여 주고자 했다. 로자 파크스가 자신이 학습한 것과 행동 사이에 '나'를 삽입했다면, 아이히만은 '나'를 철회함으로써 결국 기존의 사회 질서와 일치되는 선택을 하게 된 것이라고 할 수 있다.

교육을 함양으로 보는 것은 효과적인 수업과 성공적인 학습이라는 개념이 존재 가치가 있는 일반적인 '패러다임'이다. 나는 실존적 관점, 즉 '나'의 관점이 중요하다는 것과 교육을 함양으로 보게 되면 실존적 관점이 실종된다는 것을 여러 차례에 걸쳐 주장하고자 했다. 함양은 가장 넓은 의미의 세상에서 인간이 '문화'를 습득하는 데 도움을 주고, 교육은 그것에 중요한 역할을 한다고 할 수 있지만(이는 자격부여와 사회화의 과제이다), '나'의 문제와 주체화를 지향하는 교육의 과제를 설명하기 위해서는 다른 '관점', 다른 패러다임이 필요하다는 것을 보여 주고자 했다.

'나'라는 존재를 인간 유기체에 대한 함양의 결과로 보기보다는, '나'에 관한 물음은 생물학적–신경학적–사회적–문화적 질서와는 다른 실존적 질서라고 주장한 베너와 의견을 같이했다. '나'라는 질서는 전자의 질서를 깨뜨리는 것이기에, 교육의 과제는 정체성으로 귀결되는 '함양'이 아니라 'Aufforderung', 즉 '초대' 혹은 '부름'과 관련된다. 이것은 'Hey, you there! Where are you?'와 같이 단순하지만 중요한 제스처로, 예를 들면 '학습 환경'을 구성하여 문화적응에 개입하는 것보다는 '유령 같은 원거리 작용'으로 나타난다. 그리고 여기서 부름과 관련해서 핵심적인 것은 나 외에는 아무도 이 부름에 응답할 수 없다는 것이다. 이는 주체화, 부름받은 사람의 주체성을 중요하게 만드는 것이 바로 이 부름이라는 의미이다(물론 '나'는 여전히 뒤로 물러나거나 침묵을 지키기로 결정할 수도 있다).

이것은 무엇보다도 교육의 실존적 과제가 **멈춤**에 있음을 의미한다(Biesta 2006a 에필로그 "Pedagogy of Interruption" 참고). 그것은 자신과 일치되는 것을 멈추고 정체성을 멈추고 잘나가는 것을 멈추고 성장을 멈추고 심지어 학습을 멈추는 것이다. 그러나 이러한 멈춤은 자아를 파괴하거나 정체성을 부정하거나 잘나가는 것을 멈추거나 성장과 학습을 방해하는 것 자체가 목적이 아니다. 그것은 존재하고 중요한 사람이 되고 발전하고 성장하고 배우려 하는 '나'를 세계 속으로 불러들이는 것이다. 이 부름에 어떻게 응답할지 결정하는 것은 전적으로 '나'에게 달려 있음을 유념하면서 '나'를 나 자체로 존재하도록 부르는 것이다. 결국 '나'의 과제는 근본적으로 '나' 자신의 과제이다. 그것은 어느 누구도 '나'를 위해 대신해 줄 수 없는 일이다.

나는 영어의 문제점 중 하나는 교육의 실재를 지칭하는 단어가 '에

듀케이션education’ 하나밖에 없어서 두 가지 교육적 ‘패러다임’이 필요하다는 인식을 유지하기가 어렵다는 점을 지적했다. 이와 관련하여 독일어의 전통에는 교육의 실재를 명확하게 나타내는 두 가지 핵심 개념인 ‘빌둥’과 ‘에어치웅’이 있기 때문에 상대적으로 더 유리한 위치에 있다고 할 수 있다. 대개 그렇듯이 단어 자체가 유용한 것은 아니다. 단어를 어떻게 해석할 것인가를 두고 지속적인 논의가 있기 때문이다. 그러나 이 두 단어는 교육의 실재가 ‘구분’된다는 것, 달리 표현하자면, 두 개의 다른 ‘질서’, 즉 생물학적–신경학적–사회적–문화적 질서와 실존적 질서로 이루어져 있다는 것을 떠올리게 하는 역할을 한다. 그리고 이 구분은 중요하다.

결론

이상의 논의를 바탕으로 결론을 제시하겠다. 이번 장에서는 파크스–아이히만의 역설에서 ‘발견한’ 통찰로 나의 주장을 펼쳤다. 이 역설에 따르면 로자 파크스는 하나의 ‘나’로서 앞으로 나아간 반면, 아이히만은 ‘나’를 철회했다. 이런 방식으로 역설을 표현한 것은 함양으로서의 교육 패러다임에서 누락되어 있던 측면을 드러내는 데 유익했다고 생각한다. 이는 파크스와 아이히만의 사례를 놓고 볼 때, 함양 패러다임의 측면에서 성공으로 간주되는 것이 사실은 일반적인 성공–실패의 기준과 일치하지 않는다는 것을 밝혀 주기 때문이다. 물론 파크스에게는 '나'가 있었고 아이히만에게는 없었다기보다, 파크스의 '나'와 같이 존재하되 다만 다른 선택을 했을 뿐이라고 주장할 수도 있다.

그렇다면 (전부는 아니지만) 많은 이들이 로자 파크스는 도덕적으로 옳은 행동을 했고 아이히만은 도덕적으로 잘못된 행동을 했다고 생각할 거라는 사실을 무시할 수 있을까? 이것은 보다 근본적인 차원에서는 사실상 역설이 없다는 의미일까? 더 정확하게는 파크스와 아이히만의 차이는 '나'의 존재나 부재와는 상관이 없고, 단지 주어진 상황에서 그들이 내린 도덕적 선택과 관련이 있다는 것인가? 이런 독법이 불가능한 것은 아니지만, 이것을 받아들이는 경우 모든 것은 도덕 교육이 되어 버릴 것이다. 말하자면 아이들과 청소년들이 올바른 지식과 기술 및 성향, 나아가 올바른 도덕적 틀과 덕목을 습득함으로써 잘못된 것보다 옳은 것을 선택할 가능성을 높이려고 애쓰게 될 것이다. 그러면 우리는 이번 장에서 도덕성 **함양**이라고 특징지은 것으로 쉽게 되돌아가는 셈이 된다. 도덕성 함양은 궁극적으로 아이들과 청소년들이 잘못된 결정을 내릴 수 있는 위험을 '억제'하는 데 목적이 있다.

도덕성 함양이 아이들과 청소년들을 **도덕 교육의 대상**으로 만드는 것인데 반해, 이번 장에서 추구하는 논리는 아이들과 청소년들을 어떻게 **도덕적 행위의 주체**가 되도록 초대하고 요청하고 격려할 수 있는가에 관심이 있다. 후자가 가능하려면 그들의 '나'가 작동해야 하는데, 이것이 바로 교육의 실존적 패러다임에서 중요한 것이다. 주체로서의 '나'가 없으면, 애초부터 도덕적 행동과 판단의 가능성도 전혀 없다. 이러한 관점에서 아이히만은 자신의 '나'를 철회했음을 알 수 있다. 그는 주체로서가 아니라 객체로서 존재하는 것이 행복했기 때문에, 책임과 관련된 어떤 문제도 발생시키지 않았거나 그러한 문제에 '직면'하지 않았던 것이다. 반면 파크스는 그녀의 '나'를 작동시켰고, 그렇게 함으로 자신이 체포되리라는 사실을 잘 알면서도 자신의 행동에 따른 결과를 온전히 그리고 기꺼이 받아들였다.

그러므로 실존적 교육은 도덕 교육의 한 형태도 아니고, 도덕적으로 교화하는 교육의 형태도 분명 아니다. 그것은 학생의 '나'를 활동하게 하고 그 활동을 지속하게 하는 교육이다. 자크 랑시에르Jacques Rancière는 이러한 역동성을 매우 흥미로운 방식으로 포착하고 있는데, 그는 '해방을 추구하는 교사'의 '사명'을, "스스로 무지하다고 여기는 사람이 자기는 더 이상 알 수가 없다는 사실을 인정해 버리는… 만족"을 금지하는 것으로 묘사하고 있다(Rancière 2010, p.6). 학생들이 객체가 되는 만족, 스스로를 대상화하는 만족, '거기'에 '나'로 있을 필요가 없다는 만족을 교사가 거부하는 것이 아마도 실존적 교육이 시작되는 지점일 것이다.

04

주체화 회고

04 주체화 회고

지금까지 교육에는 실존적 방향성이 있어야 한다는 주장, 즉 아이들과 청소년들이 외부 요인에 의해 형성되고 변화되는 개입의 대상이 아니라 자기 삶의 주체로서 존재할 수 있도록 어떻게 그들을 격려하고 지원할 것인가 하는 방향성이 있어야 한다는 주장을 제시했다. 이러한 주장은 단지 오늘의 학교, 더 일반적으로는 오늘의 교육 시스템(2장)에 그리고 교육의 이론(3장)에 그에 대한 적절한 자리가 마련되어 있는지에 대해서만 질문을 제기하는 것이 아니다. 일상적인 교육의 실천에 그에 대한 적절한 자리가 마련되어 있는지에 대해서도 질문을 던지고 있다. 이것은 부분적으로 '실천', 즉 교육자로서 어떻게 일상적인 노력을 통해 교육의 실존적 방향성이 들어설 여지를 마련할 것인가에 대한 질문이다. 그러나 실천은 결코 **단순한** 행함이 아니다. 좋은 실천은 **사려**

깊은 실천이다. 이것은 우리가 교육의 실천에 대해 제대로 말하고 생각하는 데 도움이 될 이론과 언어 역시 필요하다는 의미이다. 나는 이번 장에서 이 문제에 초점을 맞추어 교육의 폭넓은 '과제'를 표현하기 위해 소개한 세 가지 개념, 즉 자격부여와 사회화 및 주체화를 다시 살펴볼 것이다.

이 개념들을 소개하면서(Biesta 2009) 교육이 지식과 기술, 가치와 문화 그리고 전통, 학생들의 인격 형성과 관련하여 어떤 일을 하는지 밝힘으로 교육의 여러 측면이나 영역을 구분하는 유용하고 간결한 방법을 제공한다고 생각했다. 이 구분은 나뿐만 아니라 이러한 개념을 사용하고 있는 다른 많은 사람들에게도 의미가 있었지만, 나는 이 세 가지 영역의 교육목적을 구분함으로써 분명히 하고자 했던 핵심의 일부를 놓치고 있는 것 같은 해석을 접하기도 했다. 그리고 세 가지 중에서 특히 혼란을 야기한 것은 '주체화'라는 개념이었다. 뒤늦게 '주체화'는 교육의 실존적 차원을 의미한다고 말하고 싶지만, 나 역시 이것을 제대로 이해하고 표현할 적절한 언어를 찾는 데 시간이 필요했음을 고백하지 않을 수 없다. 따라서 이번 장에서는 세 가지 영역을 다시 살펴보되, 특히 '주체화'의 개념에 초점을 맞출 것이다.

"복잡하고 특이한 사건"

호머 레인Homer Lane(1875-1925)은 20세기 교육사에서 거의 알려지지 않은 인물 가운데 한 사람이다. 고백하건대 나는 서머힐 학교의 설립자인 닐A.S. Neill의 글에서 발견하기 전까지는 레인과 그의 저서에 대해 들어본 적이 없었다. 흥미롭게도 닐은 레인을 언급했을 뿐만 아니라, 실제로 그를 그의 인생에 '가장 큰 영향을 끼친 인물'로 지목했다(Neil, Armatyge 1975에서 인용). 닐의 팬이었던 나는 레인과 그의 '리틀 커먼웰스Little Commonwealth'에 호기심이 생겼다. 이것은 그가 잉글랜드 도싯Dorset 지방에 설립하여 참여와 자치라는 민주적 원칙에 따라 1913년부터 1918년까지 운영한 기숙학교였다. 레인과 그 학교에 관한 문헌은 많지 않다(Bazeley 1928; Wills 1964; Brehony 2008 참고). 레인 자신도 거의 글을 쓰지 않았다. 그의 교육사상에 대해 다소 포괄적으로 저술한 『부모/교사와의 대화Talks to Parent and Teachers』(Lane 1928)라는 짧은 책이 유일하다.

레인은 모두 '어려운' 배경(대부분의 경우 범죄 경력)을 가진 도심의 어린 소년·소녀들에게 두 번째, 때로는 세 번째, 네 번째 기회를 주기 위해 학교를 설립했다. 흥미로운 점은 그가 규율, 행동 관리 또는 엄격한 '재교육' 체제가 아닌 자유를 통해 이런 교육을 했다는 것이다. 학생들의 자유를 빼앗는 것이 아니라 오히려 돌려줌으로써 그것을 '자신들의' 것으로 만들기를 바랐던 것이다. 조금 더 관습적인 교육관으로 보면, 훗날 서머힐의 닐과 마찬가지로 레인도 자신의 접근 방식으로 상당한 위험을 감수했다. 젊은이들이 학교에서 도망쳐 근처 마을에서 문제를 일으켰다는 이야기들도 많지만, 그 반대의 사례들도 있다.

『부모/교사와의 대화』의 한 대목인 "권력의 오해"(Lane 1928, pp.159-169)에서 레인은 제이슨이라는 16세 소년과 차를 마시면서 경험한 일을 기록한다. 제이슨은 누가 봐도 '리틀 커먼웰스'에 불만이 있었다. 그래서 레인은 그가 상황을 바꿀 수 있도록 다음 학기 학교 임원 선거에 대비해 친구들을 모을 것을 제안한다. 제이슨이 "그냥 선거 관련 시설을 운영하고 싶다"고 하자, 레인은 그에게 먼저 무엇을 할 것인지 묻는다. 제이슨은 무슨 말을 해야 할지 몰라 두리번거리다가 '저 까다로운 컵과 접시들'은 남자들이 아니라 '여자들과 고상한 척하는 남자애들을 위한 것'이기 때문에 박살내고 싶다고 대답한다. 레인은 제이슨이 '리틀 커먼웰스'에서 행복하기를 바란다면서 컵과 접시를 깨뜨림으로 행복해진다면, 그렇게 하라고 응답한다.

이어서 레인은 어떻게 난로 부지깽이를 제이슨에게 주게 되었는지 설명한다. 그리고 제이슨이 정말로 컵과 접시를 박살내자 두 개를 더 그 앞에 놓아 주었다고 말한다. 방에서 그 상황을 지켜보던 아이들은 제이슨이 함부로 컵을 부수도록 함으로써 레인이 그를 우롱하고 있다면서 비난하기 시작한다. 제이슨은 아이들의 이러한 판단을 알아차리고, 사실 문제는 "접시가 아니라 레인이 그것들을 부수도록 부추긴 것"이라고 말한다(Lane 1928, p.166). 방에 있던 소년들 중 한 명이 컵과 접시가 사실 레인의 소유가 아니기에 제이슨에게 박살낼 권리를 부여할 수 없다는 사실을 깨달으면서 사건은 더 복잡해진다. 사건이 흥미롭게 전환되자 제이슨은 갑자기 이 상황의 영웅이 되고 잘못된 행동은 레인이 한 것으로 받아들여진다. 제이슨은 자신이 컵과 접시를 부순 주된 이유가 실은 "겁쟁이가 아니기에" 항상 도전을 하기 때문이라고 변명한다.

그때 레인은 자신의 시계를 제이슨의 손에 쥐여 주며 말한다. "이건 내 시계야, 제이슨. 서슴지 말고 때려 부수렴." 레인은 계속해서 말한다.

소년은 시계를 보더니 머뭇거리며 친구들의 불안한 얼굴을 흘긋 둘러보았다. 잠시 후 그의 표정은 절망으로 바뀌었다. 그는 시계를 들어 벽난로에 처넣으려다가, 마지막 순간에 내가 권한을 행사해 주기를, 그리하여 사태 전환 없이 자신이 승리를 거둔 것처럼 내버려 두기를 바라는 눈빛으로 나를 빤히 쳐다보았다. 순간의 망설임이 제이슨의 진정한 모습을 수면 위로 끌어올렸다. 그는 손을 내리고 시계를 탁자 위에 올려놓았다. 당황스러움을 감추기 위해 선의의 관대함을 보이려고 하면서 그는 다음과 같이 말했다. "아니요, 당신의 시계를 부수지 않겠습니다."

(Lane 1928, pp.167-168)

결국 제이슨은 친구들과 함께 방을 나갔다. 다음 날 아침 그는 돌아와서 학교의 목공소에서 일할 수 있는지 묻는다. 레인이 이유를 묻자 그는 미소 지으며 말한다. "어젯밤에 부순 접시 값을 치르려면 돈을 더 벌어야 해요."

레인 스스로 "복잡하고 특이한 사건"이라고 부른 이 이야기(Lane 1928, p.169)를 내가 다시 끄집어낸 것은 까다로운 젊은이가 '방향 전환'[1]에 확실히 성공해서가 아니다. 레인의 행위가 **주체화**로서 교육의 모습을 생생하면서도 상당히 정확하게 보여 주기 때문이다. 그러면 잠시 한발 물러나서 레인의 이야기가 어째서 주체화의 명백한 **사례**인지 알아보자.

교육목적의 세 가지 영역

나는 2004년부터(Biesta 2004 참고) 여러 출판물에서 교육의 '학습화 learnification'라 지칭한 것에 대해 우려를 표명해 왔다. '학습화'란 학습자 및 그들의 학습과 관련한 교육담론, 정책 및 실천에 있어서의 전환을 말하는 것으로, 교육이 교사와 가르침 및 커리큘럼에서 멀어지는 것을 의미한다. 이러한 전환은 종종 가르침과 커리큘럼, 보다 일반적으로는 교육의 입력 측면에 중점을 두는 하향식 교육 개념 및 교육실천에 대한 대응으로 제시된다. 또한 학습으로의 전환은 권위주의 교육 이론과 실천에 대한 대응으로 제시되기도 하는데, 권위주의 교육 이론은 교육을 통제의 한 형태로 간주하고 실천하는 프레이리의 "은행 저금식 교육" 의 개념(Freire 1993 참고)과 다르지 않다. 이러한 관점에서 보면 학습으로의 전환은 교사와 커리큘럼 대신에 학습자와 학습을 중심에 둔다는 점에서 진보적인 움직임으로 간주된다. 이런 방식으로 교육을 바라보고 실천하는 것은 구성주의 학습 이론 및 인식론으로 뒷받침된다. 이 이론에서는 하루 일과가 끝나면, 학습자 스스로 생각하고 결정하고 이해에 도달해야 한다고 주장한다. 이것은 분명 교사가 대신해 줄 수 있는 일이 아니다.

내가 '학습이라는 새로운 언어', 보다 일반적인 표현으로는 교육의 '학습화'가 출현한 것에 대해 비판하는 중요한 측면 중 하나는, '학습'이라는 용어가 실제로 무엇에 관한 것이고 무엇을 위한 것인지 말해 주는 것이 별로 없는(설령 무언가 있다 하더라도) 다소 공허한 과정의 용어라는 사실과 관련이 있다. 이 문제는 교육에 있어서 대단히 중요하다. 교육은 학생들이 단지 배우는 것(오늘날은 인터넷을 포함하여 어디에서나 배울 수 있음)이 아니다. 교육의 핵심은 **어떤 것**을 배우는 것이고, **이유가 있어서** 배우는 것이며, 또 **누군가로부터** 배우는 것이다. 학습의 언어의 핵심적인 문제는, 교육 내용, 목적 및 관계에 관한 이러한 질문들을 은폐하거나 이러한 질문에 대한 답은 이미 명확할 뿐만 아니라 결정되었다고 가정하는 경향이 있다는 점이다.[2] 나는 이러한 우려 외에도 '학습의 촉진자'로서의 교사라는 개념이 교육관계의 복잡성과 그러한 관계에 있어서 교사의 사명을 잘못 해석할 수 있다는 점 또한 지적했다(예: Biesta 2012 참고). 그리고 '전통적인' 교육은 교사와 가르침, '진보적인' 교육은 학습자와 학습에 관한 것이라는 견해는 단순하여 오해의 소지가 있으며, 가르침을 권력과 통제의 관점에서만 생각하기보다는 진보적인 의제와 포부로 다시 연결하는 가르침의 재발견(Biesta 2017a)이 필요하다는 점을 주장했다. 나는 또한 삶에는 학습보다 더 많은 것이 있다고 생각하는 편이다(Biesta 2015b 참고). 이는 교육을 학습에 한정해서도, 학습을 평생 지속하는 것을 무조건적인 의무로 삼아서도 안 되는 중요한 이유이다(Biesta 2018b).

교육의 학습화와 관련된 논의에서 특히 주목받고 있는 한 가지는 교육의 목적에 대한 문제와 관련이 있다. 이와 관련하여 나는 교육에 있어서 이례적이고 독특한 점은, 의학이 건강(증진)을 도모하고 법조계가 정의를 추구하는 것과는 달리, 교육은 하나의 목적이 아니라 사실 세 가지 목적, 혹은 내가 선호하는 표현으로, 세 가지 **영역**의 목적을 추구하는 것이라고 주장해 왔다.

　이 문제에 대한 논쟁은 많은 교육이 작동하는 방식에 대한 간단한 분석에서 시작된다. 교육의 주요 기능 중 하나는 지식, 기술과 이해의 전달 및 습득과 관련이 있다는 데 동의하는 사람들이 많을 것이다. **자격부여**의 기능은 교육의 중요한 과제이며, 이는 (의무) 교육에 중요한 정당성을 부여한다. 이것이 학교교육이 해야 할 전부라고 주장하는 이들도 있을 것이다. 그들은 자격부여의 영역을 '넘어서는' 것은 모두 까다로운 규범적 질문에 휘말리기 때문에 학교에서 멀리해야 한다고 생각한다. 그러나 가장 단순한 지식과 기술을 제공하는 것조차도 세계를 표상하며, 또한 가치 있다고 여겨지는 것을 표현하는 특정 방식을 이미 제시하고 있음을 그리 어렵지 않게 알 수 있다(Mollenhauer 2013 참고). 세계는 결코 전체 모습을 드러내지 않는다는 점을 고려할 때, 지식과 기술의 영역조차도 이미 많은 가치의 선택이 스며들어 있다고 할 수 있다. 따라서 '잠재적 교육과정'에 대한 연구가 보여 주듯이 자격부여뿐만 아니라 사회화도 항상 진행되고 있는 것이다. 이는 명시적이든 암묵적이든 특정의 문화와 전통 및 관행을 표현 혹은 표상하는 것이다. 이 모든 것은 또한 학생에게 개별적으로 영향을 미쳐 그들의 능력과 역량을 향상시키거나 제한하는 것으로, 나는 이를 주체화라고 주장해 왔지만 개별화라 할 수도 있다.

　교육의 설계와 실행에 관계하는 사람들은 교육이 항상 세 가지 영역과의 관계에서 기능한다(자격부여와 사회화는 항상 진행되며 인간인 학생에게 끊임없이 영향을 미친다)는 점을 염두에 두고, 그들의 노력이 세 가지 영역 각각에 어떤 결과를 가져올 것인가 하는 질문에 항상 관심을 가져야 한다고 말할 수 있다. 바로 이런 방식으로 교육의 세 가지 기능은 교육의 세 가지 목적이 되기도 하지만, 만일 각각의 범주에 대해 보다 구체적인 결정을 내려야 한다는 점을 인정한다면, 이는 교육목적의 세 가지 영역이 되기도 한다.

물론 교육이 하나 이상의 목적을 추구하는 방향성을 가져야 한다는 주장은 특별한 것이 아니다. 예를 들어 에간Kieran Egan에 따르면 교육은 사회화, (학문적) 지식의 습득 그리고 개인적 발달의 촉진에 초점을 맞추어야 하며, 교육의 세 가지 목적 모두 나름의 지위를 가져야 한다 (Egan 2008, 특히 2장 참고). 즈비 람Zvi Lamm 역시 이와 유사하게 사회화, 문화적응 및 개별화를 교육의 세 가지 가능한 목표로 구분했지만, 이것들은 하나의 시스템으로 통합될 수 없다는 입장을 취하고 있다(Lamm 1976 참고). 한편 브루너Jerome Bruner는 '교육 목표의 복잡성'에 대해 논의하면서 교육의 목표와 관련한 '해소 불가능한' 세 가지 긴장, 즉 개인의 발달과 문화적 재생산 간의 긴장, 재능의 개발과 도구 혹은 기술 습득 간의 긴장 그리고 특정한 것과 보편적인 것 사이의 긴장을 구별했다 (Bruner 1996, pp.66-85 참고).

세 명의 저자 모두 교육은 이를테면 단지 문화적 재생산과 연속성을 위해 학생들에게 무언가를 전달하는 것일 뿐만 아니라, 학생과 더불어 무언가를 하는 것이며 학생들에게 유익한 것이어야 함을 인정하고 있다. 따라서 자격부여와 사회화 외에도 개인으로서의 학생과 관련이 있는 세 번째 영역의 개념을 지지한다. 이것은 또한 내가 교육목적의 세 영역에 대한 아이디어를 취하면서 알게 된 것이기도 하다. 그러나 여전히 이해하기 어려운 것 그리고 앞서 언급했듯이 제대로 파악하고 표현하는 데 시간이 걸린 것은 세 번째 영역에서 무엇이 중요한가, 구체적으로는 왜 '주체화'가 여기서 적절한 개념인가 하는 것이다.

주체화: 하나의 자아가 되는 것

주체화의 정의에서 시작하기보다는 주체화의 개념에서 무엇이 중요한가를 밝히면서 시작하는 것이 더 유익하다고 생각한다. 주체화란 인간으로서의 자유, 즉 행동을 하거나 삼가는 자유를 가리킨다(1장 '의도적 회피 행위'의 요점 참고). 이것은 이론적 개념이나 복잡한 철학적 문제로서의 자유가 아니라 삶에서 마주치는 많은 상황, 어쩌면 모든 상황에서 항상 '예'라고 할 것인가 아니면 '아니요'라고 할 것인가, '머물러 있을 것인가' 혹은 '떠날 것인가', '흐름을 따라갈 것인가' 혹은 '저항할 것인가'와 같이 훨씬 더 일상적인 경험에 관한 것이다. 그리고 자신의 삶에서 이러한 가능성에 직면하는 것, 특히 처음으로 이것과 마주하는 것은 매우 중요한 경험이다. 일생을 돌아보며 처음으로 이런 일을 경험한 것을 기억해 보는 것도 흥미로운 일이지만, 여기서 나는 아이들뿐만 아니라 사람들이 자신의 행위, 자유 및 주체성을 선택하지 못하도록 가로막는 모든 사회적, 역사적, 정치적, 물질적 조건에 대해 생각하고 있다. 자유를 이런 식으로 바라보는 것은, 이 책에서 이미 언급했듯이 근본적으로 실존적인 문제이다. 그것은 우리가 어떻게 존재할 것인지, 어떻게 우리 자신의 삶을 영위할 것인지에 관한 것이다. 우리를 대신해 줄 사람은 존재하지 않는다. 다시 말하면 자유는 1인칭의 문제로, 이를테면 걷기처럼 내가 해야 하는 일이며 어느 누구도 나를 위해 대신해 줄 수 없는 일이다(Mollenhauer 2013 참고). 이것은 다른 사람들이 나에게 원하는 바의 대상으로서가 아니라 자기 삶의 주체로서 어떻게 존재할 것인가에 관한 것이다.

1장에서 이미 언급했듯이 교육이 자유, 더 정확하게는 자유의 증진에 항상 관심이 있었던 것은 아니다(그리고 많은 경우에 교육은 지금도 자유에 관심이 없다고 할 수도 있다). 예거가 말했듯이(Jaeger 1965) 서구 역사에서 교육의 관심은 '민주적'이기보다는 '귀족적'이었다(Säfström 2019 참고). 교육은 이미 자유로운 사람들에게 그들을 완전하게 하는 문화적 자원을 제공하기 위해 존재했다. 많은 엘리트주의 교육의 세계에서 이것은 여전히 최상위 의제에 올라 있으며, 평등한 교육 기회의 문제를 시급하면서도 복잡한 것으로 만든다(Biesta 2020a 참고).

앞서 언급한 바와 같이 루소의 『에밀』은 자유의 문제를 교육 '의제'의 핵심에 올려놓은 첫 번째 텍스트 중 하나이다(아마 유일하게 첫 번째 텍스트일 것이다). 나는 이 문제를 교육사가들에게 맡긴다. 루소의 텍스트가 지닌 복잡성과 모순에도 불구하고 나는 그가 아동의 '주권'을 추구하는 것을 교육자의 과제로 제시했다고 주장한다. 앞서 여러 차례 언급한 표현을 사용하면, 주체로서 존재할 수 있는 공정한 기회를 새로운 세대에게 제공함으로써 이런 주권을 추구하고 동기를 부여받는 것이 교육자의 과제라는 것이다. 물론 이것은 이러한 가능성을 훼손하거나 방해하려는 모든 자연적, 사회적 힘을 고려한 것이다.

자유의 증진에 대한 관심은 임마누엘 칸트가 소위 '교육의 역설educational paradox'이라고 간결하게 표현한 난제를 안겨 준다. 그는 이 난제를 "나는 교육자로서 어떻게 강제로 자유를 함양할 것인가?"라는 질문으로 요약한다(Kant 1982, p.711, 저자의 번역 참고). 그러나 앞 장에서 논의한 바와 같이 교육의 '행위'를 하나의 함양으로 생각하는 것보다는 교육Erziehung을 '자발적 행위로의 부름'으로 보는 디트리히 베너Dietrich Benner의 개념(Benner 2015)이 훨씬 더 정확하고 적절하다. 교육의 행위를 함양으로 보는 것은 교육받는 사람을 대상의 지위로 전락시킬 위험이 있는 반면, 부름과 격려Aufforderung는 결국 어떤 대상에 대한 개입이 아니라 교육받는 이에게 주체로서 말을 거는 것이다. 간단히 말해서 상대에게 "Hey, you there"라고 말하는 것은 상대, 즉 '너'가 '거기에' 있다는 가정을 하고 있는 것이다.

이와 관련하여 언급할 가치가 있는 것은 세 가지이다. 첫째, '너'가 '거기'에 있다는 것은 하나의 가정에 지나지 않는다는 것이다. 그러나 이러한 가정에 따라서 행동하는 것은 아마도 가장 기본적인 교육의 '자세'일 것이다. 『가르침의 재발견The Rediscovery of Teaching』(Biesta 2017a) 5장에서 나는 이 자세를 '가상적인 것counterfactual', 즉 우리가 교육자로서 함께 일하지만(또 함께 일해야 하지만) 모든 가능한 증거에 반할 수도 있다는 하나의 가정으로 특징지었다.[3] 그러나 이것은 이러한 교육적 자세의 핵심이다. **우리는 아이들이나 학생들에게 먼저 자신들이 주체라는 사실을 제시하**

라고 요구하지도, 그들이 주체라는 사실을 우리에게 납득시키고 나서야 교육을 시작하지도 않는다. 반대로 우리가 교육자로서 가르치는 이들의 주체성을 가정하고 교육하지 않으면, 아무 일도 일어나지 않을지도 모른다. 더 심하게는 실제로 아무 일도 일어나지 않을 것이다. 그래서 부모들이 갓 태어난 아기에게 말을 하는 것이다. **부모는 아기가 자신들의 말을 이해할 수 있을 거라고 생각해서가 아니라, 말을 걸면서 아기를 주체로 인정하는 것이다.** 바로 그렇게 함으로써 그들은 아이가 주체로서 세계 안에서 그리고 세계와 더불어 존재할 수 있는 가능성을 열어 준다. 조금 다르게 표현하자면, 그들은 아이가 주체로서 존재할 수 있도록 세계를 열어 주는 것이다.

여기서 언급할 두 번째 요점은 'Selbsttätigkeit'와 관련이 있는데, 이는 앞 장에서 설명했듯이 '자발적 행위'로 번역할 수 있다. 그러나 '자발적 행위로의 부름Aufforderung zur Selbsttätigkeit'은 활동적이 되라는 요청이 아니라 **자발적**이 되라는 요청이다. 보다 일상적인 언어로 이것은 '너 자신'이 되라는 것이 아니다. 특히 자신이 원하는 것을 한다는 단순한 의미에서 '너 자신'이 되라는 말이 아니라, 자기 삶의 주체로서 **하나의 자아**가 되라는 것이다(너 자신이 되는 것과 하나의 자아가 되는 것의 차이에 관해서는 3장 미주 16 참고, 옮긴이). '자발적 행위로의 부름', 아이나 젊은이에게 하나의 자아가 되라는 요청(Benner), 아이와 젊은이에게 자기 삶의 주체로서 존재하려는 욕구를 불러일으키는 것(Biesta), 아이와 젊은이에게 주체가 되지 않는 편안함을 거부하게 하는 것(Rancière)은 주체화로서의 교육(혹은 주체화하는 교육, 나중에 설명함)이 무엇인지를 말해 준다.

그러므로 **주체화로서의 교육은 교육적으로 주체를 만들어내는 일이 아니라 아이나 젊은이의 주체성이 '작동'하도록 하는 것, 아이나 젊은이가 주체로서의 존재 가능성을 잊지 않도록 지원하는 것**이다. 만들어낸다는 말에서는 주체가 '외부의 개입에 의해 만들어지는 것thing-being-produced-by-interventions-from-the-outside'이 되기 때문이다. 다시 한번 베너의 표현을 빌리자면, **주체화 교육의 자세는 근본적으로 확정적이지 않다는 것**이다. 주체화 교육에서는 교육자가 아이들이나 젊은이들에게 그들이 어떻게 되어야 하는지, 그들의 자유로 무엇을 해야 하는지, 어떤 '표본' 혹은 '이미지'를 받아들이고 추구해야 하는지(이 모든 것은 확정적인 교육의 사례이거나, 내가 소개한 용어로 '강한' 사회화의 사례가 될 것이다)를 말하고 있지 않기 때문이다.

이 모든 것 가운데 잊어서는 안 될 세 번째 요점은, 아이 혹은 학생이 이러한 요청에 응할 것인지 아닌지는 전적으로 그들에게 달려 있으며, 교육자에 의해 조장되거나 통제될 수 없다는 사실이다. 그런 이유에서 교육받는 자의 자유가 **주체화의 관건이 되는 것**이다.

내가 호머 레인의 '복잡하고 특이한 사건'을 특히 높게 평가하는 이유는 주체화로서의 교육이 지니는 역동성과 지향성의 분명한 사례를 제시하고 있기 때문이다. 이것은 미리 계획된 것이 아니라 레인이 우연히 인지하고 포착한 교육의 기회였다. 레인은 말 그대로 제이슨의 자유를 그의 손에 맡겼다. 그는 제이슨을 비난하지 않았다. 예를 들어 제이슨이 무책임하다며 조금 더 책임감 있게 행동해야 한다고 말하지 않았다. 제이슨이 잘못된 버릇을 가지고 있으니 인성교육을 받는 등 그것을 개선하기 위해 노력해야 한다고 하지 않았다. 또한 제이슨이 무언가

부족하기 때문에 그에 대한 배움이 필요하다고 말하지도 않았다.

레인은 제이슨으로 하여금 자유에 직면하게 했을 뿐이다. 그것은 레인의 자유가 아니라 제이슨 자신의 자유이며, 자유를 갖는다는 것은 그것을 가지고 무엇을 할지 결정할 책임이 자기 자신에게 있다는 것을 상기시켜 준 것이 전부였다. 다시 말해 레인은 제이슨에게 '외부'(친구의 인식과 사회적 기대 등)와 '내부'(자부심, 당혹감, 자아상 등)에서 '다가오는' 모든 영향력의 대상이 아니라 자신의 삶의 주체로서 존재할 가능성을 '일깨워 준 것'이다. 이 이야기는 앞서 언급했듯이 어쩌면 보기 좋게 꾸민 성공 스토리일 수도 있다. 그러나 역동성은 실제적인 것이며, 만일 제이슨이 그렇게 하기로 마음먹었다면 당연히 마음껏 시계를 부수었을 것이다.

자유, 존재 그리고 세계의 한계

비록 자유가 교육적 주체화의 핵심이지만, 이것은 단지 하고 싶은 것을 하기 위한 자유가 아님을 아는 것이 중요하다. 달리 말하자면 이것은 신자유주의적인 '구매의 자유freedom of shopping'가 아니다(Biesta 2019c 참고). 주체화는 오히려 '제한된' 자유, 즉 주체로서 우리의 존재와 혼연일체로 연결된 자유에 관한 것이다. 주체로서의 존재는 단지 우리 자신과 관련된 존재 그리고 우리 자신만을 위한 존재가 아니라, 항상 세계안에서의 존재 그리고 세계와 함께하는 존재이다. 다시 말하면 인간 및 살아 있는 다른 생명체들과 함께하는 존재 그리고 우리가 활동하는 상황으로서의 단순한 배경이 아니라 우리가 살아가는 복잡한 네트워크로서의 환경, 우리를 지탱시키고 키워 주는 네트워크로서의 물리적 환경 '안에 있는' 존재인 것이다.

자연 및 사회로서의 이 세계는 인간의 행동을 가능하게도 하지만, 인간의 행동에 실질적인 제약을 주기도 한다. 주체로서 이러한 세계와 더불어 존재하려고 노력하는 것의 중요한 측면 가운데 하나는 이러한 제약, 곧 한계가 무엇인지, 어떤 한계를 고려해야 하는지, 말하자면 어떤 것이 현실적이고 어떤 것이 권력의 자의적인 사용(남용)의 결과인지를 알아내는 것이다. 민주주의의 문제는 더불어 살아가는 것이 우리 자신의 자유에 미치는 한계와 전적으로 관련이 있다는 것이다. 생태학적 위기는 우리가 살아 있는 생명체 및 물리적 세계와 만나는 방식에 한계가 없어서는 안 된다는 것을 매우 강력하게 보여 준다.

한나 아렌트는 자유에 대해 보다 정확하고 정치적이며 실존적으로 이해할 수 있도록 상당히 세밀하게 인간 행위에 대해 정의한다. 따라서 인간의 행위와 자유에 대한 그녀의 성찰은 여기서 큰 도움이 된다. 아렌트는 시작하는 능력, 그녀의 표현에 따르면 주도적 계획, 즉 이니셔티브initiatives를 행사하는 능력과 그 계획이 현실화되는 것, 즉 세계에 '도달하는 것'의 의미를 구분한다. 후자가 일어나기 위해서는 우리의 주도적 계획이 타자들에게 받아들여질 필요가 있는데, 아렌트가 '행위'에 대해 말하는 것은 바로 이런 일이 일어날 때이다. 그러므로 아렌트에게 '행위'는 우리의 시작, 즉 주도적 계획과 그것을 받아들이는 방식이 결합된 것을 가리킨다. 이것은 아렌트가 왜 우리는 결코 고립된 상태로는 행위할 수 없다고 주장하는지－"고립되는 것은 행동할 수 있는 능력을 박탈당하는 것이다"(Arendt 1958, p.188)－이해하는 데 도움이 된다. 우리는 타자가 우리의 주도적 계획을 받아들이는 방식에 전적으로 의존하고 있기 때문이다.

이것은 아렌트가 '개인individual'이라는 개념보다 '서브젝트subject'라는 용어를 선호하는 이유이기도 하다.[4] 그녀의 주장에 따르면 우리는 이 단어subject의 두 가지 의미에 구속을 받는다. 즉 우리는 자신의 이니셔티브, 즉 시작의 주체subject이기도 하지만 다른 사람들이 우리의 시작을 받아들여 계속 그렇게 할지 그리고 어떤 방식으로 할지에 따라 운명이 구속되는 존재이기도 하다. 그리고 여기서 다른 사람들도 우리와 마찬가지로 시작하는 자들beginners, 즉 이니셔티브를 행사하는 자들이기 때문에 그들이 어떠한 방식으로 우리의 시작을 다루어 주기 원하는가에 관계없이 그들 나름의 방식대로 우리의 시작을 받아들일 자유가 있다는 점을 명심해야 할 것이다. 아렌트에 따르면 우리에게는 우리의 시작에 대한 다른 사람들의 행위를 통제하고 싶은 유혹이 있겠지만, 그렇게 할 경우 그들의 시작을 세계 속으로 끌어들일 기회, 나아가 그들이 세상에 출현할 기회를 차단하게 될 것이다. 그러면 결국 우리 자신만 자유를 누리는 세상이 되고, 다른 사람들은 추종자로 살아가게 될 것이다.

우리의 자유가 무한한 것이 아니라는 점을 조금 다르게 강조하는 방식이 있는데, 그것은 우리가 만든 세상이 아니라 우리와 독립적으로 존재하는 세상에 있다는 사실과 관련이 있다. 다시 말하면 우리는 환상이 아닌 현실 세계에 살고 있다(그리고 이 현실 세계에는 '우리의' 몸도 포함된다). 『가르침의 재발견The Rediscovery of Teaching』(Biesta 2017a, 특히 1장)에서 보다 상세하게 논의했지만, 우리는 자신의 이니셔티브가 저항에 부딪힐 때 이러한 현실에 직면한다. 이러한 저항에는 물질세계와 자연 세계의 저항뿐만 아니라 사회적 세계의 저항도 있다. 사회적 저항이란 타자들에 의한 저항으로, 그들이 우리의 이니셔티브에 어떻게든 대응하는 경우 그것은 우리와 상당히 다른 방식일 수 있다. 그러므로 우리의 의도와 이니셔티브의 측면에서 이런 저항에 직면하게 되면, 어느 정도 좌절을 겪을 수밖에 없다.

이런 좌절을 겪을 때 우리는 직면하는 저항을 극복하기 위해 더 강하게 밀어붙이려고 할 수도 있다. 이렇게 하는 것이 우리의 이니셔티브가 세계에 출현하는 데 중요한 경우도 있지만, 너무 강하게 밀어붙이다가 우리가 출현하고자 하는 세계 자체를 파괴할 위험성도 항상 존재한다. 스펙트럼의 한쪽 끝에 세계 파괴의 위험이 존재한다면, 다른 쪽 끝에는 좌절하여 뒤로 물러나 자신을 포기할 때 발생하는 자기 파괴의 실존적 위험이 있다. 이는 세계 파괴와 자기 파괴 사이의 난해한 '중간 지대middle ground'에 머물고자 하는 것이 평생에 걸친 실존적 도전임을 시사한다. 다시 한번 아렌트의 유용한 어법으로 표현하자면, 그곳은 실제적으로나 은유적으로 '세계에서 편안at home in the world'해지고 '자신과 현실을 화해'시키려 하는 지대이다(Arendt 1994, pp.307-308 참고).

환상과 현실이 다른 것은 교육 문헌에서 '유아적infantile'으로 살고자 하는 삶의 방식과 '성숙한grown-up' 모습으로 살고자 하는 삶의 방식 사이의 중요한 차이점과 관련이 있다(특히 Meirieu 2007 및 본서 2장 참고). 유아적인 삶의 방식을 영위하는 것은 현실적인 것을 무시하는 것이며, 단지 자신의 욕망만을 좇고 환상에 따라 하고 싶은 것만 하려는 것이다. 이에 반해 성숙한 방식으로 삶을 영위하고자 하는 것은 자신의 의도와 욕망에 '현실 확인'의 과정을 부여하려는 것이다. 이는 타자-사물이든 인간이든-와의 관계를 파기하거나 부정하는 것이 아니라 관계를 맺기 위한 것이다.

'유아적', '성숙한'이라는 용어는 특히 나이와 관련이 있는 것처럼 보이기 때문에 그 뜻이 꽤 엄격하다. 이는 일정한 나이에 도달하면 현실적인 것과 관련된 어려움을 해결하여 남은 인생 동안은 그것이 해소되었음을 의미하는 반면, 일정한 나이에 이르기 전에는 그렇게 할 수 없다고 의미하는 것처럼 여겨질 수 있다. 그러나 우리는 현실과 화해한다는 도전이 평생의 과제이며, 2장에서 논의했듯이 '충동적인 사회'라는 상황에서는 훨씬 더 중대하고 시급한 도전이라는 것을 알고 있다. 뿐만 아니라 아이들은 때로 완벽하게 중간 지대에 머물 수 있는 반면, 사회 전반적으로 끊임없이 환상을 추구하는 어른들이 많다는 것도 알고 있다. 레비나스에게서 영감을 받은 것으로, 좀 더 적절하면서도 전문적인 용어로 표현하면(1996, p.35), 이는 자신의 삶을 '자아론적ego-logical'으로 존재하려는 방식과 '비자아론적non-ego-logical'으로 존재하려는 방식 간의 차이로 볼 수 있다(Biesta 2017a 참고).

주체화하는 교육

그러므로 주체화의 문제를 진지하게 받아들이는 교육은 분명히 성숙한 존재 방식, 즉 자신의 삶을 이끌어 가려는 성숙한 방식을 추구한다. 그러나 이런 교육은 성숙함을 발달의 궤적이나 함양이나 사회화 과정의 산물이 아니라 어려운 '중간 지대'에서 자신의 삶을 살려고 노력하는 영원히 풀리지 않는 실존적 도전을 지향하는 것으로 여겨진다. 다소 어색하지만 좀 더 정확한 표현을 사용하자면, '주체화 교육'은 아이들과 젊은이들을 억지로 그곳에 머물게 하는 것이 아니라 세계에서 자신의 삶을 살고자 노력하는 '욕구appetite'를 북돋는 것이라 할 수 있다. 메리외Philippe Meirieu가 말했듯이(2007, p.96), 그것은 자신을 세계의 중심에 두거나 중심으로 생각하는 것이 아니라 세계 속에서 자신의 삶을 살기 위해 노력하는 욕구를 불러일으키는 것이다.

결국 주체화를 '모호하고' '실용적이지 않은 것으로' 포기하는 것은 매우 쉬운 일이다. 그러나 일부 사람들의 생각과는 달리 주체화의 모든 것은 상당히 구체적인 일련의 교육적 요소들parameters을 제시하고 있으며, 이로부터 훌륭한 교육의 실천을 창안해내는 것은 1차적으로 교사들에게 달려 있다. 주제화 교육이 요구하는 것 가운데 하나는 교육이 현실적인 것에 직면할 수 있도록 하는 것, 다시 말해서 우리의 이니셔티브와 욕망 및 욕구에 대해 '현실 확인'을 하도록 하는 것이다. 이것은 무엇보다도 교육이 개념적인 것에 머물지 않고 현실적으로 중요한 무언가가 있으며, 물질적이고 사회적인 측면에서 세계에 직면하도록 해야 한다는 의미이다. 이것은 어떤 의미에서 교육과정curriculum의 문제이지만, 일련의 '학습결과'로서의 교육과정이 아니라 학생들의 '논의 테이블 위에' 놓여 있는 것, 즉 관계를 맺고 참여해야 할 어떤 것으로서의 교육과정의 문제이다. 여기서 학습이란 단지 학생들이 자신들 앞에 놓인 것에 참여할 수 있고, 또 참여하도록 요청받을 수 있는 방식의 하나일 뿐이라는 점을 강조하고자 한다.

현실적인 것과의 만남은 종종 **멈춤**, 즉 의도와 이니셔티브의 흐름을 멈추게 하는 것으로 나타나며, 이는 주체화 교육에 뭔가를 중지시키는 특성이 있음을 의미한다. 현실에 직면하고 현실적인 것과 관련된 욕망을 충족하는 것은 '빠른 해결책'이 아니라 사실은 시간이 필요한 것이다. 그렇기 때문에 주체화로서의 교육은 **지연**suspension의 원리에 따라 추진돼야 한다. 이것은 속도를 늦추고 여유를 줌으로써 학생들이 세계와 만나고 세계와의 관계 속에서 자신과 만나는 등 모든 과정을 충실히 밟아 나갈 수 있도록 하는 것이다. 여기에서 학교school의 어원인 그리스어 '스콜레schole'가 사실은 자유 시간, 즉 아직 생산적이지 않은 시간을 의미한다는 사실을 상기시켜 주는 것(Prange 2006 참고)이 상당히 도움이 된다. 그것은 주체화를 진지하게 받아들이는 학교가 이와 같은 느린 속도, 속도를 늦추는 여유, 학생들이 노력하고 실패하고 다시 노력하고 '더 나은 실패'(Samuel Beckett)를 할 시간을 제공할 필요가 있음을 강조하기 때문이다. 흥미롭게도 닐A.S. Neil이 서머힐에서 시도하려고 했던 것도 바로 젊은이들에게 시간, 특히 그들 자신의 자유를 접할 수 있는 시간을 주는 것이었다고 생각한다. 왜냐하면 학생들이 일단 자신의 자유를 접하고 나면 그들에게 더 많은 형식교육[5]이 가능하고 또 의미 있게 될 것이기 때문이다(Neil 1960, 1966 참고).

주체화 교육이 학생들을 끊임없이 중간 지대로 '되돌리는' 것이라면, 교육은 그들에게 이 중간 지대에 머물 수 있도록 지원과 지지를 제공하는 것이 중요하다. 중간 지대는 학생들이 자아가 되라는 요구를 충족할 수 있고, 자아가 되는 것이 어떤 의미인지 그리고 이를 위해 학생들에게 요구하는 것이 무엇인지에 관한 문제를 해결할 수 있는 지대이기 때문이다. 따라서 주체화를 진지하게 받아들인다면, 멈춤과 지연 및 지지는 어떤 면에서 교육에 필요한 중요하고 매우 구체적인 세 가지 측면이라고 할 수 있다. 이 세 가지 측면은 어느 정도 인내와 신뢰를 바탕으로, 천천히 진행되기보다는 오직 자격부여와 사회화에 전념하여 정신없이 빠르게 전개되고 있는 현대 교육의 추세에 맞서고 있다.

그러므로 주체화하는 교육, 즉 아이와 젊은이들의 성숙한 주체성에 대한 문제를 진지하게 다루고자 하는 교육은 자격부여와 사회화를 주체화로 대체하려는 교육이 아니라, 오히려 그 우선순위를 달리 생각하는 교육이다. 만일 자격부여와 사회화를 주체화로 대체한다면, 교육을 과도한 사색 요법naval gazing therapy으로 바꿔 놓는 형태가 될 것이다. 주체화 교육은 아이들과 젊은이들의 주체성 문제, 즉 그들이 세계 안에서 그리고 세계와 더불어 존재하는 문제를 관심의 중심에 두는 교육이다. 말하자면 그것은 대립적이거나 도덕적인 방식이 아니라 아이들과 젊은이들이 세상을 향해 '눈을 돌리도록' 함으로써 그들의 주체성이 발휘되도록 지속적으로 노력하는 교육이다. 또한 1장에서 이미 언급했듯이 이를 위해서는 아이들과 젊은이들에게 사회화의 과제인 세계에 대한 방향성도 제시하는 교육이 되어야 한다. 뿐만 아니라 아이들과 젊은이들에게 자격부여의 과제로서 '삶의 수단'도 제공해야 한다.

다시 말하면 교육의 우선순위에 대한 통상적인 사고방식을 뒤바꾸어야 한다는 것이다. 자격부여가 핵심이고 사회화는 때로 추가될 수 있다는 생각, 주체화는 사치로서 시간과 여력이 있는 사람들을 위한 것이라는 생각은 접어야 한다. 오히려 모든 교육은 세계 안에서 그리고 세계와 함께 존재하고 싶은 욕구를 불러일으킴으로써 세계와 만날 수 있게 하고 어린이와 청소년이 세계 속에서 살아갈 수 있는 충분한 준비를 갖추도록 보장해야 한다는 것을 인식하면서 무엇보다도 학생의 주체성에 관심을 가져야 한다. 이것은 학습의 논리에 과도하게 의존하는 개념인 '거꾸로 교실flipped classroom'이 아니라 '거꾸로 교육과정flipped curriculum'이다. 말하자면 학생들이 특정 교육과정 영역에서 특정 과제를 수행할 때 특정 주제와 관련된 특정 교과 영역에서 어떻게 세계와 만나고 세계와의 관계 속에서 그들 자신과 만나는지, 세계 안에서 그리고 세계와 더불어 성숙한 방식으로 존재하는 것이 무엇을 의미하는지를 항상 탐색하면서 자격부여와 사회화의 과제를 수행하는 것이다.

주체화가 아닌 것

앞에서 논의를 통해 주체화가 무엇이며, 주체화 교육의 목표가 무엇인지 그리고 주체화 교육이 어떤 모습인지에 대해 좀 더 진전된 조명을 했다면, 여기서는 주체화가 아닌 것에 대해 몇 가지를 지적하고자 한다. 이는 특히 주체화와 주체화 아닌 것의 차이점을 밝힘으로써 주체화의 개념을 명료화하기 위한 것이다.

자주 제기되는 주장 가운데 하나는 주체화, 더 구체적으로 주체성의 개념은 **정체성**과 동일하다는 것이다. 정체성은 복잡하고 다면적인 개념이며 그 의미와 지위에 대한 논쟁이 진행 중이지만(예: Schwartz, Luyckx & Vignols 2013 참고), 이는 내가 누구인지에 대한 질문, 곧 나는 무엇과 동일시되고 있으며 다른 사람과 나 자신에 의해 어떻게 구별되고 있는가 하는 두 가지 측면과 관련이 있다고 말해도 무방할 것 같다. 간단히 말해서 정체성은 신원 확인의 문제이다. 반면 주체성의 문제는 내가 **누구**인가의 문제가 아니라 **어떻게** 존재하는가, 어떻게 삶을 이끌어 가려고 하는가, 삶에서 마주치는 것에 어떻게 반응하고 참여하려 하는가의 문제이다. 그러므로 여기에는 주어진 상황에서, 특히 내가 무언가를 요청받았을 때, 다시 말하면 나의 '자아'가 요청을 받았을 때 정체성, 즉 내가 배운 모든 것, 나의 능력과 역량뿐만 아니라 나의 맹점과 무능까지 고려하여 무엇을 할 것인가에 대한 질문이 포함된다. 이것은 **정체성의 '과제'가 실은 사회화의 영역에서 일어난다**는 것을 뜻한다. 결국 교육은 이러한 영역에서 학생들이 문화와 전통 및 관행에 접근하도록 하며,

그러한 문화와 전통, 관행에서 어떤 식으로든 자신의 '위치를 찾도록' 초대하는 것이다. 물론 이러한 과정은 우리가 전적으로 통제할 수 있는 과정이 아니라는 사실을 염두에 두고 있다. 자신의 정체성을 스스로 확인하는 것은 타인이 우리의 정체성을 확인하는 것과 상당히 다를 수 있기 때문이다.

또한 주체화는 성격 및 성격 발달과 아무런 관련이 없다. 성격은 행동의 차이를 뒷받침하는 경향을 흔히 특정 성격, '특성'으로 설명하려는 심리적 개념이다. 그러나 단순히 성격은 심리적 개념이고 주체성은 교육적 개념이라고 할 수는 없다. 이번 장의 관점에서 훨씬 더 중요한 것은 성격이 설명 개념explanatory concept이라는 사실이다. 그것은 사람들이 왜 그렇게 행동하는지 설명하기 위한 것이다. 그렇게 함으로써 개인을 외부, 즉 제3자의 관점에서 설명 가능한 '대상'(또는 좀 더 부드러운 단어로는 실체)으로 보는 것이다. 반면 주체성은 설명 개념이 아니라 개인, 곧 **내가** 존재하는 방식, 말하자면 내부에서 외부를 바라보는 것을 지칭하는 개념이다. 그것은 1인칭 관점, 즉 행위하는(또는 행위하지 않기로 결정하는) 개인의 관점을 가리키는 개념이다. 성격과 주체성이 설명적 질서와 실존적 질서라는 매우 다른 질서에 관한 것이라는 사실을 아는 것은, 단지 주체화의 전체적인 개념이 무엇인지 파악하기 위해서 중요한 것이 아니다. 이것은 주체화의 실존적 영역이, 가령 현재 상당히 인기 있는 '다섯 가지 성격 요인big five inventory' 등과 같은 성격 검사 및 성격 측정 도구에 지배되지 않도록 하기 위한 것이기도 하다(이 검사는 OECD에서 교육의 영역, 혹은 학생 성격 영역으로 측정 범위를 확장하면서 진출하려는 것으로 보인다. 이와 유사한 사태 전개에 대해서는 Williamson 2017; Sellar & Hogan 2019 참고). 다시 말해서 **주체화는 측정되어야 하는 또 다른 범주의 학생 성취도가 아니다.**

주체성은 또한 주관적이거나 개인적인 것에 관한 것도 아니다. 어떤 의미에서는 주체성이 주관적이거나 개인적인 것과는 정반대라고 말할 수도 있다. 왜냐하면 주체성은 우리 자신의 개인적인 혹은 주관적인 의견, 생각, 믿음에 관한 것이 아니라, 자연 및 사회로서의 세계 안에서 그리고 그런 세계와 더불어 살아가는 우리의 존재에 관한 것이기 때문이다. 어떤 의미에서 주체성은 우리가 '객관적 실재objectivity'와 대면할 때, 즉 우리 자신이 만들지도, 반드시 우리가 바라는 대로 되지도 않는 우리 자신 밖의 현실 세계에 직면할 때에만 발휘된다. 이것은 또한 주체화가 개인의 의견이나 내면의 감정을 표현하는 문제가 아니라, 앞서 개략적으로 언급했듯이 그러한 의견과 감정이 어떻게 세상과 만나는지에 대한 것임을 의미한다. 따라서 주체화 교육은 명시적으로 학생들에게 의견을 요청하거나 '제한 없이' 자신을 표현할 기회를 제공하는 문제에 관한 것이 아니다.[6] 그렇다고 주체화가 학생들의 표현을 금지하는 것은 아니다. 그보다는 학생들이 표현하고자 하는 것이 세계와 '만나서' '현실 확인'이 가능하도록 하는 것이다. 결국 학생들은 내면의 훌륭한 것들을 표현할 수는 있지만, 문제가 많은 아이디어와 신념들을 단지 그들이 표현한 것이라 해서 무조건 받아들이는 것은 교육적이지도 않을 뿐만 아니라, 실제로 문제가 될 수도, 심지어 위험할 수도 있다는 것이다(이 특정 문제와 관련해서는 Biesta 2019d 참고).

이제 주체화가 **개별화**individuation와 구별되어야 한다는 것을 아마 그다지 어렵지 않게 이해할 수 있을 것이다. 다시 말하면 가장 넓은 의미에서 '문화'와의 상호작용, 즉 함양의 과정을 통해 **한 인간이 되는 것**과 자신의 개인적 특성, 자신이 획득하고 배우고 몸에 익힌 모든 것 그리고 자신이 성장해 온 방식과 관련하여 **주체로서 존재하는 것**은 별개의 일이다. 파크스와 아이히만은 모두 개인으로 배우고 성장했지만, 결국에는 이 모든 것과 관련하여 전혀 다르게 행동했다. 이 점 또한 중요한데, 이것은 주체화를 주체가 되는 과정, 발달로 이해해서는 안 된다는 의미이다. **주체화는 언제나 무엇이 되는 것을 멈추는 것이라고 할 수 있다.** 그것은 먼 훗날이 아니라 항상 지금 **이 순간에 일어나는 하나의 사건**이다.

여기서 언급하고 싶은 요점이 두 가지 더 있다. 하나는 다소 사소한 것으로, 주체화를 소위 '자기 대상화self-objectification'와 혼동해서는 안 된다는 것이다. 많은 나라에서 학생들에게 이제 자신의 학습에 주도권과 책임감을 가져야 한다고 말하거나 격려하고 있으며, 학습 계약을 포함하여 그것을 달성하기 위한 구체적인 전략들이 있다. 이것은 자기 규제와 자기 결정에 대한 심리학 이론의 '지지'를 받고 있으나, 이 책에서 추구하고자 하는 실존적 관점에서 볼 때 모두 요점을 놓치고 있다.[7] 언뜻 보기에는 학생들에게 주도권을 넘겨주는 것 같지만, 실은 학생들에게 스스로의 행동을 감시하고 규제하는 자기 관리 모드를 강요하여 기본적으로 자신을 통제와 관리의 대상으로 만들고 있는 것이다. 이것이 자기 대상화가 일어나는 지점이며, 결국은 자신을 관리하는 자아와 관리되는 자아로 뚜렷이 분열시킨다. 이러한 전략들은 학생들에게 권한을 부여하기보다는 종종 교사들의 책임을 그들에게 떠넘긴다. 그리고 대부분의 경우 교사들이 제공한다고 주장하는 권한 위임은 사실 허구적인 것이다. 학생들이 주도권을 가지고 배우지 않겠다거나 학교를 완전히 떠나겠다고 말하는 순간, 그것은 아마도 불가능하다는 말을 들을 것이기 때문이다.

마지막 요점은 주체화를 '책임이 있다' 혹은 더 구체적으로는 '책임을 진다'는 측면으로 이해해서는 안 된다는 것이다. 다시 말하면 주체화는 도덕적 범주가 아니다. 이는 주체화 교육이 도덕 교육의 한 형태, 혹은 도덕적 교화 내지 도덕적 사회화의 한 형태로 이해되어서는 안 되는 것과 마찬가지다.[8] 간단히 말해서 **주체화는 책임에 관한 것이 아니라 자유에 관한 것이다. 여기에는 책임을 지지 않을 자유, 말하자면 책임에서 벗어날 자유가 포함되어 있다.** 결국 앞서 호머 레인은 제이슨에게 시계를 주며 "네가 책임감 있게 행동하기를 바란다"고 말하지 않고, 오히려 "너에게는 자유가 있으며 그것으로 무엇을 할 것인지는 너에게 달려 있다"는 뜻을 나타낸 것이다. 이것은 주체화와 책임이 서로 관련이 없다는 의미가 아니라 그 관계가 다르다는 말이다. 이 점에 유의하는 것이 중요하다.[9] 이는 주체화가 전적으로 또는 자동적으로 긍정적이고 행복한 것이라고 가정하지 않기 위한 것이기도 하다. 인간의 자유는 결국 가장 멋진 결과로 이어질 수도 있지만, 우리가 상상할 수 있는 가장 비참한 것으로 이어질 수도 있다. 그리고 우리의 자유에 직면하는 것 자체가 힘든 일이 될 수 있는 만큼 멋진 일이 될 수도 있다.

에마뉘엘 레비나스Emmanuel Levinas에 따르면 **책임은 우리가 선택하는 것이**

아니라 사실은 직면하는 것이다. 그리고 그런 직면의 순간, 말하자면 책임이 나에게 다가올 때 나의 주체성, 즉 주체로서의 나의 존재가 실제로 중요해지거나 활동하기 시작한다. 지그문트 바우만Zigmunt Bauman은 "책임은 자아의 첫 번째 현실이다"라고 하면서 이 점을 훌륭하게 간파했다(Bauman 1993, p.11). 이 말은 간단히 말해 처음에는 자아가 존재하지 않은 상태에서 자신이 책임을 질 것인지 말 것인지를 결정한다는 의미이다. 책임은 항상 **나**를 부르기 때문에 자아, 즉 '나'에 대한 물음 전체가 중요해지기 시작하는 것이 바로 책임의 상황이다. 하지만 내가 직면하는 책임과 관련하여, 다시 바우만의 유익한 표현을 빌리자면(Bauman 1998 참고), 그것을 '받아들일 것인지' 아니면 벗어날 것인지는 전적으로 나에게 달려 있다. 그것이 나의 자유를 행사하는 것이고 내가 주체로서 존재하는 사건이다. 그러므로 책임에 직면하는 것은 나의 자유 및 주체로서의 유일한 존재와 만나는 '계기'가 된다. 여기서 '유일하다'는 것은, 무엇을 해야 할지 결정하는 것은 바로 나이며 아무도 그것을 대신해 줄 수 없다는 의미이다. 이는 '대체 불가능성으로서의 유일성uniqueness-as-irreplaceability'으로, 무엇을 할 것인지 알아내는 것은 나의 결정이며 그것은 어느 누구도 대신해 줄 수 없다는 말이다. 이는 정체성이라는 현상을 특징짓는 차이로서의 유일성uniqueness-as-difference 개념과는 크게 다르다(Biesta 2017a, 1장 참고). 다시 말해 '차이'가 외부에서 설명하고 살펴보는 것이라면, '대체 불가능성'은 나의 '자아'가 문제가 되는 순간에 직면하는 것이다.

교육의 아름다운 위험

지금까지 주체화의 영역에 상당한 관심을 기울인 것은, 단순히 그것이 세 영역 중 가장 어렵고 아마도 가장 오해를 많이 받는 영역이기 때문이 아니다. 물론 세 영역 중 주체화를 가장 중요하다고 생각하는 측면도 있다. 지식과 기술, 문화, 가치 및 전통이 중요하지 않아서가 아니다. 주체화가 교육의 현장으로 들어올 때에만 우리는 교육 영역에 발을 들여놓은 것이고, 만일 주체화에 그 자리를 마련해 주지 않는다면 교육이 아니라 훈련의 영역에 머물러 있는 것이라 할 수 있기 때문이다. 결국 존 듀이(Dewey 1985, 2장)가 이미 정리한 바와 같이 훈련은 우리가 누군가에게 실행하는 것이지만, 교육은 항상 누군가와 **더불어** 일어나는 것이다. 혹은 나의 표현으로 하자면, 우리는 **대상**을 훈련시키고 **주체**를 교육한다. 따라서 교육, 더 구체적으로는 『교육의 아름다운 위험The Beautiful Risk of Education』(Biesta 2014a)에서 제시한 아이디어로 돌아가서 교육자의 역할과 위치에 대한 몇 가지 추가적인 관찰을 통해 결론을 내린다면, 교육에는 항상 여러 가지 위험이 수반된다. 이러한 위험은 무엇이며 어째서 그것들을 '아름다운 위험'으로 특징짓는 것이 의미가 있는가?[10]

어느 면에서 교육의 위험은 간단하고 분명하다. 교육자인 우리에게는 학생들이 지식, 기술의 이해, 가치, 태도, 행동 방식 및 존재 방식을 배우도록 하려는 의도가 있지만, 중요한 것은 학생들이 '그것을 해내는 것', 그것도 '제대로' 해내는 것이다. 그러나 결코 이것을 당연하게 여길 수 없기에 교육자로서 우리의 의도는 항상 실패할 위험이 있다. 물론 교육자로서 우리가 하는 일의 대부분은 학생들이 교육자의 의도대로 '제대로 해내고' 올바른 지식과 이해, 올바른 가치와 태도 등에 가까이 다가가도록 하는 것이다. 그러나 이것은 교육자가 그들 대신 해줄 수 있는 일이 아니다. 이런 점에서 우리가 교육자로서 하는 일과 학생들이 실제 배울 수 있는 것 사이에는 근본적인 차이가 있다. 왜냐하면 실제로 배우는 것은 학생들의 몫이기 때문이다. 6장에서 더 자세하게 논의하겠지만, 클라우스 프랑게Klaus Prange는 이를 '교육적 간극die Pädagogische Differenz' 이라고 부른다(Prange 2012a 참고).

교육을 제대로 실천하는 것이 중요하기 때문에 오늘날 교육연구와 정책의 상당 부분은 이러한 위험을 줄이는 것을 목표로 하고 있으며, 그런 점에서 전적으로 정당화된다. 그러나 **이 특별한 위험을 줄이려는 의욕에는 임계점**tipping point**이 있다. 이것은 교육이 완벽한 재생산에 지나지 않게 되는 지점이며 교화로 바뀌는 지점, 학생들이 완전히 대상화되었기 때문에 더 이상 주체로서 존재할 수 있는 기회가 없는 지점이다.** 이것은 부분적으로 교육적인 상황과 환경 내에 학생들이 존재할 수 있는 공간이 있는지에 대한 '중대한' 문제이다. 또한 교육을 통하여 학생들이 스스로 의미를 만들고 (사실 의미를 만드는 일은 교사가 학생들 대신 해줄 수 있는 것이 아니다) 미지의 것 혹은 아직은 알려지지 않은 것을 탐구하는 공간을 만들어야 하는 것과 관련된 매우 실제적인 문제이기도 하다. **결국 수업이 끝났을 때 학생들이 경험하고 직면하고 성취할 것을 수업이 시작될 때 미리 말할 수 있다고 생각하는 교사는 학생 없는 교실에서 가르치는 것과 같다고 할 수 있다.** 훌륭하고 의미 있는 자격부여와 사회화에도 이러한 위험의 여지(학생이 배울 것을 미리 예측할 수 없다는 것, 옮긴이)를 남겨 둘 필요가 있다. 왜냐하면 그런 위험이 없으면 학생을 위한 공간도 없어지기 때문이다.

이러한 교육의 목적에 주체화 차원을 추가하는 순간, 행동 관리를 통해서나 교육적 '개입'으로 100% 효과를 달성하려는 노력을 통해서나 학생의 주체성은 극복해야 할 문제가 아니라 교육적 노력의 핵심이자 목적이라는 것이 더욱 분명해진다. 주체화의 관점에서 우리는 학생들이 자기 길을 가기를, 자신들의 자유를 받아들여 성숙한 방식으로 '누리기'를 원한다. 이는 그들이 우리의 예상과는 매우 다른 방향으로, 우리가 그들의 미래에 대해 염두에 둔 것을 노골적으로 거부하는 정도까지 갈 수 있다는 의미이다. 이러한 위험은 교육에도 언제나 존재하며, 주체화의 관점에서는 클라우스 몰렌하우어(Klaus Mollenhauer 1972, p.15)가 말한 것처럼, 교육자로서 우리의 의도가 실패한 의도라는 것, 그것도 **우연히가 아니라 구조적으로 실패한 의도라는 것**을 명심해야 하는 이유 중의 하나이다.

따라서 이것은 교육 특유의 위험이다. 즉 교육이 자격부여, 사회화 및 주체화라는 광범위한 소임을 진지하게 받아들인다면, 학생들이 단지 효과적인 교육적 '개입'의 대상이 아니라 자신의 삶의 주체가 되어야 한다는 것을 인정한다면, 이런 위험을 떠안아야 한다는 것이다. 그러므로 이런 위험을 받아들인다는 것은 사전에 설정된 모종의 결과를 얻는 데 교육이 그리 효과적이지 않음을 의미한다. 바로 이러한 의미에서 이것은 생산적인 위험이 아니다. 또한 이것을 '좋은' 위험이라고 부르기도 망설여지는데, 그로 인해 학생들의 주체성에 대한 (도덕적) 판단에 너무 많은 논의를 끌어들일 것이기 때문이다. 그러나 이런 위험은 학생들이 교육적 환경과 관계 속에서 주체로 등장할 수 **있도록** 한다. 그리고 주체로서 등장하는 것이 중요하기 때문에 여기에 미학적 용어가 어울리는 것이다.

그러나 이러한 위험을 허용하는 것이 교육자에게 있어서 단지 문제가 되는 것만은 아니다. 교육자로서 우리도 그 과정에서 스스로 위험을 무릅쓰기도 하는데, 이것이 교육의 세 번째 (아름다운) 위험이다. 이미 1장에서 언급했듯이 교육에서 위험을 무릅쓰는 이유는 교육이 언제나 하나의 권력 행위로, 초대받지도 원하지도 결과가 보장되지도 않는 '개입'으로 학생들에게 '다가온다'는 단순한 사실과 관련이 있다. 우리는 교사가 '단지' 촉진자, 코치, 동료 학습자 또는 심지어 '단순한' 친구라고 주장하면서 이러한 사실을 숨겨서는 안 된다. 가르치는 일에 있어서 우리는 학생들이 요구하지 않은 것을 제공하기 때문에 이렇게 말할 수도 있는 것이다(다음 장에서 이 문제를 다룰 것이다). 우리가 바라는 것은, 어느 시점에 학생들이 돌아와서 우리가 그들에게 주려고 했던 것이 비록 처음에는 받아들이기 어려웠지만 큰 도움이 되었으며 의미 있는 것이었다고 말해 주는 것이다. 그때가 되면 우리는 일방적인 권력 행사가 권위의 관계로 변하였다고, 외부에서 개입한 것이 학생들로부터 정당성을 인정받았다고 말할 수 있다. 말하자면 외부의 개입이 스토리텔러로서 말을 하고 목소리를 낼 수 있게 '인정'을 받게 되는 것이다.

우리는 교육에서 항상 위험을 무릅쓴다. 그러므로 이 위험이 과연

'해소'될 수 있을지 알지 못한다. 학생들은 끝내 우리의 선물에 '보답'을 해주지 않을 수도 있고, 혹은 단기간에 그렇게 하지 못할 수도 있다. 하지만 처음에는 간섭으로 다가오던 것이 나중에는 실제로 의미 있고 유익하며 중요한 것으로 판명되었다는 것을 깨달을 수도 있다. 그러나 우리의 권력 행사가 '해소되지 않을' 가능성, 학생들이 '보답' 없는 상태로 머물러 있을 가능성은 교육자로서 기꺼이 감수해야 할 위험이기도 하다. 왜냐하면 그것은 전적으로 학생들의 자유에 속하는 것이기 때문이다.

05

학습화, 주어짐, 가르침의 선물

05 학습화, 주어짐, 가르침의 선물

1장에서는 '교육'이라는 말을 동사로 사용하여 교육자들이 실행하는 어떤 것이라고 설명한 바 있다. 여기에는 이미 강조한 바와 같이 '행위의 의도적 회피'라는 범주가 포함된다. 이는 교육적으로 타당하다는 이유로 행동하지 않기로, 개입하지 않기로, 말을 하지 않기로, 같은 말을 자꾸 반복하지 않기로 결정하는 상황에 관한 것이다. 따라서 나는 교육자의 입장에서 교육을 바라보면서 '우리'가 '아이들'과 더불어 무엇을 해야 하는가 하는 문제를 파악하고자 하였다. 교육자의 교육적 과제는 교육받는 사람들의 **자유**를 추구하는 것이지만, 이것은 자신이 하고 싶은 것을 할 수 있는 자유가 아니라 세계 안에서, 세계와 더불어 누리는 성숙한 자유라는 것을 유념해야 한다.

이와 관련하여 실행해야 할 교육의 과제가 있어야 하는 이유는 이러한 자유를 당연하게 받아들여서는 안 되기 때문이다. 여기서 루소의 통찰력이 여전히 중요성을 발휘한다. 그것은 우리의 자유가 '외부'와 '내부'로부터, 즉 우리의 존재를 장악하려는 모든 사회적 힘과, 필립 메리외가 지적했듯이, 삶 전반에 걸쳐 우리를 괴롭히는 '유아적' 충동으로부터 끊임없는 위협을 받고 있기 때문이다. 그렇기 때문에 나는 새로운 세대들에게 성숙한 자유를 누릴 '공정한 기회'를 주는 것이 교육자가 짊어져야 할 하나의 과제(어쩌면 모든 과제가 여기에 귀결될 수도 있다)라고 주장해 왔다. 여기서 중요한 것은 아이와 학생의 자유, 말하자면 그들이 주체로서 존재하는 것이다. 따라서 교육의 과제를 수행하는 데는 항상 위험이 수반된다. 이것은 이 과제가 통제의 형태로 이루어질 수 없을 뿐만 아니라, 4장에서 논의했듯이 교육자로서 이러한 과제를 수행할 때는 스스로 위험을 감수해야 하기 때문이기도 하다.

이와 같이 내가 교육에 대해 ('동사'로서의 교육이라는) 특정한 관점과 (우리가 가르치는 주체로서의 성숙한 존재에 대한) 특정한 관심에서 접근하고 있다는 사실이 학생들과 그들의 학습에 초점을 맞추지 않는 이유를 설명하는 데 도움이 되었으면 한다. 그 이유는 학생들이 중요하지 않다고 주장하거나 학습이 존재한다는 것을 부인해서가 아니라 (물론 학습이란 용어를 매우 피상적으로 사용하는 점에 대해 여전히 우려하고 있기는 하지만), 교육의 과제는 학생과 학습으로 환원될 수도, 이런 개념으로 이해될 수 있는 것도 아니기 때문이다. 이와 관련하여 또 다른 교육적 간극이 '가르침'과 '학습' 사이뿐만 아니라(가르침이 학습을 결정하지 않는다는 프랑게의 논점, Prange 2012a 참고), (동사로서의) 교육에 대한 담

론, 실천 및 현실과 '학생의 과제'에 대한 담론, 실천 및 현실 사이에도 존재한다.[1]

그러나 이것은 지금까지 논의한 것이 학생에게 아무런 의미가 없다거나 학생의 관점에서 중요하지 않다는 뜻이 아니다. 나는 이전의 저작에서 '~로부터 배우는 것learning from'과 '~에게서 가르침을 받는 것being taught by'을 구별함으로써 이 점을 분명히 하고자 했다(Biesta 2013b 참고). 우리는 (가르침을 받지 않고도) 다른 사람들을 관찰하고 그들의 말을 경청하고 그들을 모방하려 하면서 많은 것을 배울 수 있지만, 그것은 항상 우리 자신의 활동에 머물러 있다. 물론 여기에는 아무런 문제가 없다. 이것은 '급진적인' 것이든(von Glasersfeld 1995) 아니면 다른 무엇이든 구성주의의 진리라고 할 수 있다. 그러나 '~에게서 가르침을 받는 것'은 방향이 다르며 여기서 '구성주의 메타포'의 한계가 드러나기 시작한다(Roth 2011, 7장에서 다시 살펴볼 것이다). '~에게서 가르침을 받는 것'은 바로 나의 외부에 있는 세계로부터 혹은 그런 세계에 대해서 무언가를 배우려고 하는 문제에 관한 것이 아니다. 말하자면 그것은 나의 외부에 있는 세계를 어떻게 이해하고 어느 정도의 이해에 이르기 위해 어떤 노력을 할 것인가에 관한 문제가 아니라는 것이다. 그것은 내가 추구하고 있던 것, 바라거나 원하던 것과 상관없이 나에게 다가오는 것, 나에게 주어지는 것, 나에게 도달하는 것인데, 이는 항상 예기치 않은 멈춤이 일어난다는 뜻이다. 이 멈춤이 반드시 나쁜 것만은 아니며, 불편한 진실이 될 수는 있겠지만, 이것은 무엇보다도 삶의 진실이다.

내가 『가르침의 재발견The Rediscovery of Teaching』(Biesta 2017a)에서 더 역

점을 두어 주장했던 것 가운데 하나(이에 대해서는 『예술로서의 가르침 Letting Art Teach』(Biesta 2017c)이라는 얇은 책에 보다 자세히 예시되어 있음)는 우리가 이 두 번째 방향('가르침을 받는 것', 옮긴이)에 대한 '의욕', 즉 내가 어딘가에서 언급했던 초월에 대한 '의욕'(Biesta 2015c; 또한 Biesta 2017d 참고)을 상실해 버렸을지도 모른다는 점이다. 이것은 인간의 조건, 즉 세계世界-내內-존재存在[2]를 이해하고자 하는 이론과 철학의 차원뿐만이 아니라 교육의 이론과 실천 차원에서도 사실이다. 교육의 이론과 실천은 매우 많은 영역에서 전적으로 학생 혹은 학습자 중심이 되어 버렸다. 그리고 충동적인 사회는 우리 자신과 우리의 욕망을 중심에 두지 않는 일과 관련하여 겪게 될 어려움을 보여 주는 또 하나의 중요한 징후이다.

이번 장에서는 이러한 문제들 중 몇 가지를 좀 더 자세히 탐색해 보고자 한다. 이를 위하여 교육의 '학습화'에 관하여 과거에 언급했던 우려들을 다시 논의하는 한편, 가르침을 '외부'에서 도착하는 '선물gift'로 이해할 수 있는 방식, 즉 가르침을 받는 경험의 측면에서 바라보는 방식을 좀 더 자세히 살펴보고자 한다. 또한 '주어짐givenness'이라는 개념과 그 가능성에 대해 보다 근본적인 철학적 논의를 진행할 것이다.

나는 이전 저서(특히 Biesta 2017a, 3장 참고)에서 '해석학적 세계관'이라는 것에 대해 우려를 표명한 바 있다.[3] 세계와 우리의 관계는 무엇보다도 의미를 만들고 이해하는 것이라는 관점을 간단하게 표현하기 위해 이 용어를 사용했다. 누군가 말했듯이 인간은 '의미를 만드는 동물'이다(이 표현과 관련해서는 Glaser 1998, p.32 참고; 좀 더 미묘한 관점으로는

Burke 1966 참고). 이것은 자아에서 세계로 나아가는 몸짓gesture이다. 내가 이번 장에서 제시하는 '주어짐'에 대한 탐색에서는 반대 방향으로 나아가는 '몸짓'의 가능성을 보다 긍정적으로 바라볼 것이다.[4] 이러한 몸짓에 자리를 내어 주는 것이 왜 중요한지 그리고 그렇게 하려고 할 때 어떤 어려움이 있는지를 분명히 밝히고자 한다. 나는 이 모든 것을 통해—물론 이것을 통제하는 것은 교사가 아닐 수도 있지만(Biesta 2019e 참고)—가르침에는 문자 그대로 무언가가 주어지는 것이 있다는 점과 이러한 이유로 모든 교육의 문제를 학습으로 환원하는 것은 문제가 있다는 사실에 더 많은 의미를 부여할 것이다. 또한 '가르침을 받는다'는 바로 그 가능성이 실은 인간의 조건에 대해 독특하고 유일무이한 것을 드러낼 수 있다는 주장에 대해서도 지지를 보낼 것이다.

학습화 회고

약 10년 전 '학습화'라는 용어를 창안했던 것(Biesta 2009 참고)은 무엇보다도 '학습이라는 새로운 언어'의 등장으로 인해 교육의 담론과 실천이 문제 있는 영향을 받고 있음을 지적하기 위함이었다. 당시 내가 주로 우려한 것은 '학습자', '학습 환경', '학습 촉진자', '평생학습'과 같은 개념들의 등장으로 '학생', '학교', '교수 활동', '성인 교육'과 같은 보다 오래된 개념들이 사라지고, 학습이 무엇에 관한 것이어야 하는지, 더 중요하게는 학습이 무엇을 위한 것이어야 하는지에 대한 물음은 도외시한 채 교육의 모든 것을 학습의 측면에서 접근한다는 사실이었다. 특히 나를 가장 걱정스럽게 한 것은 (교육이 '학습'을 유발해야 한다거나 '학습의 성과'를 효과적으로 산출해야 한다는 등의 공허한 진술 외에) 교육의 목적에 대한 미묘한 논쟁이 실종되었다는 점이었다. 그래서 교육에 있어서는 앞 장에서 보다 자세히 살펴본 세 가지 영역의 목적(자격부여, 사회화, 주체화)에 항상 관심을 갖고 방향 설정을 해야 한다고 주장했던 것이다.

10년이 흐른 시점에도 학습화라는 주제가 여전히 제자리를 유지하고 있다고 주장하고 싶다.[5] 학습과 관련된 화두는 여전히 교육계에 만연해 있다. '딥러닝,' '뇌 기반 학습', '머신러닝' 등 새로운 용어들이 교육의 대화에 들어왔다. 그리고 정책 입안자들은 학교에 '매년 모든 학생에게 최소한 한 해 동안의 학습 성장을 제공해야 한다'는 식의 놀랍지만 전혀 이해할 수 없는 결정들을 끊임없이 내려보내고 있다(Department of Education and Training 2018, p.x; 비판적인 토론에 대해서는 Allan, Rowan & Singh 2018 참고). 교육의 목적이라는 문제에 관심이 커지고 있다는 증거가 있기는 하지만(예: Hattle & Nepper Larsen 2020 참고), 교육의 정책과 연구 및 실천에서 확인할 수 있는 많은 사실들은 상당 부분 학습에 1차원적으로 초점을 맞추고 있음을 보여 주는데, 이 역시 전 세계의 교육측정산업이 장려하는 프레임이 교육계를 지배하고 있기 때문이다. 그러므로 교육의 목적에 대한 논의를 지속하는 것은 여전히 중요하다.

그러나 내가 이 학습화라는 용어를 사용하기 시작할 당시 학습화 테제에 그다지 두드러지지 않던 또 하나의 측면이 있는데 그것을 완전히 파악하기까지 다소의 시간이 걸렸다(첫 번째 설명은 Biesta 2015b 참고). 이와 관련한 핵심적인 아이디어는 가르치는 일, 보다 일반적으로는 교육적 노력의 전체 스펙트럼이 반드시 학습으로 **귀결**되어야 하는 것은 아니라는 것이다. 이는 가르침이 반드시 학습이 되어야 하는 것은 아니라는 의미이기도 하다. 그리고 학습보다 교육에 더 많은 것이 있듯이 **가르침**에도 학습보다 더 많은 것이 있다고 보는 주된 이유는 학습보다 더 많은 것이 삶에 있기 때문이다. 결국 로자 파크스와 아돌프 아이히만 모두 학습을 했지만, 그것을 가지고 무엇을 했느냐가 서로 다른 지점이었다. 다시 말하면 그들이 배운 모든 것으로 그들의 '나'를 어떻게 작동시켰느냐가 다른 지점이라는 것이다. 그러므로 베너Benner(2020)의 주장과 달리 교육에서의 '부름Aufforderung'은 학습에 대한 질문이 아니라 '나'에 대한 물음, 즉 '내가' 배운 모든 것을 가지고 무엇을 할 것인가, 특히 배운 것이 중요한 문제가 될 때 무엇을 할 것인가 하는 물음이 핵심이 되어야 한다. 다시 말하면 교육에서의 '부름'은 학습자가 아니라 **자아**가 되라는 것이다. 이것이 바로 가르침이 학습으로부터 '자유로울' 필요가 있다는 주장이 중요하다고 판단한 핵심적인 이유이다(Biesta 2015b). 그래야 학습 너머에 있는(Biesta 2006a) 다른 '실존적 가능성'(ibid.)이 모습을 드러내어 작동할 수 있기 때문이다.

나는 분석철학의 전통에서 연구하는 미국의 교육철학자들에게서 이러한 학습화 테제의 차원을 탐색하는 데 도움이 되는 시사점을 찾아냈다. 흥미롭게도 그들의 연구는 새로운 학습 언어의 출현보다 훨씬 앞서 있었다(예: Fenstermacher 1986, Biesta & Stengel 2016 참고). 코미사르Paul

Komisar의 입장이 가장 확실한데, 그의 주장에 따르면 "**학습은 교사가 산출하고자 의도하는 것이 아니다**"(Komisar 1968, p.183; Komisar 1965 참고). 그는 수동적인 학습자나 학생이 아닌 '참관인'의 '인식'이란 측면에서 접근해야 가르침의 의도를 더 잘 포착할 수 있다고 주장했다. **가르침의 행위가 갖는 핵심을 제대로 파악할 수 있는 것은 후자**이기 때문이다(Komisar 1968, p.191; 강조는 원문). 이 표현에서 한 가지 유익한 것은 학생으로서의 '나 (I)'를 고려 사항에 넣는다는 것이다. 가르침의 핵심을 파악하려고 노력하는 사람은 결국 가르침을 수동적으로 받아들이거나 교과 내용을 순종적으로 재현하지 않는다. 여기서 얻을 수 있는 또 한 가지의 이점은 가르침의 '핵심'에 상당히 광범위한 선택의 스펙트럼이 포함될 수도 있다는 것이다. 그중에서 학습은 여러 선택지 중 하나의 가능성일 뿐 유일한 것이 아니다.

앞에서도 언급했듯이 가르침과 학습 사이에 간극이 생기는 중요한 이유는 삶에는 학습보다 더 많은 것이 있다는 주장과 관련이 있다. 다시 말하면 학습은 세계 안에서 그리고 세계와 더불어 존재한다는 것이 무엇을 의미하는지 정의하지도, 관련 논의를 종결짓지도 못한다(그렇게 주장하는 학습 이론가들도 일부 있기는 하다). 오히려 삶에는 전 영역에 걸친 '실존적 가능성'(Biesta 2015b)과 실존적 도전이 존재하며, 학습은 단지 그중 하나일 뿐이다. 그리고 교육의 과제는 학생들에게 '학습자'의 자리와 그 정체성을 제시만 하는 것이 아니라 그 영역을 열어 주는 것이다(Biesta 2010c 참고). 그러나 교육의 핵심은 실존적인 것에 그치지 않으며 고도로 정치적인 것이기도 하다. 즉 교육은 우리의 존재를 어떻게 이해하고 그것을 어떻게 교육에서 실천에 옮길 것인가 하는 것에만 관심을 두지 않는다. 특히 정책입안자, 정치인, 세계적 차원의 교육측정산업 그리고 '21세기 기술 파트너십partnership for 21st century skills'과 같은 로비 단체들이 평생 학습자가 되라고 요구함으로써 사람들을 '배움의 자리'로 내모는 시도에 대해서도 대응한다(Biesta 2018b 참고).

이러한 배경에서 나는 최근에 가르침의 재발견(가르침의 회복이라고도 생각한다)을 정당화하는 주장을 명확하게 제시한 바 있다(Biesta 2017a). 이것은 한편으로 가르침을 교육자로서 부끄러워해야 할 시대에 뒤떨어진 과거의 것으로 보는 것이 아니라, 교육적 노력에 있어 본연의 자리로 회복시키려는 것이다. 즉 가르침을 조금이나마 교육으로 되돌려 놓으려는 것이다(Biesta 2012). 또 한편으로는 교육을 특징짓는 것은 학습이라는 현상이 아니라(학습은 교육이 아닌 상황에서 가르침이 없이도 일어날 수 있다), 정확히 말하면 가르침의 존재 그리고 가르침과의 만남이라는 것을 강조하기 위함이다. 말하자면 학습은 교육에 대해 우연적이지만 가르침은 교육에 필연적임을 주장하고자 하는 것이다. 물론 (일방향적인) 수업으로서의 가르침이나 (권위주의적) 통제로서의 가르침이라는 편협하고 구태의연한 개념으로 전락하지 않으려면 세심한 고려가 필요하다.

어떤 의미에서 학습은 항상 학습자, 즉 지식과 기술 및 이해를 습득하려고 하는 사람, 수렵채집하듯이 이런 것들을 찾을 수 있는 '자원'으로 자연과 사회라는 세계에 접근하는 사람으로부터 시작되고 발생하는데 반해, 가르침은 '어딘가 다른 곳'에서 학생에게 다가오는 것처럼 학습과는 반대 방향으로 움직인다.[6] 이 '어딘가'가 무엇인지에 대한 질문은 더 많은 검토를 필요로 하는데, 그 이유는 이것이 반드시 가르침의 기원이 되는 교사가 아닐 수도 있기 때문이다(Biesta 2019e 참고). 이전 연구(Biesta 2013b)에서 나는 이 역동성을 가르침의 **선물**이란 측면에서 탐구한 바 있다.

이와 관련하여 이어지는 도전과제는, 보다 일반적인 용어로, 소위 가르침의 **주어짐**givenness이라는 것을 어떻게 이해할 수 있는가 하는 것이다. 바로 이것이 이번 장에서 다루고자 하는 도전과제이다. 여기서 한 가지 특별한 어려움은 이 '주어짐'을 **이해하는 것**이 우리에게 달려 있다고 생각한다면, 그 개념을 충분히 진지하게 받아들이지 않고 있는 것이다. 주어짐을 이해한다는 것에는 그것을 우리의 이해 속에 '가두려고' 하는 위험이 수반되는데, 정확히 말하면 '주어짐'은 그런 것이 아니다. 내가 보기에 이러한 난제에 꽤 생산적으로 접근해 온 저자가 있는데, 바로 프랑스의 철학자 장 뤽 마리옹이다. 이어서 '주어짐'에 대한 그의 몇몇 사유를 논의하면서 이를 주어짐 및 가르침의 선물에 대한 문제와 연결 지을 것이다.[7]

주어진 것Being Given

지난 40년 동안 장 뤽 마리옹Jean-Luc Marion은 철학사, 신학, 현상학의 역사를 포함한 여러 분야에서 중요한 공헌을 해 왔다. 그는 이 세 영역을 다룬 저서에서 이들 간의 상호관계를 명확히 밝히고 있다. 사실 세 권의 주요 저서[8]와 다른 수많은 저서(특히 Marion 1998, 2002a, 2002b, 2011, 2016 참고)에 표현되어 있는 현상학에 대한 그의 공헌을 적절히 재구성하는 것은 이번 장의 범위를 훨씬 넘어선다. 나는 좀 더 겸손하게 그의 텍스트에서 한 가지 주제를 선정하여 논의하고, '주어짐'의 현상을 조명하기 위해 하나의 특정 '방법'을 활용할 것이다. 마리옹에게는 이 또한 현상의 주어짐과 관련이 있다.

주어짐Givenness의 탐구

'주어짐'은 마리옹의 저서의 중심 주제 가운데 하나이며, 그가 일관되게 추구해 온 물음이다. 앞서 언급한 바와 같이 '주어짐'의 핵심은 **주어진 것**given이지 취하는 것taken이 아니기 때문에 우리의 의미 부여 활동으로부터 나오는 것이 아니며 그런 행위에 의존하지도 않는다.[9] 이러한 사실을 고려할 때, 우리는 과연 주어짐을 이해할 수 있을까? 만일 그렇다면 어떻게 이해할 수 있을까? 이것은 첫째로 마리옹의 물음에 **인식론적 측면**이 있다는 것을 보여 준다. 왜냐하면 이 물음은 '지식이 과연 인간에 의해 구성되는 것인가? 그렇다면 어느 정도까지 그렇게 되는가? 아니면 지식은 인간에게 주어지는 것인가? 그렇다면 어느 정도까지 그렇게 되는가' 하는 물음을 제기하기 때문이다. 둘째, 마리옹의 물음에는 **신학적 측면**도 있는데, 이것은 그의 저서에서 두드러지게 나타난다. 간단히 말해 '주어짐'의 문제는 계시가 가능한 것인가,[10] 아니면 '저 너머'에서 우리에게 오는 모든 것은 어떤 식으로든 우리가 만들어낸 것인가, 혹은 적어도 우리 자신의 이해나 의미 부여를 필요로 하는 것인가 하는 물음과 관련이 있다. 셋째, 이는 마리옹의 물음이 우리를 **해석학의 영역**으로 끌어들인다는 의미이다. 이것은 특히 다음과 같은 질문과 관련이 있다. 인간은 누가 뭐래도 해석하는 존재인가, 즉 의미를 만드는 동물인가(Glaser). 케네스 버크Kenneth Burke의 표현으로 '상징을 사용하고 상징을 만들고 상징을 잘못 사용하기도 하는 동물인가'(Burke 1966, p.6), 아니면 의미를 부여하는 행위에 선행하는, 선행해야 하는 어떤 것이 있는가? 네 번째로 '주어짐'의 문제는 마리옹의 물음이 사태에 대한 해석보다는 '사태 그 자체the things themselves'로 돌아가고자 하는 후설의 야심에서 출범한 현상학의 문제이기도 하다는 의미이다. 아울러 이것은 '나'에 대한 문제도 제기하는데, 이는 마리옹이 추구하는 다섯 번째 차원의 물음이다. 간단히 말하면 이것은 모든 것이 '나'로부터 시작되는가 아니면 '나'에 앞서 존재하는 어떤 것이 있는가 하는 문제이다.

이러한 질문의 묶음들을 모두 다루려는 마리옹의 의욕에 경의를 표해야 할 것이다. 모든 측면의 문제를 풀려는 첫 시도부터 우리는 이미 현대 철학의 큰 질문, 어쩌면 철학 전반의 큰 질문들의 핵심에 와 있음을 알 수 있기 때문이다. 게다가 이 질문들은 단지 철학적인 것만이 아니라 인간 존재 자체에 대한 큰 물음들도 다루고 있다. 어떤 의미에서 이것들은 시대를 초월한다. 또한 오늘날의 주요 이슈들에 대해서도 목소리를 내고 있다. **자아가 세계의 중심에 있고 세계는 단지 자아가 정복하고 지배하고 소비하기 위해 존재하는 것인가를 물음으로써 신자유주의에 도전하고 있는 것이다. 이것은 마리옹의 질문이 생태학적 위기와 민주주의의 위기 모두에 대해**

발언하고 있음을 의미한다.

마리옹은 또한 종교적인 세계관, 즉 초월에 대한 '믿음'이 현대 세계에서는 설 자리가 없는, 시대에 뒤떨어진 미신의 한 형태인지 아니면 초월과의 만남이 많은 이들의 생각과 달리 무시하기 어려운 것인지에 대해서도 질문을 던지는데(Biesta 2017d 참고), 이것은 '탈세속주의postsecularism'의 문제이다(Harbermas 2008, 2010 참고; 또한 Biesta & Hannam 2019 참고). 그리고 교육의 측면에서도 마리옹의 '개입'은 중요하다. 왜냐하면 그것은 **가르침이 실제로 가능한지**, 아니면 교육적인 모든 것이 학습으로 환원될 수밖에 없는 것인지를 묻고 있기 때문이다. 다시 말해 '~로부터 배우는 것'과 '~에게서 가르침을 받는 것'의 구분이 의미가 있는지 묻고 있는 것이다.

마리옹의 원리

"자신을 보여 주는 것show itself은 무엇이든지 먼저 자신을 주어야 한다give itself."[11] 이것은 마리옹이 주어짐의 사상에 관해 제시하고 있는 간단한 표현(Marion 2011, p.19)[12]으로, 그는 이것을 '원리'라고 지칭하기를 다소 주저한다. 이 표현은 앎이라는 의도적인 '행위'가 누군가에게서 일어나려면 그에 앞서 무언가가 아는 자knower에게 주어져야 한다는 것을 암시하기 때문에 이미 중요한 인식론적 핵심을 포함하고 있다(Roth 2011 참고). 물론 그(아는 자)의 상태로 추정되는 것이 무엇인지 그리고 무언가가 도달하기 **전에** 그(아는 자)가 이미 거기에 있다고 가정할 수 있는지 등의 의문은 남는다(이어지는 논의를 보면 마리옹은 이를 부인한다). 마리옹은 자신의 원리가 주어진 **내용**이 아니라, '주어짐'의 **방식**에 대한 관심을 표현하는 것임을 강조한다. 다시 말하면 그는 '**현상성의 양식, 즉 현상의 방식**으로서의 주어짐'에 관심을 두고 있다(Marion 2011, p.10; 강조는 원문). 그의 설명에 따르면 이것은 "직접적으로 주어진 것, 지각의 내용 또는 생생한 의식의 경험, 즉 주어진 어떤 것의 경험이 아니라 무엇이 주어졌다면 주어질 때의 현상화 방식에 관한 것"이라고 설명한다(Marion 2011, p.19). 다시 말해 마리옹은 **무엇**이 주어졌는지에 집중하기보다는 '주어짐'이 **무엇인지**를 이해하려고 한다.[13]

좀 더 철학적인 용어로 말하면 마리옹은 주어짐의 존재론 혹은 형이상학이 아니라 주어짐 현상의 **현상학**을 탐구하고 있다는 의미이다(Marion 2011, p.20 참고). 주어짐의 존재론 혹은 형이상학이라면 주어진 '무엇'의 정확한 본질을 구체화하려고 할 것이고, 또한 이 '무엇'에 부여하는 것을 구체화하려고 할 것이다. 그렇게 되면 그것은 주어진 '장면'의 앞뒤에서 무슨 일이 일어나고 있는지 '전체 그림'을 보여 주려 할 것이다. 앞에서 언급했듯이 이러한 의욕의 문제는 주어짐 자체를 **초월하려고** 하는 것이고, 따라서 주어짐 자체에 대한 설명을 멈추는 일이 될 것이다. 더욱이 그것은 주어짐이라는 현상의 '배후'를 조사하려는 야심으로 인해 '자신을 보여 주는 것은 무엇이든지 먼저 자신을 주어야 한다'는 바로 그 원리를 부정하게 될 것이다. 어떤 의미에서 이것은 주어짐을 거부하는 것이다. 그래서 주어짐에는 현상학이 필요한 것이다.

마리옹의 연구에서 흥미로운 점은 그가 이 주제를 매우 일관성 있게 밀고 나간다는 것이다. 언뜻 보기에는 종종 직관에 반하는 진술과 결론으로 이어지는 것 같지만, 이것이 마리옹이 하고자 하는 일의 핵심이라고 말할 수 있다. 그는 우리의 직관을 폭로하고, 어떤 의미에서는 시험하고 있다. 마리옹의 주장 가운데 하나는, 자신을 표현하는 모든 것은 이미 존재하는 의식에 자신을 표현하고 있다는 인식론적 가정[14]에 도전하는 것이다. 이러한 인식론적 관점에서 보면 스스로 주는 것은 소멸하기 시작한다는 점을 어렵지 않게 알 수 있다. 그렇게 표현되는 것, 즉 주어진 것은 안다는 의식의 활동에 달려 있기 때문이다. 이것이 바로 지식이 초월적 자아에서 시작된다는 칸트의 지식관이며, 이러한 초월적 자아는 세계에 '앞서' 존재하며 현상을 경험의 조건에 따라 나타나는 대상으로 인식한다(Marion 2016, p.47 참고).[15]

그래서 마리옹은 주어짐을 진지하게 받아들이려면 현상이 현상 아닌 것에 의존하지 않고 자체의 본질대로 나타난다고 가정해야 한다('받아들여야 한다'는 표현이 여기에 더 잘 어울릴 것이다)고 주장하는 것이다(Marion 2016, p.48). 이는 또한 현상이 스스로에게서 독립적으로 주어지며(Marion 2016, p.48), 다른 무엇이나 다른 누군가에게 주어진 것이 아니라는 의미이다. 다시 말해 '주어짐'을 진지하게 받아들인다는 것은 주어지는 모든 것의 원인이 되는 어떤 커다란 증여자가 하늘에 있다고 가정하지 않는다는 의미이다. 이것은 신에 대한 어떤 관념의 문제이자 교사에 대한 어떤 관념의 문제이기도 하다. 즉 여기서 마리옹은 모든 것의 제1원인인 신God에 대한 관념에 도전하듯이 '지배하는 자'로서의 교사에 대한 관념, 보다 구체적으로는 '학습'의 원인으로서 교사라는 관념에 도전하고 있는 것이다.

세 번째 환원

　마리옹은 현상학이라는 철학적 전통 안에서 자신의 노력을 규명하고 있다. 왜냐하면 현상학으로서 철학의 가장 근본적인 포부에는, 그가 설명했듯이, 현상이 자체적으로 확장되고 스스로를 현시하도록 하는 것(Marion 2016, p.48), 혹은 후설Husserl의 표현에 의하면 '사태 자체로 돌아가도록!' 하는 것 외에 다른 목표가 없기 때문이다. 이와 관련해서 마리옹의 연구에는 두 번째 독창적인 주제가 있는데 그것은 현상학에서 '환원'의 지위에 관한 것이다. 마리옹은 현상학에 '세 번째' 환원이 필요하다고 주장한다. 그것은 단지 대상으로의 환원(Husserl)이나 대상의 존재로의 실존적 환원(Heidegger)이 아니라 주어짐 자체로의 환원이다. 마리옹의 설명에 따르면 환원이란 "내가 인지하는 모든 것을 당연하게 여기거나 나에게 일어나는 모든 일을 동일한 정도의 증거가 있는 것, 따라서 그 정도로 확실한 것으로 받아들이는 것이 아니라 각각의 경우에 실제로 주어진 것을 단지 짜 맞추어지거나 추론된 것 혹은 간접적으로 얻어진 것과 구분하기 위해 의문을 제기하는 것"을 말한다 (Marion 2017, pp.72-73).

　이러한 포부는 후설의 사태 그 자체로의 회귀 그리고 사물과 존재('존재자'와 '존재') 간의 차이를 명확히 하려는 하이데거의 노력에서 핵심적인 것이었다. 그러나 내가 여기서 제시하는 것보다 훨씬 더 정교한 토론에서 후설과 하이데거가 어떤 의미에서 '주어진 것the given'의 환원에 철저하지 않았다는 것이 마리옹의 핵심적인 주장이다. 마리옹에 따르면 후설은 '주어짐giveness에 대해서 알았으며' 환원을 통해서만 주어짐에 도달한다는 것을 알았지만, 주어진 것은 대상성 혹은 대상에 관한 이론의 문제라는 전제에 상당 부분 머물러 있다고 비판한다(Marion 2017, p.77). 따라서 마리옹은 하이데거가 대상의 존재에 '머물러' 있듯이 후설도 대상에 '머물러' 있다고 주장한다. 마리옹이 볼 때 "대상성 objectness(Husserl)과 존재성beingness(Heidegger)은 주어짐을 명명함naming에 있어서 구체적이고 가능한 사례들만 제공할 뿐 가장 정당한 사례들은 제공하지 않는다"(Marion 2017, p.78). 그러므로 "보다 더 독창적인 세 번째 환원…, 말하자면 주어짐의 환원"이 필요하게 된다(Marion 2017, p.79).[16]

사태에 대한 두 가지 태도

이 장에서는 마리옹의 주어짐의 현상학에 대해 더 자세히 설명할 여유가 없다. 하지만 이 절을 마무리하면서 보다 실천적이거나 일상적인 언어로 주어짐의 현상과의 만남에 대해 좀 더 논의를 진행하고자 한다. 이는 '나'의 문제에 대한 모종의 시사점을 도출하기 위한 것이기도 하다. 이 모든 것은 이어서 논의할 가르침에 대해 탐색하는 데 중요한 '토대'가 된다. 왜냐하면 가르침이 배움으로 환원되지 않고 그 자체로 그리고 그 나름으로 성립할 수 있는 가능성, 즉 가르침이란 개념(가르침 현상의 개념이라고 할 수도 있다)의 가능성은 어떤 면에서 주어짐이 그 자체로 존재할 수 있는지, 아니면 자아의 인지적 활동에 계속 의존해 있는지에 달려 있기 때문이다. 다시 말하지만 이것은 '~로부터 배우는 것'과 '~에게서 가르침을 받는 것' 사이의 구별이 의미 있는 것인지 아닌지에 대한 질문이기도 하다. 그렇다면 (앞서 언급한 내용에 유의하여)

여기서 일어나고 있는 것을 어떻게 이해해야 할까? 그리고 특히 '주어짐'을 진실로 진지하게 받아들인다는 것은 자아에게 어떤 의미가 있을까?

　이러한 사고방식은 사태에 대해 두 가지 '태도'를 가질 수 있다는 마리옹의 주장과 관련이 있다.[17] **첫 번째**는 '가장 널리 퍼져 있고 우리가 대비하는 차원에서 미리 익히는 태도'(Marion 2017, p.83)로서 "주변에 있는 것들이 우리를 놀라게 할 가능성들을 줄이는 것으로 구성되어 있다. 따라서 우리는 그 가능성들을 더 잘 통제하는 방법을 지속적으로 배우게 된다"(Marion 2017, p.83). 마리옹에 따르면 이러한 태도를 통해 "우리는 사실상 상황과 사고를 예측하고 반응하고 통제하고 수정하고 안전해지기를 기대한다"(Marion 2017, p.83). 우리는 본질적으로 기능적인 대상들로 둘러싸인 세계에 살고 있는데, 이런 대상들은 우리에게 유리하도록 의도되고 계획되어 있기 때문에 그에 맞게 기능한다(Marion 2017, p.83). 이것들이 계획대로 기능한다면 우리는 (세계의) 중심에 위치하게 된다(Marion 2017, p.83).

　이러한 태도를 가지고 "우리는 마치 자연의 주인과 소유자에 버금가는 자로 자연을 통제하면서 대상으로 구성될 수 있는 것들만, 말하자면 우리의 이해력으로 파악할 수 있는 것들만으로 조직한 세계에 살고 있다"(Marion 2017, p.83). 위험을 회피하기 위해 이렇게 "대상적 특징이 있는object-ive" 세계를 구성하는 것이다. 그러나 마리옹은 다음과 같이 묻는다. "위험을 회피하는 것이 예상하지 못한 것, 즉 대상으로 구성되지 않은 것, 우리 자신을 지킬 수 없는 것을 멀리하는 것이 아니라면 그 외에 어떤 다른 의미가 있겠는가?"(Marion 2017, p.83) 마리옹에 따르면 이런 태도는 미래에 일어날 일에 대해 신중하게 생각하는 것, 즉 앞일을 예상하는 것에는 매우 유익하지만, "이러한 합리성은 … 대상으로 부를 수 있는 그런 차원의 현실만 유지할 뿐 그 외에 다른 것은 원하지 않는다"(Marion 2017, p.84).

그러나 이러한 대상은 "매우 하찮고 피상적인 차원의 사태만 제공한다. 그것은 … 예견할 수 없고 예상할 수 없는 모든 것, 알 수 없다고 하는 것은 제쳐놓는다"(Marion 2017, p.84). 하지만 "주어진 것이 드러나는 것"은 바로 여기, 즉 예견과 예상을 넘어선 차원이다. "왜냐하면 예견이나 예상을 넘어서는 것은 무엇보다도 대상화에 **저항**하는 특징이 있고, 또한 스스로 주어진 것이기 때문이다"(Marion 2017, p.84; 강조는 추가). 말하자면 주어진 것을 찾는 일은 우리(에고)에게 달려 있지 않다고 마리옹은 부언한다. 오히려 "현상이 비대상으로서의 특성으로 자신을 드러내는 한 (…) 주어진 것, 즉 현상 속에서 자아ego가 어떤 방식으로 자신을 나타낼지 알아야 하는 지점과 순간이 묘사되지만, 자아가 그 지점과 순간을 결정하지는 않는다"(Marion 2017, p.85)는 것이다.

마리옹에 따르면 여기서 에고는 중심의 위치를 떠나 '사건에 순응하고 대상을 보되 예견하지 않는다.' '예견하지 않고 본다는 것'은 대상에 대해 아는 것seeing-of-objects에 정반대이다. 따라서 우리는 세계에 대한 대상적인 관계가 뒤바뀌는 상황에 직면하게 된다. 세계를 지배하는 것은 우리가 아닌 것이다. 오히려 "주어짐의 경우에 우리는 사태의 명령을 받고, 그것을 경험하기 위해 소환된다"(Marion 2017, p.85). 우리는 또한 문자 그대로 '사로잡힌다being seized'는 의미에서 놀란다고 말할 수 있다.[18] 마리옹은 트리니티 온 더 마운트Trinity-on-the-Mount 수도원의 회랑에 걸려 있는 그림을 예로 보여 준다. 여기서 그림을 보려면 비밀스러운 특정 지점에 자리를 잡아야 한다. 그의 설명에 따르면 이 지점은 **"관람자가 아니라 그림이 결정하기 때문에 이 그림을 보려면 관람자가 그림에 순응해야 한다"**(Marion 2017, pp.84-85). 마리옹은 이 원리를 **"아나모포시스**anamorphosis"[19] 라고 부르는데, 이것은 '내'가 대상으로서 세계에 접근하게 되는 '~로부터 배우는 것'과 '내'가 단순히 주체 자체가 아니라, 더 정확하게는 주체화되는 것, 즉 자신의 주체로서의 특성subject-ness에 직면하게 되는 '~에게서 가르침을 받는 것'의 차이를 반영한다고 말할 수 있다.

이렇게 이해되는 '주어짐'은 자아의 측면에서 볼 때 수동적인 수용을 필요로 한다는 인상을 줄 수 있지만, 마리옹은 '수동성'이라는 용어가 이 상황을 설명하는 데 충분하지 않다고 강조한다. 그것은 바로 "사건에 직면하면 수동적으로 머물러 있을 수 없기 때문이다. 즉 나는 문제 해결을 위해 시간을 내거나 그것을 회피할 수도 있고, 위험을 감수하거나 도피할 수도 있다. 말하자면 나는 반응하기를 거부하는 반응을 할 수도 있지만, 이 또한 나름의 결정이다"(Marion 2017, p.85). 이는 이러한 상황에서 '수동적'이 되기 위해서는 "나름의 활동이 요구된다는 것, 말하자면 어느 정도 용기를 가지고 자신을 상황에 노출해야 한다거나"(Marion 2017, pp.85-86) 교육의 언어로 말해서 가르침을 받아들여야 한다는 의미이다.

따라서 마리옹이 말한 대로 이 모든 것은 "다른 주체성의 체계에 부여된 다른 현상성의 체계"를 열어 준다. 여기서 주체는 공간과 시간

가운데 더 이상 세계, 즉 현상보다 먼저 존재하는 것이 아니라 오히려 "(외부에서) 받아들이는 것을 통해서 자신을 형성한다"(Marion 2017, p.86). 이렇게 다른 상태의 주체성, 즉 '나'에 대해 마리옹은 프랑스어로 '아도네adonné'라는 용어를 사용하는데, 영어로는 보통 'gifted(주어진 것)'로 번역된다. 이것은 '주체'라는 단어가 지니는 이중적 의미 중 두 번째, 즉 주체가 우리에게 다가오는 것에 종속되는 상태가 반영된 것이다.

노출Exposure

앞선 논의는 주어짐을 자기 나름으로 사유하려고 한 마리옹의 노력이(그러나 지금에 와서 보면 마리옹은 아마 스스로를 주어진 것에 노출함으로써 우리 역시 그렇게 하도록 권유하려 했을 수도 있을 것이다) 인식론의 문제만도 아니고 현상학의 문제만도 아니며 실존적인 문제이기도 하다는 것을 보여 준다. 말하자면 그것은 '나'의 실존에 관한 문제이다. 그래서 마리옹은 "나에게 일어난 일이 다른 데서 나에게 주어진 것이라면 모든 것은 다른 의미를 갖는다"(Marion 2017, p.83)고 아름답게 표현했다. 이는 ~에게서 '가르침을 받는' '경험'과 관련이 있다. 반면 나에게 일어나는 일이 "나 자신의 복제물이자 산출물이라면 가장 놀라운 것들도 의미를 상실한다"(Marion 2017, p.38). 이는 '~로부터 배우는' '경험'과 관련이 있다. 그게 아니라 세계를 "원래 타자에 의한 경험으로, 즉 하나의 선택되어짐으로 생각한다면, 모든 것은 살아갈 만하고 기대할 만하며 바랄 만한 가치가 있다고, 그 자체를 위해 노력할 가치가 있다"고 마리옹은 주장한다(Marion 2017, p.38). 그러나 부름에 응답하려 하기 전에 "더 어려운 일이 있는데 그것은 … 부름이 있다는 사실을 아는 것, 즉 그 무엇인가를 우리에게 다가오는 것으로 해석할 줄 아는 것"임을 마리옹 은 충분히 인지하고 있다(Marion 2017, p.39). 그리고 "일어나는 사태를 하나의 부름으로 받아들이는 이러한 결정은 … 그 외의 다른 모든 것을 결정한다"(Marion 2017, p.39).

그렇다면 이러한 사실은 어떻게 우리가 교육의 현상에 그리고 그 안에서 가르침이 작용하는 중요한 역할에 더 가까이 다가가는 데 도움 이 될 수 있을까? 마지막으로 주어짐이 가르침**에서** 그리고 가르침**으로** 나타나는 세 가지 방식을 살펴보면서 이 문제에 대해 논의하고자 한다.

가르침의 세 가지 선물

앞에서 가르침을 배움의 촉진으로 재정의하는 문제에 대해 언급한 바 있다. 이러한 재정의는 보다 일반적인 측면에서 가르침이 배움으로 전환되고 있으며 교육이 지속적으로 학습화되고 있음을 말해 주는 하 나의 사례이다. 앞서 언급했듯이 가르침에서 배움으로 전환되는 것 자 체가 전혀 근거 없는 것은 아니다. 그것은 가르침이 통제의 한 형태로 이루어지는 권위주의적인 교육에 대한 대응이다. 이런 통제 형태의 실 천에는 권위주의적이면서도 인간적으로 보이는 교육활동들도 여전히 많이 있다. 오늘날 흔히 '전통적', '교훈적' 또는 '전달 위주의' 교육은 사람들을 호도하는 측면이 있다고 생각하지만, 가르침에서 배움으로의 전환은 다소 빈약하고 상상력이 부족한 이런 교육 현실에 대한 대응이다. 그리고 가르침에서 배움으로의 전환은 구성주의 학습 이론과 사회·문화적 접근이 교육에 영향을 미친 결과이다. 이러한 이론과 접근에서는, 또 하나의 대중화된 표현으로 어느 정도 '비계飛階'의 도움을 받을 수도 있고 그렇지 않을 수도 있지만, 모든 것은 어떤 점에서 '학습자'의 활동에 달려 있다고 주장한다. 이런 점에서 오늘날의 교육은 놀랍게도 여전히 칸트적이라고 말할 수 있으며, 적어도 인식론적 토대에 있어서 최근에 더욱 칸트적이 되었다고 할 수도 있다.

이 모든 것은 '학습자'를 교육활동의 중심으로 옮겨 놓았고, 교사를 비판적인 입장이든 다른 무엇이든 보조자인 코치, 촉진자, 동료 학습자의 위치로 이동시켜 교사 본연의 자리는 거의 남겨 놓지 않았다. 이는 한편으로 가르침이란 시대에 뒤떨어진 바람직하지 않은 것이며, 구성주의의 "도그마"에 따르면 심지어 불가능한 것이기 때문에 폐기해야 한다는 인상을 주었다. 그러나 다른 한편으로는 교사의 귀환에 대한 요구로 이어지기도 했다. 여기에는 두 가지 방향의 요구가 있는데, 하나는 전체 교육활동에 **통제력을 발휘할 수 있는 사람으로서의 교사**를 요구하는 것이다. 이것은 예를 들면, 학습 성과를 효과적으로 달성하는 데 있어서 가장 중요한 '학내 요인'으로서 교사라는 미사여구에서 확인할 수 있다(보다 자세한 논의는 Biesta 2017a 참고). 다른 하나는 전체 교육활동에 **통제력을 발휘할 수 있어야 하는 사람으로서의 교사**에 대한 요구이다. 말하자면 이는 권위주의적인 교사의 귀환에 대한 요구 혹은 갈망이다.

이 절에서는 쉽게 폐기할 수 없는 가르침의 측면을 지적하고자 한다. 이것을 통해 우리는 학습의 문제로 환원될 수 없는 교육의 측면, 그렇다고 학습이나 학생에 대한 통제 같은 권위주의적이고 일방적인 통제 활동으로서의 가르침으로 끝나지 않는 측면과 만나게 된다. 다시 말하면 이러한 측면들은 기존과 다른 방향의 필요성을 지적하는 것으로, '~로부터 배우는' 것이 아니라 '~에게서 가르침을 받는' 방향이다. 나는 이것들을 가르침의 세 가지 선물이라 부를 것이다. 하나는 **교육과정**과 관련된 것이고, 두 번째는 **교수**didactics, 세 번째는 유럽 대륙의 용어로 "**페다고지**"(독일어로 Pedagogik)라 불리는 것, 즉 주체로서의 특성을 위한 교육의 실존적 영역이라고 할 수 있는 것이다.

가르침의 첫 번째 선물: 요구하지 않은 것을 증여받는 것

학습자 중심 교육에서는 교사의 활동이 학습자와 그들의 학습에 초점을 맞춰야 한다고 말한다. 또한 학습자가 자신의 학습에 대해 책임을 지고, 자신의 학습을 스스로 조절하며, 자신의 학습에 대해 주인의식을 가져야 한다는 말을 더욱 많이 듣게 된다. 그래야 학습이 더 잘 이루어질 것으로 여기기 때문이다.[20] 이러한 주장은 학습의 **과정**−이런 것이 존재한다면−뿐만 아니라 **내용**과 관련해서도 제기된다. 예를 들어 학생들은 자신의 학습 목표를 설정해야 한다는 주장은 흔히 자신의 학습 내용에 대해, 즉 무엇을 학습해야 할지에 대해 스스로 결정해야 한다는 의미이기도 하다. 왜냐하면 바로 이것이 자신들의 구체적인 '학습 필요'라는 결론에 도달했기 때문이라고 보는 것이다. 이러한 사고방식이 신자유주의적이고 시장 주도적인 교육개혁의 영향으로 더욱 증폭되고 있는 것은, 학생이나 부모는 점점 더 '학습시장'에서 고객으로, 교사와 교육기관은 '학습 상품'의 공급자로 자리를 잡아 가고 있기 때문이다. 여기서 핵심적인 개념은 교사와 학교 및 대학의 책임은 고객이 요구하는 것, 간단히 말해 원하는 것을 제공함으로써 그들을 만족시키는 것이다.

그러나 이러한 주장은 표현 방식에는 문제가 없지만 설득력이 떨어진다. 1장에서 이미 언급했듯이 학생들이 요구하지 않은 것을 주는 것이 교육의 중요한 존재 근거인데, 무엇보다 **학생들은 자신들이 원하는 것을 요구할 수 있다는 사실 자체를 모르기 때문**이다. 이것은 지나간 옛것이긴 하지만 아직도 자유교육의 타당한 근거이다. 자유교육은 학생들로 하여금 현재 및 특정의 상황을 **초월하도록** 하는 것이다(이 구절에 대해서는 Bailey 1984 참고). 그러나 이것은 또한 '고객'의 요구를 **충족시키는 것**(단지 고객이 원하는 것을 주는 것)과 그러한 요구의 **한계를 명확히 하는 것**의 중요한 차이와도 관련이 있다(Feinberg 2001 참고). 이러한 사실에 비추어 볼 때 **교육 전문가가 해야 할 일은 단지 학생들이 요구하는 것을 제공하는 것이 아니라 그들의 요구가 무엇을 의미하는지 파악하는 과정에 학생들과 함께 참여하는 것**이라고 주장할 수 있다(의료계에서 의사가 할 일은 환자가 요구하는 것을 들어주는 것이 아니라 오히려 그들의 요구가 무엇을 의미하는지 파악해야 하는 것과 마찬가지다).

물론 모든 사람들은 배우고 싶은 것을 자유롭게 배울 수 있지만, 교육의 핵심은 학생들에게 배우고 싶은 것보다 더 많은 것을 주는 것이라고 할 수 있다. 즉 그들이 요구하지도 찾지도 찾을 수 있다는 사실을 인식조차 못하는 것까지 주는 일이다. 교육의 역사에는 이러한 개념, 이를테면 '전환'(Plato), '가리킴pointing'(Klaus, Prange) 또는 '주의 환기'(Bernard Stiegler 및 Rytzler 2017 참고) 같은 가르침의 개념을 나타내는 강력한 은유들이 존재한다. 다음 장에서 좀 더 자세하게 다루겠지만, **이러한 개념들에서 '교사다운 제스처'는 초점이 학생에서 세계로 옮겨 가는 것, 즉 진정으로 세계 중심적이 되는 것**이다. 이는 학생들이 만나고 탐색하고 보고 머물고 삶 속으로 들어가고 하는 일 등에 중요한 무언가가 외부 세계에 있을 수도 있음을 시사한다(Biesta 2017b 참고). 그러므로 이 제스처에서 우리는 가르침의 첫 번째 선물을 발견한다. 이 선물을 얻으려면 학습을 위한 장소로서의 학교가 아니라 당신이 찾고 있지 않았던 것을 찾을 수 있고, 또 요구하지 않던 것을 얻을 수 있는 장소로서의 학교가 필요하다. 어쩌면 감추어진 것을 드러내는 장소로서의 학교일 수도 있다.

가르침의 두 번째 선물: 이중 진리의 증여

가르침의 첫 번째 선물이 교육과정의 영역, 즉 학생들이 만나게 될 그 '무엇'의 영역에 있다면, 두 번째 선물은 (유럽 대륙의 표현을 사용하면) '교수didactics' 혹은 '학습지도instruction'의 영역에 있다. 그리고 이것은 가르침을 근본적으로 키에르케고르가 "이중 진리의 증여"라고 부른 행위로 보는 것과 관련이 있다(Kierkegaard 1985; Westphal 2008 참고). 간단히 말해서 키에르케고르가 말한 것처럼 가르침은 학생들에게 진리를 주는 것에 그치지 않고 동시에 진리를 진리로 인식하는 '조건'을 주는 것이기도 하다는 말이다(Westpahl 2008, p.25; Kierkegaard 1985, p.14 참고).

그 배경에는 복잡한 철학적 논의가 있지만(사실은 무엇보다도 계시의 가능성에 대한 신학적 논의이다; Westphal 2008 참고), 여기서 키에르케고르가 말하고 있는 요점은 놀랄 만큼 실용적이고 '현실적'일 뿐만 아니라, 단순히 학생들에게 지식을 전달하는 것이 가르침이라는 견해에 대한 인상 깊은 비판이다. 요지는 어떤 것을 지식으로 인식하기 위해서는 —혹은 의미 있거나 정당한 것으로 인식하기 위해서는—단지 '내용' 자체만 필요한 것이 아니라, 어떤 것을 설명하고 지식으로 인식할 수 있는 프레임 안에 있어야 한다는 등의 조건이 필요하다는 것이다.

내가 학생 시절에 여러 번 경험한 구체적인 사례를 들자면, 그것은 수학 선생님들이 칠판 위에서 보여 주는 놀라운 일과 관련이 있다. 그들은 어리둥절해하는 나를 보고는 "이해가 안 되나요?"라는 말밖에 하지 않았다. 물론 근본적인 문제는 내가 이해하지 못했다는 것이지만, 단순히 몰라서가 아니라 무엇을 알아야 하는지 이해하지 못했기 때문이었다. 다시 말해서 수학 선생님들은 이해를 가능하게 하는 '프레임' 안에 있었지만, 나는 그 '프레임' 바깥에 있었다는 것이다.

그러므로 **가르침의 어려움은 학생들에게 지식을 제공하는 것이 아니라, 그들을 그러한 프레임 '안으로' 끌어들이는 데 있다.** 이 프레임 안으로 들어와야 그 지식이 이해되기 시작하고 결국 완전히 이해할 수 있게 된다. 이러한 관점은 학교가 '지식'에 포커스를 맞춰야 한다는 현재의 주장을 다소 어리석은 일로 만든다. 학생들이 현재의 이해 수준을 완전히 뛰어넘어 새로운 것, 그들의 현재 이해 지평을 근본적으로 초월하는 어떤 것과 만나는 지점에 이르게 하는 것이 바로 후자, 그들을 프레임으로 끌어들이는 관점이다. 그러므로 **이 경지는 학생들이 현 단계의 이해에서 구성할**

수 있는 것이 아니라, 갑작스러운 통찰처럼 오히려 현재 수준의 이해를 해체하는 것, 따라서 문자 그대로 주어지는 어떤 것이라고 말할 수 있다.

여기서 우리는 가르침의 두 번째 선물과 만난다. 이 선물을 통하여 우리는 현재의 이해 범위 내에 있는 것이 아니라 그 범위를 넘어서는 것을 제공받게 된다. 그리고 다시 한번 요점을 말하자면 이것은 **학생들 혹은 '학습자들' 스스로가 구성할 수 있는 것이 아니다**(이 난제들에 대한 상세한 논의는 Roth 2011 참고).

가르침의 세 번째 선물: 자신에게 주어진 것

가르침의 세 번째 선물은 이 책에서 주장하고 있는 논의의 실존적 '핵심'으로 우리를 다시 이끈다. 그것은 '나'의 문제, 나라는 존재 또는 교육의 용어로 주체화의 문제이다. 물론 '나'의 문제는 '나' 자신이 해결해야 할 문제이지 '나'에게 주어지거나 주어질 수 있는 문제가 아니라고 주장할 수 있으며, 어떤 의미에서는 타당한 말이다. 우리의 자유는 스스로 만드는 것이 아니지만, 그렇다고 그것을 선물로 받는다고 여기는 것도 그다지 타당한 것은 아니다. 이것은 어떤 의미에서 나의 자유가 도달하기를 기다리고 있는 '내'가 있음을 암시하기 때문이다. 우리가 '아니요'라고 말할 수 있다는 것을 인식하는 순간, '나'와 나의 자유가 동시에 '온다'고 주장하는 것이 더 정확한 것 같다.

그럼에도 불구하고 여기서 교육이 해야 할 일이 있는 이유는 무엇보다도 자유에 대한 루소의 통찰과 관련이 있다. 그는 우리의 자유가 당연한 것이 아니며 끊임없이 위협을 받고 있다고 보았다. 앞서 언급했듯이 이러한 위협은 우리의 자유를 빼앗고, 우리의 사고와 행동을 통제하며, 우리의 욕망을 해결하거나 우리를 새로운 욕망으로 채우려고 하는 모든 사회적 힘을 통해 부분적으로 '외부'에서 가해진다. 이것이 사회에 의해 결정되지 않는 자유 시간으로서의 '스콜레schole'가 중요한 한 가지 이유이다. 이것은 학생들이 더 효과적으로 학습할 수 있도록 하기 위한 것이 아니라, 그들에게 외부 세계와 관계를 맺을 수 있는 시간과 그러면서도 이 세계와 일정한 거리를 유지할 수 있는 공간을 제공하기 위한 것이다.

앞서 언급했듯이 또 다른 위협은 내부에서 오는 것으로, 루소의 표현을 빌리면 이는 우리의 정념과 관련이 있다. 다시 말하면 교육의 과제는, 아이들과 젊은이들이 정념으로 결정을 내리고 정념에 사로잡히기보다는 그들에게 정념과 관계를 맺을 수 있는 공정한 기회를 주는 것과 관련이 있다. 이것은 학생들에게 자기 자신이 되도록 격려하는 교육의 관계 형성 과제만을 말하는 것이 아니다. 이러한 사회적 '환경 설정'으로서 교육의 과제 이외에도 학생들이 세계와 자기 자신 그리고 자신의 욕망과 직면하여 자신의 욕망과 관계를 맺는 여러 형태를 확인할 수 있는 다양한 방식으로서의 교육과정, 즉 교육의 과제 역시 존재한다. 이것은 숙달해야 할 내용 측면의 교육과정과는 다른 것이다.

이 모든 것에는 'Hey, you there…'와 같이 긍정적인 측면에서 자아가 되라는 요청이 담겨 있을 수도 있고, 혹은 해방을 돕는 교사는 학생들이 주체가 될 필요가 없음에 만족해 버리는 것을 거부해야 한다는 랑시에르의 주장(Rancière 2010 참고)과 같이 부정적인 측면에서 자아가 되라는 요청이 담겨 있을 수도 있다. 앞에서 설명했듯이 정확하게 말하면 이것은 학생의 내면에 무언가를 산출하거나 함양하는 문제가 아니라 실존적인 교육의 과제이다. 그리고 이 과제에는 위험이 따른다. 그 이유는 단지 성공하리라는 보장이 없기 때문만이 아니다. 성공 여부는 오로지 학생들에게 달려 있다. 이것이 위험한 또 한 가지 이유는 우리가 학생들에게 자아가 되라고 하고서 그 가능성에 대해 잊어버리거나 그것을 회피하지 않도록 권유할 때는 위험을 감수해야 하기 때문이다. 호머 레인의 '복잡하고 특이한 사건'은 이 세 번째 가르침의 강력한 사례로 남아 있다. 레인은 제이슨 앞에 시계를 놓으면서 제이슨의 자유를 그 자신의 손에 맡겼다. 따라서 제이슨은 자신이 '받은 것으로부터 자기 자신을 받아들였다'고 말할 수 있다(Marion 2017, p.86).

코멘트를 마무리하며

이상의 세 가지 간략한 묘사를 통해 나는 교육과의 관계에서 가르침의 우연적이기보다는 필연적인 측면을 강조하려고 했다. 다시 말해 가르침의 세 가지 선물이 보여 주는 바에 따르면 교육은 학습으로 (전적으로는) 환원될 수 없다. 교육의 학습화에 저항하려면 이것이 무엇보다도 중요하다. 이는 결국 학습의 언어가 교육의 복잡성을 담아내기에는 불충분하다는 것을 보여 준다. 또한 교육에는 학습보다 더 많은 것이 있고, 또 그래야 한다는 것을 강조할 필요가 있다. 학습은 기껏해야 인간 조건의 한 차원에 불과하며, 또한 세계 안에서 그리고 세계와 더불어 살아가는 주체로서의 존재를 정의하지도 관련 논의를 종결짓지도 못한다. 마리옹이 분명히 지적했듯이 만일 놀라움을 감소시키고 통제력을 높이는 것이 목표라면 우리는 세계에 대해 배우고 싶어 할 수도 있고, 그것이 '사물에 대한 유용한 태도'가 될 수도 있을 것이다. 그러나 우리에게는 다른 세계도 존재한다. 그것은 우리에게 자신을 내어 주고자give itself 하는 세계이다. 아마 마리옹은 이 주어짐이 세계를 이해하고자 하는 어떤 노력보다도 선행한다고 주장할 것이다. 그러므로 마리옹은 완전히 새로운 '차원'의 인간 조건을 열어 준다고 할 수 있다. 이 차원은 정확히 말하면 도전과 더불어 열리는 것으로, 바로 자신에게 가르침을 받게 하는 도전이라고 요약할 수 있을 것이다(Biesta 2017c 참고).

06

형식의 중요성:
가리킴으로서의 교육

06 형식의 중요성: 가리킴으로서의 교육

1장에서 언급한 바와 같이 이 책의 관점은 두 가지 생각에 초점을 맞추고 있다. 하나는 교육에 대한 물음이 기본적으로 실존적인 질문이라는 것이고, 다른 하나는 이와 관련된 교육의 과제가 학생에게 다가온다는 것, 말하자면 학생이 취한다taken기보다는 학생에게 주어진다given는 것이다. 이는 교육의 기본적인 '제스처'가 **가르침**이라는 사실을 의미한다. 앞에서는 교육의 실존적 차원에 무엇이 수반되며 왜 그것이 중요한지 보다 자세히 탐구하려고 했다. 3장에서 소개한 파크스-아이히만 역설은 왜 학습과 발달만으로는 충분하지 않은지를 보여 주는 가장 간단한 방법이다. 결국 우리 각자가 지금까지 배운 것과 발달해 온 방식을 바탕으로 무엇을 할 것인가, 보다 구체적으로는 **문제 상황에 직면했을** 때 무엇을 할 것인가 하는 또 다른 질문이 항상 존재하는 것이다. 이것은 삶에서 누군가가 우리에게 말을 걸거나 인사를 하거나 우리를 부르는 어떤 상황이나 사건에 직면할 때 중요한 문제가 된다. 간단히 말해서 우리가 'Hey, you there! Where are you?'라는 질문을 받을 때 중요한 것이 된다는 말이다. 앞서 지적했듯이 이 질문은 여러 가지 다른 모습으로 우리에게 주어질 수 있지만 항상 멈춤으로서 우리 앞에 등장한다. 서문에서 언급한 바와 같이 교육다운 교육의 과제는 바로 이 놀랍고도 소중한 지점에서 시행된다. 다시 말해 이 놀랍고도 소중한 지점에서 **가르침**이 이루어지는 것이다.

그런데 가르침이 **어느 지점에서** 이루어지는지 지적하는 것과 가르침이 **어떤 형식으로** 이루어지는지 밝히는 것은 다른 문제이다. 이는 가르침 자체의 제스처에 대한 질문임과 동시에 이와 관련한 교사의 과제에 대한 질문이다. 이전 장에서 이미 호머 레인의 '복잡하고 특이한 사건'과 가르침의 선물에 대해 논의하면서 이러한 제스처와 교사의 과제를 간략히 보여 주었다. 이번 장에서는 가르침의 **형식**과 교육의 **형식**에 초점을 맞추어 이 탐색을 계속해 나갈 것이다. 왜 여기에 집중하는 것인가?

1장에서는 교육을 의도적인 행위, 즉 교육자들이 **의도를 가지고** 행하는 어떤 것으로 특징지었다. 여기에는 행위의 의도적 회피intentional non-action, 즉 교육적인 이유로 어떤 행동을 자제하는 의도적인 결정도 포함된다(예를 들어 호머 레인이 제이슨과의 상호작용에서 하지 않은 모든 것들을 생각해 보라). 이어지는 장에서는 교육 및 교육자의 의도에 초점을 맞추어 교육은 세 가지 영역의 목적(자격부여, 사회화, 주체화)을 추구해야 하며, 이 세 가지 영역이 모두 존재할 때에만 교육으로서의 이름

값을 하는 것임을 주장했다. 다시 말해서 주체화가 없으면 교육은 학생을 '관리의 대상'으로 만들 위험이 있다는 것이다.[1]

이러한 방향의 논의를 지속하는 것, 즉 교육에서 무엇이 중요하고 무엇을 교육으로 간주하는지에 대해 폭넓게 이해해야 한다고 계속 주장하는 것은 여전히 중요하지만, 이러한 접근법은 상당히 취약한 측면도 있다고 할 수 있다. 결국 이러한 시나리오에서 어떤 교육이 허용되고 안 되는지는 결정적으로 특정 시점에서 어떤 의제가 가장 두드러지고 우세한가에 달려 있다. 다시 말해서 어떤 의제가 교육적 행위의 의도에 대한 헤게모니를 쥐는지에 달려 있다는 것이다. 많은 국가에서 편협한 학습 성과와 사전에 정의된 협소한 정체성(평생 학습자, 선량한 시민, 회복탄력성이 있는 개인 등)의 산출에 초점을 맞추어 교육의 의제를 설정할 수 있었던 전 세계 교육측정산업의 엄청난 힘은 교육의 **의도적** 측면에만 초점을 맞추고 '행위'의 측면은 '망각한' 접근 방식의 문제를 보여 준다.

여기서 제기되는 문제는 특정 교육 목표를 달성하는 방식은 중요하지 않다는 것인가(만일 형식이 중요하지 않다면 이는 교육이 특정 성과를 효과적으로 거두기만 하면 어떤 것도 상관없다는 의미가 될 것이다), 아니면 교육 실천의 형식 속에 혹시 교육 고유의 어떤 것이 있기 때문에 교육의 형식 자체에 우리의 관심을 끌 만한 것이 있는가이다. 다시 말하면 여기서 문제는 **형식이 과연 중요한가**이다. 나는 이번 장에서 교육의 형식이 중요함을 그리고 교육 고유의 어떤 것을 포함하고 있는 것이 바로 이 형식 자체임을 주장할 것이다. 나는 이 논의를 독일의 교육학자 클라우스 프랑게(Klaus Prange)의 저작을 가지고 이끌어 갈 것이다. 그는 교육에서 형식이 중요하다는 주장을 매우 일관성 있고 설득력 있게 제시하고 있는데, 이것은 이러한 특정 형식이 없으면 사실상 교육도 존재하지 않는다는 그의 주장에 요약되어 있다. 그는 이 형식의 특징을 **가리킴**pointing**의 활동**(독일어로 "Zeigen")으로 보았다(Prange 2012a, p.25 참고).

독일어 'Zeigen'은 '가리킴pointing'과 '보여 줌showing'으로 번역할 수 있는데, 여기서는 이 단어를 '가리킴'으로 번역할 것이다. 그 이유는 이것이 'Zeigen'에 대한 가장 '설명적인' 번역이라고 보기 때문이다. 반면에 '보여 줌'은 어떤 의미에서 가리킴의 특별한 의도를 나타낸다. 다시 말해 누군가에게 무언가를 보여 주는 것이 가리킴의 핵심인 반면, 보여 줌은 가리킴 다음에 오는 것이다. 여기서 번역과 관련된 또 하나의 중요한 문제는 프랑게를 언급할 때 '에어치웅Erziehung'이라는 단어의 번역어로 사용할 '교육'이라는 용어와 관련이 있다. 프랑게는 자신의 주장이 '빌둥Bildung'이 아니라 '에어치웅Erziehung'에 관한 것임을 분명히 하고 있으며(Prange 2012b, p.111 참고), 지금까지 진행한 논의에 부합되게 실제로 '에어치웅'을 의도적인 행위의 한 형식으로 이해한다.

가르침의 형식: 주의의 전환

서양 철학에서 가르침의 형식에 대한 가장 오래된 묘사 중 하나는 플라톤이 저술한 『**공화국**』의 동굴 우화이다(자세한 논의는 Benner 2020, pp.15-23 참고). 여기에서 플라톤은 상당히 '현대적'이라 할 만한 방식으로 교사로부터 학생에게 지식을 전달하는 것으로서 교육의 개념에 반하는 주장을 하고 있다. 그의 주장에 따르면 "우리는 눈먼 사람에게 시력을 넣어 주듯이 지식을 소유하지 않은 영혼에게 지식을 주입하는 것이 교육이라고 공언하는 사람들과는 다른 결론을 내려야 한다"(Plato 1941, p.232). 플라톤은 모든 사람의 영혼에는 진리를 배우는 힘과 진리를 볼 수 있는 기관이 있다고 가정한다(ibid). 그러므로 가르침, 즉 플라톤이 강조한 가르침의 기술은 "영혼의 눈에 시력을 넣어 주는 것이 아니라(이미 시력을 갖추고 있음), 잘못된 방향을 보지 않고 응당 향해야 할 옳은 방향으로 주의를 돌리도록 하는 것이다"(ibid.).

여기서 강조하고자 하는 것은 플라톤이 가르치는 행위에서 일어나는 일에 대해 특별한 해석을 했다는 것, 다시 말해 '진리'에 대해 언급하고 '잘못된' 방향과 '옳은' 방향에 대해 판단한 것이 아니라, 가르침의 기본적인 자세를 누군가의 시선 전환으로 묘사했다는 것이다(Benner 2020, p.21). 인간은 자신의 시선을 지배하고 통제할 수 있다고 가정할 수 있지만(이는 '대략적으로' 말해서 모든 인간은 학습할 수 있다고 표현하는 것이지만, 이전 장에서 이미 학습에 대해 지적한 우려를 참고할 필요가 있다), 가르침의 자세는 이 시선을 전환하는 것, 즉 시선을 다른 방향으로 옮기는 것이다. 처음에 시선이 머물던 지점과 다음으로 향할 것 같은 지점이 달라지는 것이다. 베너는 플라톤에 관한 논의에서 이 시선 전환은 가르침에 의해 일어나지 않으며, 가르침에 의해 강요될 수 있는 것도 아니라는 점을 강조한다(ibid., p.17 참고). 이는 기껏해야 가르침에 의해 환기될 수 있음을 의미할 뿐이다. 따라서 여기서는 "Aufforderung"(3장에서 이를 '부름'으로 옮긴 바 있다, 옮긴이)이 적절한 용어가 될 수 있다.

베너는 학생의 **시선을** (재)설정한다는 측면에서 무엇보다도 '**본다**looking'는 개념으로 가르침에 접근하고 있다. 가르침의 기본자세는 학생의 주의가 **무언가**에 향하도록 노력하는 것(Rytzler 2017 참고)이라고 할 수 있기 때문에 여기서는 **관심**attention이라는 보다 폭넓은 용어가 유용하다고 할 수 있다. 이와 관련하여 다음과 같이 추가로 제기해야 할 질문들이 존재한다. 이 '무언가'는 구체적으로 **무엇**이고 **무엇**이 될 수 있으며 **무엇**이 되어야 하는가(이 문제는 다음 장에서 다룰 것이다)? 이것을 **왜** 해야 하는가(이는 교육의 목적에 관한 질문이다)? 그리고 학생들의 주의가 (재)설정된 후에 **그들이 해야 할 일은 무엇인가**(나중에 이 문제도 다룰 것이다)? 또 누군가의 관심을 (재)설정하는 일이 어떻게 가능한가 하는 문제도 흥미로운 질문이다.

그러나 여기서 내 주장의 핵심은 누군가의 관심을 (재)설정하는 일이 어떻게 가능한지 설명하는 것이 아니라(이는 모든 교육이 놓여 있는 기본 가정이라고 할 수도 있다), 가르침의 자세를 가장 '단순하고' 기본적인 **형식**으로 분명하게 보여 주는 것이다. 그리고 학생들에게 "저기 좀 봐" 혹은 "주의를 기울여"라고 말하거나 특별한 과제나 도전을 주는 등의 여러 가지 방식으로 이 자세를 실행시킬 수 있지만, 나는 가르침이라는 자세의 기본적인 '구조'는 **가리킴**이라는 프랑게의 의견에 동의한다(2012a 및 Prange & Strobel-Eisele 2006, pp.40-48). 여기서 중요한 것은, 가리킴에는 항상 '저기 좀 봐'처럼 **무언가**를 향하면서 동시에 '너, 저기 좀 봐' 같이 항상 **누군가**를 향하는 이중의 방향이 있다는 점이다(Prange 2012a, p.68 참고). 결국 무언가를 자신에게 가리키는 것은 별로 의미가 없다.[2] 이러한 의미에서 가리킴은 항상 의사소통의 행위이다.

프랑게의 저작에서 흥미로운 점은 그가 이러한 기본적인 형식으로 교육에 대한 설명을 구축하고 있으며, 교육적으로 중요한 것은 형식 자체이기 때문에 설령 특정한 의도, 목적 또는 의제가 있더라도 형식 이외의 이런 '외적인' 요인들이 교육적 중요성을 더 높이는 것은 아니라고 주장한다는 점이다. 이어서 그가 주장한 바, 교육의 작용 이론, 학습에 대한 논의, 교육의 형식이 지니는 내재적 규범성에 대한 개념을 중심으로 프랑게의 주요 개념들을 재구성할 것이다. 마지막 절에서는 이것을 다시 이 책의 중심 주제와 연결할 것이다.

프랑게의 주장에 대해 논의하기 전에 '전통적'이고 '교훈적'인 가르침에 대한 모든 비판 및 '거꾸로 교실'의 과대광고에도 불구하고(학생들에게 준비와 후속 작업을 하도록 요구하는 것은 사실 새로운 것이 아니다) 가르침의 형식이 실제로 매우 끈질기고 완고하다는 것은 주목할 만한 일이라는 점을 언급하고 싶다. 아마 유튜브가 가장 좋은 예일 것이다. 놀랍게도 유튜브에는 기본적인 형식을 활용하여 누군가가 청중과 이야기하고 특정한 방식으로 무언가를 실행하는 것을 보여 주는 수많은 교육용 비디오 클립들이 있다(예를 들면 이케아 가구 조립, 배관작업, 자동차 수리, 커튼 설치 방법 등).[3] 보다 일반적으로는 사람들이 일렬로 또는 반원형으로 함께 앉아 누군가의 말을 듣는 것이 교육과 기타 영역에서 대중적이면서 유용한 형식으로 남아 있다는 것은 눈여겨볼 일이다. 그리고 혁신적인 학교 건축을 위한 많은 노력들이 있었지만, 교사와 학생이 함께 모일 수 있고 상대적으로 밀폐된 공간 디자인으로 끊임없이 회귀하는 모습을 보게 되는 것도 놀라운 일이다. 이 공간은 모두가 주의를 집중할 수 있도록 너무 작지도 크지도 않으며 너무 시끄럽지도 않도록 설계된다. 교육의 음향은 정말 흥미로운 문제이다(Tse 등 2018 참고; Biesta 2018c도 참고). 그렇다면 프랑게는 이런 모든 문제에 대해 뭐라고 말할까?

교육의 작용 이론

어떤 의미에서 프랑게의 목표는 꽤 단순하다. 그는 단지 우리가 교육을 할 때 실제로 하는 일이 무엇인지 설명하려는 것뿐이다(Prange 2012a, p.7). 그는 교육의 형식에 대한 질문이나 자신이 선호하는 용어 혹은 교육의 특징적인 작용부터 다루기 시작함으로써 교육을 둘러싼 (규범적) 의제, 의도 및 목표가 아니라 '상향적으로(from the bottom up, ibid. 참고)', 즉 교육 **실천**의 측면에서, 더 정확히는 교육이 이루어지는 방식에서 출발하여 교육 이론을 개발하려고 한다.

프랑게가 이런 방식을 선택한 중요한 이유는 소위 교육의 '내적 완전성integrity' 자체, 즉 교육의 실천과 이론에 있어서의 내적 완전성에 관심을 가졌기 때문이다.[4] 그는 교육에 관한 공적 담론에서 심리학, 사회학, 경제학 및 조직 이론과 같은 다른 분야의 목소리가 교육 자체의 목소리보다 훨씬 더 두드러졌으며, 이로 인해 교육은 '다른 영역의' 통찰력을 교육의 실천으로 번역해야 하는 명예롭지 못한 처지에 있다고 말한다(ibid., p.14). 여기서 이슈는 다른 학문들 속에서 교육학이 차지하는 학문적 지위에 관한 것도[5] 교육학의 '화려한 고립'도 아니며(Prange 2012a, p.19) 무엇보다도 관계의 측면에 관한 것임을 강조한다. 중요한 것은 교육이 지적 차원이 전혀 없는 완전히 실용적인 것이 되어서도 철저히 도구적인 것, 즉 다른 데서 설정한 의제를 단지 실행하는 '집행 수단'도 되지 않도록 하는 것이다. 그래서 이를 위해서는 교육 **자체**가 무엇인지, 좀 더 정확한 표현으로 교육 자체가 무엇에 **관한** 것인지를 명확히 할 수 있어야 한다고 주장한다(ibid., p.19).

프랑게는 이 논의의 맥락에서 헤르바르트J.F. Herbart가 처음으로 교육 '특유의' 또는 '고유의' 개념에 대해 밝힌 아이디어를 언급한다. 헤르바르트는 이 개념들을 '고유의 개념einheimische Begriffe'이라 부르는데, 독일어 'Heim'은 '집home'을 의미한다(ibid., p.19 참고). 이것들은 특정의 교육적 방식으로 사고하고 말하고 보고 행동하는 것을 구성하고 특징짓는 개념들이다. 여기서 핵심은 각 학문 분야에는 고유의 개념과 이론, 즉 고유의 어휘와 문법이 있다는 것이다. 이것들은 개별 학문에 '내적인' 정체성과 특정 관점 그리고 다른 학문과의 상호작용 및 실천 영역에 대한 관심을 제공한다. 헤르바르트는 교육 고유의 개념들에 초점을 맞춘 반면(흥미롭게도 그가 제시한 두 가지 개념은 '교육의 가능성'과 '가르침'이었다), 프랑게는 그러한 개념들이 교육 '고유의' 것이 무엇인지 명확히 보여 줘야 하기 때문에 교육의 특징으로 인식되는 **작용**operations에서 시작하는 것이 더 합리적이라고 주장한다(ibid., p.20 참고). 그는 다음과 같이 말한다.

> 개념 발달의 기초는 교육의 목표와 목적에 있는 것도 아니고 교육을 할 때 고려해야 할 사회적, 개인적 조건에 있는 것도 아니며 무엇보다 도 교육이 실행되는 형식에 있다.　　　　　　　　　　　　(ibid., p.20)

따라서 프랑게는 '고유의 **작용**einheimiche Operationen'에서 시작하여 교육 '고유의 **개념**einheimiche Begriffe'을 명확히 하려고 한다(ibid. 참고).

그러므로 이것이 제기하는 문제는 교육의 실행과 관련된 특징이 무엇인지, 또 다른 것과 구분되는 독특한 점이 무엇인지 파악함으로써 교육의 실행과 관련된 특징으로 확인되는 것이, 즉 교육이 '이루어질 때' 항상 '거기에' 존재하는 것이 단지 어떤 다른 형식의 행위나 상호작용이 아니라 교육에 있어서 전형적인 것임을 확실히 하려는 것이다. 이에 대한 프랑게의 계획은 가리킴(독일어로 'Zeigen')이 교육의 근본적인 작용이며(ibid., p.25 참고), 그가 설정한 도전은 이 '가리킴'을 언급하지 않고서는 교육이 무엇인지, 또는 프랑게 자신의 용법에 가까운 표현으로 교육으로서 보여 주는 것이 무엇인지 이해할 수 없다는 사실을 분명히 하는 것이다(ibid., p.25). 그래서 가리킴이 없으면 교육도 없다고 주장하는 것이다(ibid., p.25).

프랑게는 교육에 대한 가장 기본적인 '설명'이라 칭하는 것, 즉 교육은 (기본적으로) 누군가가 어떤 사람에게 무엇을 가르치는 것이라는 사실을 통해 자신의 주장을 제시한다. 이것은 교육이 가르치는 일(교사 또는 교육자)과 가르침을 받는 일(학생) 그리고 그가 '주제'라고 부르는 가르침의 내용, 이렇게 세 가지 '구성요소'로 이루어져 있음을 보여 준다(ibid., p.37 참고). 주제는 교사가 학생들을 가르치고자 하는 것, 다시 말해 학생이 습득하기를 바라는 것이다. 이를 '교육내용'이라 할 수도 있지만, 이 '주제'라는 표현은 교육에 있어서 무엇이 중요한 것인지 더 넓고 융통성 있는 설명을 가능하게 한다. 프랑게는 걷고 말하고 읽고 쓰고 산술을 할 수 있는 것과 같은 몇 가지 가능한 주제의 사례를 제시하면서 주제가 비교적 복잡하다는 것을 보여 준다(ibid., p.42 참고). 그는 또한 '문화적 의미'라는 표현을 사용하여 교육에서 주제의 위상이 무엇인지 설명한다. 그는 주제를 학생이 배우기로 되어 있는 것으로 언급하면서 보다 일반적으로 교육과 가르침을 학습에 연결한다. 그의 이러한 주장은 다음 절에서 다룰 것이다.

따라서 모든 교육은 세 가지 요소로 구성되지만, 교사에게 학생이 특정 주제를 다루거나 접근할 수 있도록 하려는 의도가 있는 것만으로는 충분하지 않다. 말하자면 이런 일을 **어떤 방식**으로 할 것인가 하는 문제가 다루어질 때에만 교육이 성립한다는 것이다(ibid., p.47 참고). 프랑게는 이것이 교육의 **형식**에 대한 질문이며, 더 정확하게는 교사가 제시하고자 하는 '주제'에 학생이 접근할 수 있도록 구성요소들을 연결하는 특정의 **작용** 혹은 **작용들**에 대한 질문이라고 주장한다(나는 교육을 이런 방식으로 정의하는 것이 다소 모호하다는 것을 알고 있다. 하지만 교육에서 일어나고 있는 일을 교사의 입장에서 지식 전달에 관한 문제로 한정하고 싶지도 않고―그래서 '주제'가 흥미로운 용어라고 생각한다―또한 학생이 하는 일 혹은 가르침을 통해서 '얻는' 것을 학습의 문제로 축소하고 싶지도 않기 때문이다. 이 문제는 나중에 다시 언급할 것이다).

그렇다면 교사와 주제 그리고 학생을 연결하고, 그렇게 함으로써 이들 세 구성요소의 정체성을 가르치는 사람, 가르침을 받는 사람 그리고 가르치는 주제로 설정하는 작용은 무엇인가? 프랑게는 여기서 일어나는 일들을 다양한 방식으로 설명할 수 있고 어떤 의미에서는 상당히 폭넓은 교육적 작용들이 있다는 것을 인정하지만―이 맥락에서 그는 베너의 '자발적 행위로의 부름Aufforderung zur Selbsttätigkeit'이라는 개념을 언급하는데(ibid., p.62 참고), 이 문제는 나중에 다시 언급할 것이다―교육을 실행할 수 있는 모든 다양한 방식에서 발견되는 기본적인 제스처가 '가리킴'이라는 것이 그의 핵심 개념이다(ibid., p.65 참고). 그리고 '가리킴'은 단순히 무언가를 가리키는 것이 아니라 그 행위로 누군가를 지칭하는 것이기 때문에 '이중적 성격double character'이 그 특성이다(ibid., p.68). 예를 들면 "저기 좀 봐!"라는 말은 항상 '너는 저기를 좀 보라!'는 뜻이다. 여기서 강조하는 것은 가리키는 일에는 언제나 '손'이 필요하고, 그런 점에서 교육은 말 그대로 육체노동의 한 가지 형식이라는 것이다(독일어 "Handwerk"; Prange 2012b 참고). 여기서 강조하는 또 한 가지는 가리킴은 주의를 집중시키고 관심을 요청하는 것, 보다 강한 표현으로는 주의를 촉구하는 것이다. 이런 의미에서 가리킴은 무엇보다도 '환기시키는 evocative' 제스처라고 할 수 있으며, 나는 이러한 사실이 가리킴에 교육적 의미를 부여한다는 점을 지적하고자 한다.[6]

이제 가리킴은 교육자의 중요한 교육적 제스처라고 말할 수 있는데(이번 장과 이 책에서는 교육자의 과제에 초점을 맞추고 있다), 교육에서 가리킴은 단순히 무언가를 가리키는 것이 아니라 하나의 제스처로서 누군가에게 무언가를 가리키는 것(더 나은 표현으로는 주목하게 하는 것)이다. 그리고 가리킴을 교육적으로 만드는 것은 교육자가 학생에게 주의를 기울이게 함으로 학생이 무언가 하기를 희망하거나 기대한다는 점에 있다고 볼 수 있다. 여기서 '희망'과 '기대'가 적절한 용어인 이유는, 플라톤이 이미 인정했듯이 교육자는 학생에게 주의를 이끌어 낸다기보다는 이미 주의를 기울이고 있을 가능성이 있다는 가정 하에서 행동하기 때문이다. 가리킴은 주의를 (재)설정하는 문제이다. 그러나 일단 학생의 주의가 무언가에 사로잡히게 되면, 교육자는 대단히 기본적인 수준으로도 학생이 할 일을 통제하지 못하게 된다는 점에서도 '희망'과 '기대'는 적절한 용어이다. 다시 말해 가리킴과 학생 편에서 일어날 수 있는 일 사이에는 인과 관계가 없다(학생은 교사가 가리키는 대로 주의를 기울이지 않을 수도 있음, 옮긴이). 이는 '효과성'이 왜 이러한 맥락에서 도움이 되지 않는 개념인지를 보여 준다. 물론 그렇다고 교육자가 하는 일이 무의미하다는 뜻은 아니다.

이 모든 것과 관련해서 프랑게는 다소 강력한 두 가지 주장을 한다. 하나는 교육자의 과제가 학생의 학습을 목표로 한다는 것이다. 그는 교육이 학생의 학습을 산출하는 것은 아니라는 점을 강조한다. 이러한 학습은 단지 거기에 있는 것으로 교육 없이도 일어날 수 있다. 프랑게에 따르면 교육이 지향하는 목표는 학생의 학습에 영향을 주고 방향을 설정해 주는 것이다. 그의 두 번째 주장은 가리킴이 교육적으로 중요한 이유가 단지 학습의 방향 때문이라는 것이다(Prange 2012a, p.67; Prange 2011 참고). 비판적인 논평을 덧붙이기 전에 그의 생각을 간략하게 재구성하고자 한다.

교육, 가르침 그리고 배움의 비가시성

앞서 말했듯이 프랑게는 교육과 학습, 보다 구체적인 용어로는 가르침과 배움 사이에 매우 밀접한 관계가 있다고 주장한다. 밀접한 관계가 있다고 해서 이 둘이 하나이며 동일하다고 말하는 것은 아니다. 오히려 프랑게는 이 둘을 구분하는 것이 중요하다고, 즉 교육과 학습은 전혀 별개의 과정 혹은 작용이며 둘 사이가 자동으로 연결되는 것은 아니라고 끊임없이 강조한다. 어쨌든 사람들은 교육을 받지 않고도 배울 수 있고 또 실제로 배운다고 프랑게는 주장한다. 그러므로 이 '교육적 간극'이라는 것은 프랑게의 연구에 있어서 핵심적 개념이다. 그러나 교육의 핵심적인 과제는 교육자의 일과 학생의 일, 보다 일반적인 용어로는 교육과 학습 사이의 연관성을 구축하는 것이다. 프랑게는 어느 시점에 교육과 학습을 함께 지칭할 때는 "'교육'"(즉 '교육'이라는 단어를 인용 부호로 묶음)을, 교육자의 과제를 언급할 때는 인용 부호 없이 '교육'이라는 단어를 사용하자고 제안하기도 한다. 아마도 영어에서는 의도적 행위로서의 교육과 일반적인 '과정으로서의 교육'을 구별하는 것이 의미가 있을지 모르지만, 이것이 얼마나 중요한지는 두고 볼 일이다.

이와 같이 프랑게는 교육의 작용 이론에서 학습에 중심적인 위치를 부여하지만, 그 방식은 다소 흥미로우면서 분명 교육적이라고 할 수 있다. 이것은 그가 제시하는 매혹적인 주장, 즉 학습은 근본적으로 **비가시적**invisible이라는 주장(예: Prange 2012a, p.88)과 관련이 있다. 때로는 학습의 불투명성(예: Prange 2012b, 11장)이라고 지칭하기도 한다.[7] 여기서 그의 핵심적인 주장은, '학습'이란 마치 나무처럼 간단히 연구할 수 있는 고립되고 자기 충족적인 사물이나 대상이 아니라, 오히려 온갖 상황 및 환경과 얽혀 있으며, 우리는 이렇게 얽혀 있는 것을 통해 학습이 이루어졌다는 모종의 경험을 한다는 것이다(Prange 2012a, p.83 참고). 이와 같이 학습은 끊임없이 '보여 주기'와 '숨기기'를 반복한다(ibid.). 그래서 프랑게는 '학습은 교육의 방정식에서 미지의 요소'라고 주장한다(ibid., p.82).

그렇다면 '학습'이라는 단어는 무엇을 지칭할까? 프랑게에 따르면 아이가 이전에는 할 수 없던 것을 할 수 있게 될 때 학습이 이루어졌다고 가정한다(ibid., p.104 참고). 더욱이 교육에서는 이런 일이 일어날 수 있다고 가정한다(그것은 어떤 의미에서 우리가 교육하는 의도이다). 그리고 일어나리라고 가정한 것이 실제로 일어났을 때 이 가정이 확증된다. 그러나 학습이라는 '사건' 자체는 '정의할 수' 없다. 프랑게에게 이것은 사실 학습을 연구하는 것이 학습 자체가 아니라 기껏해야 '자극trigger'과 '반응reaction' 사이의 관계를 연구하는 것일 뿐이라는 의미이기도 하다(Prange 2012b, p.173).

그러므로 프랑게는 일반적으로 또는 맥락 없이 학습에 관해 무언가를 말하려 하기보다 교육과의 관계에서 학습에 관해 말하는 것이 의미가 있다고 주장한다. 그리고 그는 이러한 시각에서 학습과 관련하여, 보다 정확히는 (교육적) 가리킴을 위한 학습의 의미와 관련하여 다음의 세 가지 기본적인 통찰을 보여 준다. (1) 학습은 존재한다. (2) 학습은 개인적이다. (3) 학습은 비가시적이다(Prange 2012a, p.87).

프랑게에게 학습이 존재한다는 것은 학습 자체가 교육과는 독립적인 하나의 실재라는 의미이다. 그는 다소 협소한 의미에서 학습이 존재한다는 가정하에 교육자들이 일을 한다고 주장한다. 학습이 존재한다는 것은 그들 과제의 전제인 것이다. 보다 넓은 의미에서 프랑게는 학습이 '인간학적 상수', 즉 인간 본성과 관련된 하나의 사실이라고 주장한다(ibid., p.88 참고). 이러한 주장들은 여전히 학습을 어떻게 이해해야 하는지에 대한 물음을 제기하는데, 이 문제에 대해서는 추후 논의할 것이다. 그러나 프랑게가 이 주장에서 이끌어 낸 흥미로운 함축적 의미는 **학습하는 방법을 학습할 수 있고 학습이 시작되기 전에 학습하는 방법을 학습해야 한다는 주장은 이치에 맞지 않는다**는 것이다(ibid., p.88 참고). 물론 우리는 공부하는 법, 연습하는 법, 실험하는 법을 배울 수 있지만, 학습 '자체'는 학습할 수 있는 것이 아니라는 것이 프랑게의 주장이다.

학습이 개인적이라는 주장은 기본적으로 아무도 나 대신 먹거나 죽을 수 없는 것과 마찬가지로 아무도 나 대신 학습을 해줄 수 없다는 의미이다(Prange 2012a, p.89 참고). 프랑게는 우리가 다른 사람들과 함께 그리고 다른 사람들로부터 학습할 수 있다는 것을 인정한다. 하지만 우리는 여전히 스스로 학습을 해야 하기에, 그런 의미에서 '학습하는 방법의 학습'이라는 표현을 조심해야 하는 것처럼 '사회적 학습'이라는 표현도 조심해야 한다(ibid. 참고).

학습이 본질적으로 비가시적이라는 주장은 학습이 개인적인 것이라는 사실과 관련이 있다. 프랑게에 따르면 우리는 다른 사람들에 대한 학습의 잠재적인 '영향'만 관찰할 수 있을 뿐 학습 자체는 관찰할 수 없다(ibid., p.91 참고). 자신의 학습도 다른 사람들의 경우와 마찬가지로 학습이 일어났다는 것을 회고적으로만, 즉 학습이란 '사건' 이후에만 주장할 수 있을 뿐이라는 것이다. 그의 주장에 따르면 "부모와 교사는 아이들이 할 수 있는 무언가에 있어서 진전을 이루고 있음을 알 수는 있지만 학습 자체를 관찰할 수는 없다"(ibid., p.91). 교육은 사회적 행위이기 때문에 눈에 보이지만 학습은 그렇지가 않다. 왜냐하면 프랑게의 표현대로 학습은 개인이 '받아들이는' 형식이기 때문이다. 학습은 '리트머스 시험처럼' 간접적으로만 확인할 수 있는 것이다(ibid., p.92 참고).

프랑게가 과감히 이 문제에 뛰어들기는 했지만, 교육적 관점에서 볼 때 문제는 학습에 대해 더 많은 것을 말할 수 있느냐가 아니라(특히 Prange 2012a, pp.93-106 참고) 교육(의 작용)과 학습(의 작용) 간에 조율을 이루거나 구축할 수 있는 방식에 대해 무엇을 말할 수 있느냐는 것이다(ibid., p.93). 독일 문헌에서 이 이슈는 헤르바르트가 소개한 용어인 '연계articulation'의 문제로 알려져 있다(영어 표현은 아마 '커리큘럼'일 것이다. 다만 커리큘럼을 내용이 아니라 '학습의 과정'으로 이해할 때에 국한되는 표현이다). 프랑게는 이를 가리킴과 학습의 조율, 특히 **시간의 경과에 따라**

진행되는 가리킴과 학습의 조율 문제로 논의한다(ibid., 5장 참고).

우리는 교육이 학습의 **원인**이 아니라는 것을 이미 알고 있다. 이것은 프랑게의 교육적 간극이라는 개념, 즉 교육과 학습의 근본적인 차이라는 개념에도 분명하게 표현되어 있다. 학습은 인간학적 사실로서 존재한다. 혹은 과장하고 싶지 않지만, 학생은 학습을 하고 또 학습을 할 수 있다는 가정 그리고 교육이 있든 없든 학습은 이루어진다는 가정에서 교육이 진행된다. 따라서 프랑게는 학습 자체가 무엇인지를 묻고 그 결과로 얻은 지식을 교육에서 활용하려 하기보다는(프랑게에 따르면 이는 불가능한 진행 방식이다) 교육의 결과로서, 더 구체적으로는 가리킴의 결과로서 혹은 가르침에 대한 반응으로서 학습이 어떻게 나타나는지 묻는 방식으로 이 문제에 접근한다. 이러한 견지에서 프랑게는 '가리킴으로서의 교육하기는 학습을 유발하는 하나의 형식'이라고 서술하고 있다(Prange 2012b, p.169 참고). "너, 저기 좀 봐!You, look there!"와 같이 가리키는 행위에 수반되는 주의 환기는 단순히 학생이 보게 하려거나 주의를 (재)설정하기 위한 것이 아니라, 거기서 '찾은' 것을 가지고 무언가를 하라고 요청하는 것이다.

이와 관련하여 프랑게는 학습이 교육적 의도의 함수로 나타난다(ibid., p.171)는 흥미로운 주장을 한다. 말하자면 학습은 교육에서 다루어지거나 요청되는 방식에 따라 자신의 모습을 달리 드러낸다는 것이다(ibid. 참고). 가령 연습을 할 때는 '모방'으로, 문제 해결에서는 혁신과 발명으로, 프로젝트를 추진할 때에는 실질적인 학습으로 자신의 모습을 드러낸다. 따라서 프랑게는 학습이 특정의 교육적 '상황'에 맞는 '색'

을 취한다는 점에서 이를 카멜레온에 비유한다(ibid. 참고). 그러나 학습 '자체'는 감춰져 있다고 강조한다. 교육적 자극에 따라 '부분적으로 모습을 드러낼' 뿐이라는 것이다.

이 논의에서 프랑게가 주장하는 마지막 요점은 이렇다. **학습의 불투명성은 여전히 밝혀내야 할 일종의 '어둠'으로 이해해서는 안 되며**(Prange 2012b, p.176 참고), 이는 배우는 이("학생"이라는 단어가 어울릴 듯 싶다)가 자신에게 보여지는 가리킴의 대상에 대해 단지 반사적이거나 기계적으로 대응하는 것이 아니라, 자기에 대하여 되짚어 보는 방식으로 대응한다는 사실과 관련이 있다. 그렇게 함으로써 학생들은 배우고 싶은지 그리고 어떻게 배우고 싶은지를 결정한다고 프랑게는 주장한다(ibid. 참고). 이것은 전적으로 인간에게는 관찰 가능한 '외적인' 행위 및 행동뿐만 아니라 외부에서 관찰할 수 없는 '내적인' 생각과 감정도 있다는 사실과 관련이 있다. 물론 인간은 일상적인 상호작용을 하는 가운데 내부에서 무슨 일이 일어나고 있는지 단서를 찾기 위해 외적인 것을 읽으려고 한다. 프랑게가 주장하는 요점을 나의 언어로 표현하자면, 학생은 결코 단순한 교육적 개입의 대상이 아니라 무언가에 대한 가리킴을 받는 주체, 관심이 필요한 주체라는 것이다. 그러나 이 관심은 뭐니 뭐니 해도 **주체로서의** 관심이지 무형의 혹은 추상적인 과정이나 메커니즘이 아니다.

가리킴의 도덕성

여기서 논의하고자 하는 프랑게 저작의 최종적인 측면은 교육의 도덕적 차원에 관한 것이다. 프랑게는 교육에는 교육이 따라야 하는 표준의 문제만 있는 것이 아니라고 강조한다. 교육에는 교육받는 사람들의 도덕성에 기여하는 문제도 있다는 것이다. 이와 관련해서 도덕성은 두 가지로 나타나는데, 하나는 교육에 대한 표준으로, 또 하나는 교육의 목표로 나타난다(Prange 2012a, p.137 참고). 교육은 다른 영역의 실천과 마찬가지로 일반적인 윤리적 기준에도 부합해야 하지만, 예를 들면 의학의 특정 윤리와 비슷하게 교육자가 고려해야 할 교육 고유의 **특정한** 표준에도 부합하는지도 검토가 필요하다.

프랑게는 좋은 교육을 만드는 것은 무엇인가, 즉 어떤 경우에 교육의 행위를 훌륭하다고 할 수 있는가 하는 질문으로 이 문제에 접근한다. 그가 논의하는 한 가지 옵션은 교육의 행위가 그들이 얻고자 하는 것을 성취할 때 훌륭하다고 말하는 것이다(ibid., pp.144-145 참고). 그러나 난방 시스템을 고치는 배관 공사나 자동차 수리 같이 기술적이고 기계적 영역에서는 이러한 주장이 의미가 있지만, 교육에는 이러한 논법이 적용되지 않는다. 우리는 교육자들이 모든 것을 올바르게 실행했을 때 조차도 그들의 행위가 종국에 아이나 학생에게 좋은 영향을 미칠 것이라는 확실한 보장이 없다는 사실을 알고 있다. 이것은 바로 교육자의 교육적 행위와 학생 측에서 '일어나는' 일이 서로 영향을 미치는 관계에 있기 때문이다. 다시 말하면 학생은 대상이 아니라 주체인 것이다.

그리고 프랑게는 부모와 교사가 분명히 옳은 일을 하지 않았는데도 불구하고 그들의 자녀와 학생들이 잘되는 경우도 있음을 상기시킨다.

프랑게는 교육이 성취하는 것은 무엇인가(교육은 무엇을 산출하는가로 질문할 수도 있다)에 초점을 맞추기보다는 어떤 경우에 교육적 가리킴 자체가 훌륭한 것이 되는지 혹은 약간 다른 표현으로 좋은 (교육적) 가리킴이란 무엇인지 질문하며 교육의 **형식**에 대한 질문으로 전환할 것을 제안하는데, 이것은 놀라운 일이 아니다. 이와 관련하여 프랑게는 가리킴pointing 자체의 도덕성을 명확히 하고자 하며, 이를 위한 세 가지 주요 요건을 제시한다. 첫째는 (교육적) 가리킴이 이해될 수 있어야 하고, 둘째는 적절해야 하며, 셋째는 연결할 수 있어야 한다는 것이다(이 개념에 대해서는 나중에 설명하겠다).

첫 번째 요건과 관련하여 프랑게는 우리가 가리키는 것이 무엇이든지 그것을 정확하고 투명하게 이해할 수 있는 방식으로 보여 줘야 한다고 주장한다(ibid., p.146 참고). 이것은 합리성의 요구(ibid.), 약간 다르게 표현하면 **진리**의 요구(ibid., p.148)를 의미한다. 프랑게는 이 요건이 우리가 가리키는 것, 즉 우리가 보여 주는 것과 그것을 보여 주는 방식에 모두 적용된다고 주장하는데, 이것은 보여 주는 것 자체를 투명하고 접근 가능하게 만드는 것도 중요하다는 말이다.

두 번째 요건인 '적절성'은 우리가 학생들에게 가리키는 것이 접근 가능한 것, 즉 그들이 '감당할 수 있는' 것이어야 한다는 의미이다. 이것은 우리가 가리키는 것이 도전적이지 않아야 한다는 말이 아니라, 달리 말해 실현 가능한 도전이어야 한다는 것이다. 프랑게에 따르면 이는

존중의 요구를 의미하는 것으로 학생들을 인격적 존재, 말하자면 주체로서 인정하고 대상으로 접근하지 않는 것이라고 주장한다(ibid., p.147 참고).

셋째, '연결 가능성'은 우리가 보여 주는 것으로 학생들이 무언가를 할 수 있어야 한다는 것, 특히 우리가 제시하는 것을 가지고 자신의 삶에서 주도적으로 적용할 연결고리를 만들어 나가야 한다는 요건이다(ibid. 참고). 다시 말해 이것은 학생들의 관심을 염두에 두고 우리가 보여 주는 것 속에서 그것과의 연결고리를 찾아야 하며, 우리의 가리킴이 우리 자신의 관심에 이끌리지 않도록 해야 한다는 의미이다. 프랑게의 주장에 따르면 여기에는 **자유**에 대한 요구가 수반된다.

프랑게의 주장을 피상적으로 읽으면 교육이 추구하는 것과 관계없이 세 가지 요건을 순전히 기술적인 측면에서만 보게 된다. 따라서 이 세 가지를 효과적인 수업을 위한 요건으로 생각할 우려도 있음을 지적할 필요가 있다. 가르침의 목적이 교화를 위한 것인지 해방을 위한 것인지 확실히 하지 않은 채 가르침이 이해되고 실행될 수 있어야 하며 약간 좁은 의미에서 학생들에게 유용해야 한다고 말하는 것은 마치 학생들에게 '적합'하기만 하면 되는 문제인 것처럼 들린다. 그러나 프랑게는 이러한 세 가지 요건이 도덕적으로 중립적인 것이 아니라는 점을 강조하는데, 이것은 바로 이 요건들이 존중, 진리 및 자유를 수반한다는 의미이다. 그가 설명한 대로 교화를 하려는 것은 진리에 대한 요건에 위배되고, 조작을 하려는 것은 자유에 대한 요건에 위배되며, 사회적 조건화를 하려는 것은 존중에 대한 요건에 위배된다(ibid., p.150 참고).

그런 의미에서 프랑게는 교육적 가리킴이라는 교육의 형식이 외부에서 도덕성을 추가할 필요가 있는 것이 아니라 자체에 완전한 도덕성이 내재되어 있는 것이라는 결론에 도달한다. 이것이 바로 교육의 완전성을 위해 교육의 형식이 중요해지는 또 하나의 방식이다.

코멘트를 마무리하며

이번 장에서는 가르침의 목표, 의도 또는 목적이 아니라 그 형식에 초점을 맞추어 가르침에 대해 설명했다. 그 이유는 의도적 행위(행위의 의도적 회피를 포함함)의 한 형식으로서의 교육 그리고 학생을 **향해** 다가오는 것으로서 교육의 '제스처'에 초점을 맞춘 것과 관련이 있는데, 교육이 바로 그런 것이기 때문이다. 나는 가르침이란 누군가의 주의를 (재)설정하는 기술이라는 일반적이고 어떤 의미에서는 꽤 오래된 정의에서 출발하여 프랑게가 주장한 교육의 작용 이론에 초점을 맞추고 논의를 전개했다. 이것은 교육의 목표, 의도, 목적에서 '하향적'으로 출발하는 것이 아니라, 교육 실천의 형식에서 출발하여 '상향적'으로 이론을 구축하려는 프랑게의 흥미로운 시도 때문만은 아니다. 결국 **교육에 대한 좋은 의도나 의제 또는 프로그램을 갖는 것만으로는 무엇을 해야 하는지 알 수 없다.** 프랑게의 이 이론에 근거하여 논의를 전개한 또 한 가지 이유는 '가리킴'이 가장 근본적인 교육의 형식이라는 그의 주장, 즉 가리킴이 없으면 교육도 없다는 주장에 매료되었기 때문이기도 하다.

이 장 앞부분에서 나는 무언가에 대한 누군가의 관심을 (재)설정하는 것으로서의 가르침에 대해 세 가지 질문을 제기했다. 첫 번째 질문은 우리가 이 '무언가'를 어떻게 이해해야 하는가이다. 다시 말해 가르침을 통해 학생의 주의를 **무엇에** 집중시켜야 하는가이다. 두 번째 질문은 **왜** 그렇게 해야 하는가, 즉 교육적인 가리킴의 핵심이 실제로 무엇인가이다. 그리고 세 번째는 학생들의 주의가 일단 전환된 후에는 **그들이 무엇을 하게 해야 하는가**이다. 다시 말해서 우리는 학생들에게서 무엇을 기대하는가, 더 일반적인 표현으로는 학생들의 관심을 무언가에 (재)설정한 후에 그들이 했으면 하고 바라는 것은 무엇인가이다. 프랑게의 주장과 관련해서 이 질문들에 대한 답을 제시해 보겠다.

가리키는 제스처의 가장 중요하고 흥미로운 특성은 그것이 이중적인 몸짓이라는 것이다. 우리는 가리키는 제스처를 통해 항상 무언가를 가리키면서("저기를 봐!"라고 말하면서 우리는 누군가의 주의를 무언가에 기울이도록 하는 것이다) 동시에 **누군가**를 언급하고 있기 때문이다("너, 저기를 봐!"라고 말하는 것은 결국 누군가의 주의를 기울이게 하려는 것이다). 따라서 우리는 이중적인 가리킴의 제스처를 통해 누군가에게 세계에 주목하라고 요청하고 있는 것이다. 그것은 단지 우리가 **세계를** 누군가의 관심 대상으로 만들 뿐만 아니라, 동시에 하나의 동일한 제스처를 가지고 **누군가를** 세계에 주의를 기울이도록 초대하고 있는 것이다. 따라서 우리는 가리킴을 통해 세계, 곧 학생의 '외부'에 있는 모든 것에 주의를 집중시킨다고 말할 수 있지만, 사실 가리키는 행위는 학생을 가리키는 것이기도 하기에 학생의 자아에도 스스로 관심을 기울이게 한다.

이는 가리킴이라는 제스처가 진정 **세계 중심적**이 되는 방식을 드러내기 시작하는 것이기도 하지만(이 주제는 다음 장에서 다시 다룰 것이다), 세계 중심 교육이 주체화라는 사건을 배제하지 않는다는 것도 아울러 드러내기 시작한다. **세계 중심 교육은 학생들로 하여금 세계에 관심을 갖도록 요청하면서도 자신으로부터도 멀어지지 않도록 한다.** 다시 한번 "너! 저기 좀 봐"가 되는 것이다.

왜 우리가 이렇게 하는지, 즉 가리키는 행위가 어떻게 정당화될 수 있는가라는 질문에 답하기 전에 세 번째 질문, 곧 우리가 학생들의 주의를 끄는 데 성공했을 때 그들에게 기대하는 것은 무엇인가 하는 질문에 대해 몇 마디 하고 싶다. 내가 보기에는 프랑게가 그토록 집중적으로 학습에 초점을 맞추고 이 질문에 대한 답을 찾으려 한 것은 그다지 유용하지 않은 것 같다. 여러 차례 지적했듯이 학습은 다른 많은 것들 중에서 하나의 실존적 가능성에 불과하다(예: Biesta 2015b 참고). 따라서 프랑게처럼 가리킴의 교육적 중요성이 학습에 있다고 주장하는 것, 즉 가리킴의 교육적 중요성이 학습에 있다고 주장하는 것은 인간이 세계 안에서 그리고 세계와 더불어 존재할 수 있는 다른 많은 대안들을 배제하려고 하는 것이기에 너무 편협하게 들린다(다음 장에서도 이 문제를 다룰 것이다). 이와 관련하여 학생을, 가르침이란 **행위의 핵심을 성공적으로 인식하고 있는** '참관인'으로 생각하자는 코미사르(Komisar 1968, p.191; 강조는 원문)의 제안이 매우 흥미롭고 적절하다고 생각한다. 그렇게 접근하면 가리킴의 중요성이 단지 학습에 있다고 하는 것보다 훨씬 폭넓게 가르치는 행위의 핵심을 파악할 수 있으며, 학습을 넘어 더 넓은 범위의 반응을 학생에게 열어 줄 것이기 때문이다.

프랑게의 논의에서 흥미로운 점은 무엇보다도 학습의 불투명성과 비가시성에 대한 생각이다. 이것은 학습과학[8]이 학습과 관련하여 제기하는 모든 주장, 즉 학습과학이 교육의 기초를 제공해야 한다는 주장에 효과적인 해독제가 된다. 또한 학습에 관한 프랑게의 심오한 교육적 설명도 대단히 유익하다. 그것은 학습을 카멜레온에 비유하여 학습이 특정한 교육적 도전에 의해서 이루어지고 그 모습을 드러낸다는 주장이다. 프랑게는 이 모든 것을 통해 학습 '자체'가 존재한다면 실제로 표면에 나타나지 않고 기껏해야 모종의 학습이 이루어졌음을 나타내는 표시로서의 변화를 볼 수 있을 따름이라고 했는데, 이 주장은 타당하다고 생각한다. 이것은 그가 학습에 대해 상당히 형식적이고 어떤 점에서는 비어 있는 개념을 유지하고 있음을 의미한다. 그에게 있어서 '학습'은 기본적으로 모종의 변화를 의미하며, 이는 가장 일반화된 '형식적' 정의에 어울리게 성숙의 결과가 아닌 변화를 뜻하는 것이기 때문이다.[9] 그러므로 프랑게가 '학습'이라는 단어를 '변화'란 단어로 바꾸었더라면 더 유익했을지도 모른다. 물론 그럴 경우 우리는 교육에서 단지 변화를 추구하는 것만은 아니라고 말할 수도 있다. 말하자면 때로 교육자로서 우리는 학생들이 변화하지 **않고** '좁은 길'에 머물도록 노력하기도 한다는 것이다.

그렇다면 이것은 가리킴의 **목적**이 무엇인가, 즉 교육적인 가리킴의 핵심이 실제로 무엇인가 하는 질문을 우리에게 던진다. 분명한 사실은 가리킴이 통제에 관한 것은 아니라는 것이다. 이것을 가리킴의 제스처가 갖는 아름다움이라고 말할 수 있다. "저기 좀 봐!", 심지어 "너, 저기를 봐!"라고 말하더라도 학생이 거기를 보도록 강요하는 것이 아니다. 학생이 일단 '거기' 있는 것에 주의를 집중한 후 무엇을 해야 하는지도 결정하지 않는다. 이런 점에서 가리킴은 단지 열린 제스처일 뿐만 아니라 열어 주는 제스처이기도 하다. 그것이 학생에게 세계를 '열어 주기도' 하지만, 앞서 지적했듯이 하나의 동일한 '몸짓'으로 세계를 향해 학생을 열어 주기도 하기 때문이다. 그러므로 프랑게가 가리킴의 도덕성에 대해 논의하면서 지적한 바와 같이 이 제스처에서 중요한 것은 학생의 자유이다. 그러나 이것은 학생 자신이 하고 싶은 대로 하는 자유가 아니라는 점을 덧붙이고 싶다. 자유가 그런 것이라면 세계는 단지 학생의 욕망 추구를 위한 도구나 놀이터가 될 뿐이다. **진정한 자유는 세계 '내에서' 그리고 세계와 '더불어' 주체로서 존재하는 자유, 말하자면 자신의 욕망만을 추구하는 자유가 아니라 무엇보다도 세계를 만나고 세계가 우리에게 요구하는 것을 직면하는 자유이다.**

07

세계 중심 교육

07 세계 중심 교육

인간이 그 소명을 성취해야 하는 공간은 문화도 사회도 아닌 세계이다.
자연적 존재로서 인간이 성장하고 사회적 역할 수행자로서 사회화되
는 과정에서 인간의 교육은 항상 세계의 지평 안에서 이루어진다.

(Böhm 2016, p.163)

나는 이 책에 'World-centred Education(세계 중심 교육)'이라는 제목을
붙였다. 특히 이 용어를 내가 집필하면서 추구해 온 교육의 구체적인
접근법에 대한 '이름'으로 사용해 왔다. 수사적으로 세계 중심 교육에
대한 개념은 아동 중심 교육 혹은 학생 중심 교육(의 지지자들)과 커리
큘럼 중심 교육(의 지지자들) 간의 오래되고 무익한 대립에 균열을 내고
자 함이다. 종종 보수적인 것과 진보적인 것, 과거의 것과 미래의 것,

전통적인 것과 새로운 것, 좋은 것과 그렇지 않은 것에 대한 주장을 둘러싸고 진자가 앞뒤로 흔들리는 일이 계속되고 있지만, 교육에는 아이와 커리큘럼이 모두 필요하며 교육에 대한 일방적인 접근이나 개념은 전혀 의미가 없다. 듀이는 적어도 이것을 이해하고 있었다. 그러한 논쟁은 '정말로 어리석은 일이다'(Dewey 1984, p.59).

그러나 이전 장들에서 분명히 밝히고자 했듯이 세계 중심 교육이라는 개념은 수사적 호소력이 있을지는 모르겠지만, 일상적인 교육의 실천에는 거의 의미가 없는 한쪽에 치우친 교육의 개념들 사이의 대립을 극복하려는 노력에 불과한 것이 아니다. 이 개념은 무엇보다도 교육적 질문이 근본적으로 **실존적인** 질문이라는 것, 즉 단지 나 자신만 살아가는 존재가 아니라 (자연 및 사회로서의) 세계 '안에서' 그리고 그러한 세계와 '더불어' 살아가는 나의 존재에 관한 질문이라는 것을 강조한다. 다시 말하면 세계는 우리의 존재가 발생하는 단 하나의 유일한 공간이다. 세계 중심 교육은 이와 관련한 교육의 과제가 교육받는 인간의 관심을 (다시) 세계로 향하게 하는 것임을 강조한다. 가리킴이 교육의 근본적인 작용이라는 프랑게의 주장에 내가 동의하는 것은 이 때문이다. 가리킴을 세계 중심적인 것으로 만드는 것은 가리킴이 항상 **무언가를** 가리키기 때문이다. 따라서 가리킴을 교육적인 것으로 만드는 것은 그것이 항상 **누군가에게** 무언가를 보여 주기 때문이라고 말할 수 있다. 프랑게의 저작에 대한 논의에서 지적했듯이 이중적인 가리킴의 제스처는 결국 누군가에게-혹은 어떤 사람에게-세계에 주의를 기울이도록 요청하는 것이면서 자신의 내면에도 주의를 기울이도록 요청하는 것이다. 그렇기 때문에 세계 중심 교육은 주체화를 배제하는 것이 아니라 사실은 요청하는 것이다.

　이 마지막 장에서 나는 세계 중심 교육의 개념을 다시 한번 살펴보되, 구체적으로 세계와의 '만남'을 어떻게 이해할 것인지 그리고 이것이 교육을 이해하는 방식, 더 중요한 문제인 교육을 '실천하는' 방식에 어떤 의미가 있는지에 초점을 맞출 것이다. 자연 및 사회로서의 세계를 학습과 이해 및 의미 부여의 대상으로 생각하는 것은 전적으로 정당하다. 또한 그러한 학습과 이해 및 의미 부여는 우리가 세계 안에서 그리고 세계와 더불어 활동할 수 있도록 하는 데 진정한 의미가 있다는 것을 인정한다. 그러나 나는 5장에서 다룬 주요 주제로 다시 돌아가서 세계 안에서 그리고 세계와 더불어 살아가는 우리의 존재가 이러한 관계에 의해 **완전히 규정되는 것은 아니라는 점**을 강조하고자 한다. 솔직히 말해 중요한 것은 세계가 단지 우리를 위한 대상으로만 존재하는 것이 아니라 우리와 독립적으로 존재하며 그 자체로 완전성을 갖추고 있다는 점이다. 다시 말해서 세계는 실재하는 것이다. 그리고 세계가 실재하기 때문에 우리가 그것에 대해 할 수 있는 일, 바라는 일, 이해하는 방식에 제한을 가한다. 그러므로 한나 아렌트의 말을 한 번 더 인용하면 다음과 같다. '세계에서 편안해지려면 현실을 감수하고 받아들이려고' 노력해야 to reconcile oneself to reality 한다(Arendt 1994, pp.307-308). 이것은 체념의 문제가 아니다. 변화가 가능하지도 바람직하지도 않다는 것을 인정하는 것이 아니라 우리의 의도, 행동 및 욕구에 '현실 확인'을 하는 것이 중요함을 강조하는 것이다.

학습과 이해, 의미 부여의 '제스처'가 나에게서 세계로 나아가는 방향이라면, 반대로 세계에서 나에게로 다가오는 또 하나의 '제스처'가 있다. 그리고 세계 중심 교육의 개념에서 분명히 밝히고자 하는 것 가운데 하나는 이 두 방향의 제스처가 모두 중요하다는 사실이다. 이 두 제스처는 교육을 위해서도, 또한 우리가 원하는 것을 모두 성취할 수 있는 능력이 한정된 이 행성에서 그리고 모든 욕망을 언제나 동등하게 실현할 수는 없는 사회에서 인간으로 (함께) 존재하기 위해서도 중요하다. 따라서 배움의 제스처가 나를 그림의 중심에 놓는다면, 다른 제스처, 즉 '~에게서 가르침을 받는' 제스처는 그림 밖에서 나를 주목하게 한다. 여기서 후자의 제스처, 곧 나를 주목하게 하는 이유는 내가 세계에서 무엇을 원하는가가 아니라 세계가 나에게 무엇을 원하는가, 즉 세계가 **나에게** 무엇을 요구하는가에 대한 질문을 유도하기 때문이다(이 원칙에 대해서는 Lingis 1998 참고; 이 주제에 대한 흥미로운 탐색은 Dijkman 2020 참고).

이러한 질문에 직면하는 것이 바로 주체화하는 '순간' 혹은 '사건'이다. 이로 인해 다른 누군가나 모든 사람에 대한 것이 아니라 바로 나에 대한 질문이 존재할 수 있음을 깨닫게 되기 때문이다. 다시 말하면 이는 나를 지목하는 질문이다. 이 질문에 직면하는 것이 주체화하는 순간 혹은 사건이 되는 또 하나의 이유는, 이것이 나의 자유를 인식하게 하고 어떤 의미에서 나의 자유에 직면하게 하기 때문이다. 이것은 하고 싶은 것을 할 수 있는 자유가 아니라, 내가 직면하는 질문에 응답할 수 있는 자유이다. 물론 이 자유에는 거기에서 벗어날 수 있는 가능성도 포함된다.[1] 결국 자유의 요체는 절대로 우리가 특정한 방식으로 행동하도록 강요하지 않는 것이다. 4장에서 다룬 호머 레인의 '복잡하고 특이한 사건'은 이 모든 역동성의 훌륭한 사례가 된다.

우리는 특정의 **사람들**이 우리에게 말을 걸고 인사하고 질문하고, 심지어 의문을 제기할 수도 있다고는 생각하지만, '일반적인' 세계가 우리에게 말을 걸고 무언가를 물어볼 수도 있다는 생각은 조금 익숙하지 않게 들릴 수도 있다. 앞서 지적했듯이 자연 및 사회로서의 세계, 즉 생물과 무생물의 세계인 경우에는 특히 그렇다. 이번 장의 첫 단락에서는 '구성주의적 은유의 한계'(Roth 2011)를 탐색하는 저작에 대해 논의하면서('의미를 부여하는 것'이 이러한 논의의 핵심은 아니지만) 이러한 개념에 좀 더 많은 의미를 부여하고자 한다. 이어서 마리옹의 관찰로 돌아가서 세계에 대한 두 가지 '태도'(내가 세계에 접근하는 것과 세계가 나에게 접근하는 것, 옮긴이), 특별히 세계 중심 교육에 대한 '아나모포시스 anamorphosis'란 개념의 교육적 중요성을 살펴볼 것이다. 세 번째 단계에서 나는 이것이 가르치는 것과 교사에게 무엇을 의미하는지 보여 주면서, 특히 궁극적으로 교사의 역할은 학생으로 하여금 내면의 '자아'가 아니라 세계로 시선을 돌려 세계에 관심을 갖도록 요청함으로 세계가 교육적인 역할을 수행할 수 있도록 하는 것임을 밝힐 것이다. 그리고 오늘날 교육의 도전에 대해 간략하게 진술하면서 이 장을 마무리할 것이다.

세계와의 직면: 놀라움의 소리[2]

간단히 말하면 세계가 말을 건다는 아이디어는 언뜻 보기에 교육에 있어 상당히 이질적인 생각일 수 있다. 필경 교육에서 이루어지는 일들, 특히 커리큘럼을 중심으로 진행되는 많은 일들은 곧 학생들에게 세계를 보여 주는 방법, 더 구체적으로는 학생들에게 세계를 표상(간단히 말해 형체가 없는 것을 구체적으로 표현하는 것, 옮긴이)하는 방법에 관한 것이다(Mollenhauer 1983 참고). 이것은 선택과 표현(혹은 표상) 방식을 둘러싸고 제기되는 교육적이고 정치적인 모든 어려운 질문들로 나타난다.

세계가 표상되어야 한다는 생각은 세계를 해석할 필요가 있다는 의미이다. 이는 세계 자체가 인간에게 어떻게 이해되고 알려지기 원하는지 말해 주지 않는다는 판단에서 나온 것이다. 마이어-드라베(Meyer-Drawe 1999, p.329)가 말했듯이 세계가 '자신에 대해 침묵'을 유지하고 있다는 것은 세계를 **이해하는 것**과 세계에 실제로 의미를 **부여하는 것**이 인간에게 달려 있다는 의미로 받아들여졌다. 우리는 교육에 있어서 이러한 사고방식에 익숙하다(어쩌면 너무 익숙해져 있다고 해야 할지도 모른다). 그런데 이러한 사고방식이 일리가 있기는 하지만 이것이 전체적인 그림이 될 것 같지는 않다. 이는 로스(Roth 2011)가 지적하는 '구성주의적 비유'에는 한계가 있음을 의미한다. 따라서 이러한 한계가 무엇인지, 어디서, 어떻게 이러한 한계와 마주하게 되는지를 이해하는 것은 세계 내에서 세계와 더불어 존재한다는 것이 무엇을 의미하는지에 대한 완전한 그림을 그리는 데 중요하다.

영향을 주는 것과 받는 것On Touching and Being Touched

　로스는 교육의 환경에서 학생들은 아직 알지 못하는 것을 학습하도록 요청받는다는 평범하면서도 중요한 관찰로 탐구를 시작한다. 그의 주장에 따르면 이것은 이미 구성주의 이론에 중요한 의문을 제기하는 것이다. 학생들이 무엇을 구성해야 하는지 (아직) 알지 못한다면 어떻게 그들에게 무언가를 구성하도록 요청할 수 있겠는가? 또 어떻게 이것을 목표로 삼을 수 있으며, 어떻게 이것을 성취하기 위해 학습 활동을 할 수 있을까? 목표로 삼고 있는 '이것'이 무엇이 될지 아직 모르는데 말이다. 로스는 학생들의 이러한 난제predicament를 건축가가 무엇을 지어야 하는지에 대한 계획이나 개념도 없이 건물을 짓는 상황에 비유한다. 이러한 상황에서 학생들은 집을 짓는 것이 아니라 '단지 부품들을 조립하는 것'(Roth 2011, p.13)에 불과하다는 것이다.

　따라서 로스는 "우리의 일상생활과 경험의 중심에 있는 온전한 현상은 구성주의적 비유로 설명할 수 있는 영역 바깥에 존재한다"고 결론 내린다. 여기에는 그가 '영향을 받아들이는 능력'(ibid., p.18)으로 정의한 '수용 가능성passbility'이라는 현상이 포함된다. 그는 이러한 현상이 우리의 삶과 경험의 중심일 뿐만 아니라, 뭐니 뭐니 해도 학습을 가능하게 한다고 주장한다. "(인간) 유기체가 영향을 받아들이는 능력을 드러내지 못한다면 … 구성주의자들이 말하는 어떤 의도적인 구성도 가능하지 않을 것"이기 때문이다(ibid., p.17).

로스는 자신의 주장을 뒷받침하기 위해 '새로운 형태의 음식, 이전에 맛본 적이 없는 와인 또는 올리브 오일'을 경험하는 사례를 논의한다(ibid., p.18). 이런 상황에 접하면 우리는 냄새를 맡기 위해 컵을 집어 코로 가져갈 수 있다(ibid., p.18). 여기서 로스가 제기하는 한 가지 질문은 그러한 결정이 어디에서 나오는가, 즉 실제로 손을 뻗어야 한다는 사실을 어떻게 아는가이다. 그는 이에 대해 '손을 뻗어야 한다는 사실을 아는 것'은 손을 뻗는 행위에 **선행**하는 것이 아니며, 손을 뻗는 것은 우리가 직면하는 사태들로 인해 **요구**되는 것이고, 그것은 우리가 **구성한 것**이라기보다는 우리에게 **주어진 어떤 것**이라고 주장한다(ibid., p.18 참고). 냄새 및 맛과 관련한 요점은 그것을 접하기 전에는 (아직) 알지 못한다는 사실이다. 이것이 새로운 형태의 음식이나 음료수를 접하는 것에 대해 로스가 두 번째로 강조하는 것이다.

이러한 사실로부터 로스는 다음과 같은 결론을 내리는데, 나는 그의 주장이 옳다고 생각한다. 즉 우리는 의도적으로 냄새와 맛을 구성하는 것이 아니라(ibid., p.18), 우리 자신을 '개방해서 영향을 받아들일 수 있게 해야 한다'는 것이다(ibid.). 이것은 불확실성과 그로 인한 위험이 수반되는 '알지 못하는 것not-knowing'에 대한 경험이다. 이러한 위험 때문에 냄새에 대한 '표준적인 권장 사항'은 '위험할 가능성이 있는 냄새를 코로 충분히 경험하게 하는 것이 아니라, 손을 저어 풍기는 냄새를 간접적으로 맡아 보게 하는 것'이다(ibid). 우리는 '알지 못하는 새로운 것'에 '자신을 적극적으로 노출'시킴으로써 '미지의 것에 (수동적으로) 노출되고, 그 결과 영향을 받기 쉬운 연약한 상태에 놓이게 된다'(ibid.).

로스에 따르면 이 연약함은 앎과 의미 부여 및 해석보다 선행한다. 우리는 영향을 받은 후에야 경험한 것을 생각하고 분류하여 다른 것과 연관시킬 수 있기 때문이다. 여기서 우리는 로스가 행위 주체성agency으로 표현한 것과 직면하게 된다. 역설적으로 들릴지 모르지만, 이것은 행위의 한 형태로 우리가 선택할 수 있는 어떤 회피 행위non-action보다도 더 근본적인 수동성에 의해 가능해진다. 따라서 움직일 수 있는 내적인 능력과 움직이려는 의도 그리고 우리가 예상할 수 없기에 구성할 수도 없는 미지의 것에 직면하는 경험 일체가 영향을 받아들이는 능력인 수용 가능성을 불러일으킨다. 이는 또한 "정서가 인지에 선행하고 심지어 인지를 가능하게 한다는 의미이기도 하다"(ibid.).

로스는 이에 대해 구성, 의미 부여, 인지 및 해석이 존재하지 않거나 발생하지 않는다는 것이 아니라, 수용 가능성과 정념이 구성주의자들이 설명하고 이론화하는 그 어떤 것보다 우선하기 때문에 인지적인 것들을 근원적인 것으로 볼 수 없다고 주장하는 것이다(ibid, p.19). 그러므로 '인식을 가능하게 하는 것은 … 수용 가능성과 정념'이다(ibid., p.19). 이렇게 보면 우리가 알고 있는 것의 대부분은 우리가 **구성하는 것**이 아니라 이러한 **경험에서 나오는 것**이다. 이와 관련하여 로스는 다음과 같이 서술한다.

우리가 고통을 아는 것은 고통을 구성하기 때문이 아니라 느끼기 때문이다. 우리가 다른 사람과 사랑에 빠지는 것이 무엇인지 아는 것은 마음에서 이러한 경험을 구성했기 때문이 아니라 몸으로 사랑을 경험했기 때문이다. 감정은 구성의 대상이 아니라 오히려 우리가 느끼고 그로 인해 지배와 영향을 받는 정념이다. (ibid., p.19)

로스는 접촉과 감지에 대한 논의를 통해 아는 것과 알게 되는 것에 있어서 정서와 수동성의 역할에 대해 보다 깊이 탐색하고 있다. 그의 주장에 따르면 이것은 지식에 대한 대부분의 논의들이 초점을 맞추고 있는 소위 시각 영역이나 보는 경험보다 실제로 알게 된다는 것이 무엇을 뜻하는지 더 많이 드러낸다(ibid., p.51; Meyer-Drawe 1999, p.333 참고). 로스는 마우스패드 표면의 특성을 감지하는 것을 예로 들면서 손가락을 그 위에 놓는 것만으로는 충분하지 않고 실제로 표면을 문질러 봐야 한다는 점에 주목한다.

로스는 이에 대해 많은 관찰을 한다. 첫 번째는 "표면에 접촉하면서 학습하는 것에는 본질적으로 중요한 순간이 있다"(Roth 2011, p.51)는 것이다. 이것은 손가락을 움직일 때 강하게 또는 약하게 누르는 문제이다. 그러나 그 결과로 경험하는 질감을 '내 감각 인상의 총합'으로 이해해서는 안 된다(ibid.). 표면의 질감은 '표면을 촉감으로 탐색하는 시간을 활용하는 방식'이며(ibid., p.51), '내가 촉감을 사전에 접해 보지 않고서는 그 내용을 예상할 수 없기 때문에 사실 '감정적인 경험'이다.

촉감으로 느끼기 위해서는 영향을 받아들일 수 있도록 마음을 열어야 한다. (…) 나는 무엇이 예상되는지 모르기 때문에 의도적으로 마우스 패드 표면을 손으로 문지르면서 그 질감을 느껴 보려고 하는 내내 세계가 나에게 영향을 미치도록 해야 한다. 다시 말해 내가 표면을 느껴보려 하는 것이라도 사실은 표면이 나에게 영향을 미칠 수 있도록 해야 한다는 것이다. 바로 이 영향을 통해서만 촉감이 작동하기 때문이다. 감각은 본질적으로 감정적인 것이다. 따라서 세계가 이 감정적인 것을 통해 나에게 영향을 미치도록 세계를 향해 마음을 열어야 한다. 우리는 실제로 무언가가 감정적으로 나에게 영향을 주었을 때 수동적인 목소리로 '나는 영향을 받았다'고 말한다. (ibid., pp.52-53)

이 사례를 논의하면서 로스는 구성construction이 여기에서 할 일은 별로 없다는 것을 다시 한번 강조한다. 감각은 전적으로 감정적 경험이기 때문에 표면을 구성한다는 것은 불가능한 일이다. (…) 나는 강한 의미에서 표면에 대한 지식을 구성할 수 없다. 단지 마음을 열어서 (표면이) 나에게 영향을 미치도록 할 수 있을 뿐이다(ibid., p.54).

의도 없는 관심

로스가 주장하는 것처럼 어떤 인식과 의미 부여에 앞서 '근본적인' 수동성이 있다는 것이 사실이라면, '주의를 기울인다는 것'이 정확히 무엇인지 그리고 더 중요한 것은 (거기서 찾아낼 것이 무엇인지 아직 모르더라도) 실제로 우리가 어떻게 무언가에 주의를 기울일 수 있는지에 대한 물음을 제기하게 된다. 로스는 의도성intentionality에 대한 논의를 통해 이 문제를 다루고 있다.[3]

의도성에 관한 '전통적인' 개념에서는 의도성이 접촉이라는 '행위'

에 선행한다고 가정한다. 즉 먼저 접촉의 의도가 있어야 하고, 그 후에 경험을 통한 접촉을 시작할 수 있다고 가정하는 것이다. 그러나 로스는 다음과 같이 주장한다. "손을 뻗어 무언가에 접촉하여 배우기 전에 그리고 눈으로 세상의 어느 부분을 응시함으로 시각을 통해 배우기 전에 내 손과 눈이 움직일 수 있음을 알아야 한다"(ibid., p.67). 그러나 "손과 눈이 움직일 수 있음을 아는 것은 행위자가 구성할 수 있는 것이 아니다. 왜냐하면 이 앎은 모든 구성 능력, 모든 의도성, 모든 지적 의식에 선행하기 때문이다"(ibid., p.67). 그래서 로스는 "내 눈이 스스로 어떻게 움직이는지 알고 있기 때문에 나는 내 눈을 움직이는 방법을 안다"고 말하는 것이 더 정확하다고 주장한다(ibid., p.67).

여기서 여러 가지 결론이 도출되지만 가장 중요한 것은 아마 움직이려는 의도 자체는 '행위자가 구성한 것이라기보다는 주어진 것'이라는 사실일 것이다(ibid., p.68). 이것은 결국 "주어진 것과 수동성이 행위주체**가 되게 한다**"(ibid., p.68; 강조는 원문)는 의미이다. 그래서 이러한 형태의 수동성이 "행위주체의 기반이기는 하지만 의도할 수 있는 것이 아니기 때문에 '근본적'이라고 하는 것"이다(ibid.).

이러한 관찰은 주의와 의도가 동일한 것이 아니며, 실제로 이 둘을 구별하는 것이 중요하다는 사실을 아는 데 도움이 된다. 이는 우리에게 단지 보고 느끼고 접촉하고 행동하고자 하는 의도를 만들어내는 능력이 있을 뿐, 우리가 세상과 연결되는 것은 우리 의도의 결과라고 가정하지 않으려는 것이다. 로스는 실제 상황은 그 반대라는 것을 보여 준다. 즉 주의를 기울이는 것은 의도의 문제가 아니라, 다시 말해 우리가 이미 알고 있는 어떤 것에 주의를 기울이는 것이 아니라 '마음을 열어' 세계로부터 영향을 받아들일 수 있도록 하는 문제라는 것을 알려 준다 (ibid., p.18 참고).

케이트 마이어 드라베Kate Meyer-Drawe는 인간과 세계의 관계를 해석의 행위가 아니라 대화의 관점에서 묘사하려고 시도하며 비슷한 결론에 도달한다. 이 관점은 사물이 단지 우리가 의미를 만들어 생명을 부여하기를 기다리는 무언의 대상이라기보다는 우리를 부르고 우리에게 호소하고 우리와 접촉하려 한다고 본다. 앞에서 지적했듯이 그녀는 로스와 마찬가지로 현대 철학이 보는 것에 중점을 두고 있다면서(또한 현대 교육도 보는 것과 이미지, 그림을 강조한다고 지적한다), 이는 사물이 우리에게 영향을 미치는 방식을 파악하기 어렵게 만든다고 강조한다 (Meyer-Drawe 1999, pp.333-334 참고). 손이 작용하는 촉각의 영역은 이것과 상당히 다르다고 할 수 있는데, 흥미로운 점은 마이어 드라베가 촉각의 영역에서의 오류, 즉 문자 그대로 잘못 **받아들이는 것**mis-takes은 착시 현상과는 근본적으로 성격이 다르다고 주장한다는 사실이다.

그러나 마이어 드라베의 주장에서 더욱 유익한 것은, **듣는** 영역에 포인트를 둘 때 우리와 세계의 관계가 어떤 성격을 지니는지 보여 주는 방식이다. 그녀는 여기서 우리가 무언가를 듣기 위해서는 외부에서 다가오는 소리에 전적으로 의존한다는 것을 강조한다. 우리는 '귀를 열 수는' 있지만 무엇을 듣게 될 것인지는 통제할 수 없다. 그녀의 주장에 따르면 우리가 할 수 있는 유일한 일은 자신을 '사려 깊은 준비' 상태로 만드는 것이며 그것이 전부이다(ibid., p.334). 거기에는 우리가 의도할 수 있는 것도 구성할 수 있는 것도 없다. 우리에게는 단지 기다리다가 무언가 다가왔을 때 깜짝 놀랄 일만 있을 따름이다. 그리고 놀란다는 것은 문자 그대로 우리가 통제할 수 없는 것에 압도된다는 의미이다.

청각의 영역은 우리에게 의도의 한계를 매우 생생하게 일깨워 준다. 이에 대해 마이어 드라베는 시각적인 면이 아니라 청각적인 면을 교육 이론과 실천의 출발점으로 삼는다면 어떻게 될지 묻는다.[4] 이러한 관점에서는 세계의 중심에서 자아를 인식하는 주체가 아니라 자아 측면에서 거의 혹은 전혀 의도성 없이 **그 모습을 드러낼 수도 그렇지 않을 수도 있는** 세계에 노출되는 주체를 발견하게 된다고 그녀는 주장한다(Meyer-Drawe 1999, p.334 참고).

아나모포시스Anamorphosis: 사물이 보이는 장소에 서기

로스와 마이어 드라베가 강조하는 두 가지 구분과 마리옹이 서술하는 '사태에 대한 두 가지 태도' 사이에는 놀랄 만큼 유사한 점이 있다. 5장에서 보다 상세히 논의했듯이 마리옹은 사태(보다 일반적으로는 세계)를 우리가 통제하고 있는 '안정된 대상'으로 보는 태도와 정반대의 태도, 곧 우리가 사태를 지배하는 것이 아니라 오히려 그것의 '지배를 당한다'고 보는 태도를 구별하고 있다(Marion 2017, p.85).

마리옹이 설명하는 첫 번째 태도는 '주변에 있는 것들이 우리를 놀라게 할 가능성을 줄이는 것'이며, 결과적으로 그들을 더 잘 통제하는 방법을 끊임없이 배우는 것이다(ibid., p.83). 이러한 태도에서 우리는 사실 상황과 사고를 예측하고 반응하고 통제하고 교정하고 안전해질 것을 기대하는데(ibid.), 이것은 우리가 중심에 위치하기 위해서 하는 일이다(ibid.). 이러한 태도로 "우리는 마치 자연에 대해 거의 주인과 소유자처럼 통제하면서 대상들로만 구성된, 말하자면 우리의 이해력으로 파악할 수 있는 것들로만 조직된 세계에 살고 있다"(ibid.). 우리는 위험을 회피하기 위해 이렇게 '대상적인object-ive' 세계를 구성한다.

그러나 이와 관련하여 마리옹은 다음과 같이 묻는다. 만일 "위험을 회피하는 것이 예상하지 못한 것, 즉 대상으로 구성되지 않은 것, 그것에 맞서 우리 자신을 지킬 수 없는 것을 멀리하는 것이 아니라면 그 외에 어떤 다른 의미가 있겠는가(ibid., p.83)?" 그런데 마리옹에 따르면 첫 번째 태도는 미래에 일어날 일에 대해 신중하게 생각하는 것, 즉 앞일을 예상하는 데는 유익하지만, "이러한 합리성은 … 그 외에 다른 것은 원하지 않으며 대상으로 부를 수 있는 실재의 차원만 존속시킬 따름이다"(ibid., p.84). 그러나 이러한 대상은 "매우 하찮고 피상적인 사물의 차원만을 제공한다. 그것은 … 예측할 수 없고 예상할 수 없는 모든 것, 알 수 없다고 하는 것은 제쳐놓는다"(ibid., p.84). 하지만 주어진 것이 드러나는 것은 바로 여기, 즉 예측과 예상을 넘어선 차원이다. 왜냐하면 예측이나 예상을 넘어서는 것은 무엇보다도 대상화에 **저항**하는 특징이 있고 또한 스스로 주어진 것이기 때문이다"(ibid.; 강조는 추가).

첫 번째 태도에서는 세계를 이해하기 위해 세계로 나가는데, 이는 문자 그대로 세계를 전체로서 파악하는 것을 의미한다. 따라서 우리는 중심에 있고 세계는 '저 외부'에, 더 중요하게는 **우리를 위해** 저 외부에 있는 대상으로 귀결된다. 이러한 태도도 나름 유용하기는 하지만, 로스 및 마이어 드라베와 마찬가지로 마리옹도 이것은 전체적인 그림이 아니라 사실 매우 '하찮고 피상적인' 면을 나타낼 뿐이라고 지적한다. 그런데 이것과 완전히 다른 태도가 있기에 세계와의 전혀 다른 만남이 가능할 수 있다. 이 만남에서는 세계가 우리에게 다가오고, 우리에게 자신을 내어 주며, 우리를 놀라게 하고, 마리옹의 다소 강한 표현에 의하면 세계가 우리에게 **요구하고** 와서 세계를 경험하라고 **부른다**(ibid., p.85). 엄밀히 말해 이런 태도에서는 내가 중심에 있지도 통제하지도 않고 앞에서 말한 바와 같이 주목을 받는 위치에 처하게 되는데, 이는 내가 노출된다는 의미이다.

따라서 마리옹은 주의를 기울이는 것은 의도, 다시 말해 우리가 이미 알고 있는 어떤 것에 의도적으로 포커스를 맞추는 문제가 아니라, 우리에게 다가올 수도 그렇지 않을 수도 있는 것을 통제하지 않으면서 자신의 마음을 여는(마이어 드라베 식으로 말하면 자신의 귀를 여는) 문제라는 사실을 보다 상세히 설명하고 있다. 우리는 이것을 **전반적인** 개방, 즉 우리에게 다가올 것으로 상상할 수 있는 모든 것에 대한 개방으로 생각할 수 있다. 아마 인간은 이런 방식으로 삶을 시작할 것이다. 하지만 '아나모포시스'(미주 19 참고, 옮긴이)에 대한 마리옹의 논의에서 흥미롭고 유익한 점은 어떤 대상을 볼 수 있는 장소를 찾으려면 실행해야 할 모종의 과제가 있다는 것이다. 추상적인 언어로 말하면 "현상이 대상 아닌 것의 특성으로 자신을 드러내는 한, (⋯) 현상 속에서 자아^{ego}가 어떤 방식으로 자신을 나타낼지 알아야 하는 지점과 순간이 묘사되지만 자아가 그 지점과 순간을 결정하지는 않는다"는 것이다(Marion 2017, p.85). 이와 관련해서 마리옹이 트리니티 온 더 마운트Trinity-on-the-Mount 수도원의 회랑에 걸려 있는 그림을 예로 든 것은 대단히 유용하다. 이것은 관람자가 그림을 볼 수 있는 지점을 찾아야 하는 상황을 보여 준다. 그런데 그 지점은 관람자가 아니라 그림이 결정하기 때문에 그림을 보기 위해서는 그림에 따라야 한다(Marion 2017, pp.84-85). 다시 말해서 관람자는 '그림이 자기에게 무엇을 묻고 있는가(그 반대가 아니라)' 하는 질문에 참여해야 한다.

로스와 마이어 드라베는 이것과 관련이 있고 어떤 의미에서는 여기에 요구되는 수동성을 강조하고 있지만, 마리옹은 '단순한' 수동성이 문제가 아니라는 판단을 토대로 이 논의를 한걸음 진전시킨다. 그 이유는 바로 앞 장에서도 언급했듯이 세계와의 대면에서 세계가 나에게 말을 걸고 주의를 기울이도록 요청을 하기 때문이다. 그렇기 때문에 마리옹은 "나는 사건 앞에서 수동적일 수 없다. 나는 그것에 적극적으로 대처하거나 피하기도 하고 위험을 감수하거나 회피하기도 한다. 간단히 말해 나는 어떤 경우든 의사결정을 한다. 심지어 대응을 거부하는 방식으로 대응하기도 한다(Marion 2017, p.85)"라고 주장한다. 이 모든 것은 **세계와의 만남이 동시에 자신과의 만남, 즉 스스로 활동에 참여하라는 요청임을** 다시 한번 보여 준다. **이것은 또한 주체화가 일종의 '내적인' 사건이 아니라 성격상 철저히 세계와 얽혀 있는 것임을 말해 준다.**

다른 사람들이 우리에게 요구하는 것(기꺼이 하든 마지못해 하든, 고

의적이든 우발적이든, 명시적이든 묵시적이든)을 상상하는 것은 그리 어려운 일이 아니지만, 사람이 아닌 '다른' 세계가 우리에게 요구하는 방식을 인지하는 것도 중요하다. 프랑게(2012b)는 1장에서 사물을 통한 교육이라는 루소의 교육이념의 맥락에서 이 문제를 논의한다. 루소는 자연을 통한 교육과 다른 인간을 통한 교육에 이어 이것을 개념화했다. 여기서 그는 이 표현이 타당하다면, 우리는 사물 자체를 배우는 것이 아니라 사물의 활용이나 조작을 통해서만 배울 수 있다고 강조한다. 그리고 바로 여기에서 사물이 우리에게 요구하는 것과 대면한다. 이러한 맥락에서 사물은 단지 우리의 해석이나 학습을 위한 대상이 아니다. 무생물체와 관련하여 프랑게는 특히 이런 무생물체가 제공하는 **저항**의 교육적 중요성을 강조한다. 왜냐하면 저항이 기술skill로 전환되는 과정에서 중요한 일이 발생하기 때문이다(Prange 2012b, p.18).[5] 그리고 이러한 전환은 물체에 인간의 의지를 강요하는 문제가 아니라 물체가 무엇을 허용하고 불허하는지, 다시 말하면 물체와 특정 대상이 인간에게 무엇을 호소하는지를 파악하는 문제이다.

프랑게는 이것이 햄스터, 앵무새, 개나 고양이 같이 살아 있는 존재, 특히 동물(투견의 경우 적어도 처음에는 제외)과의 만남에서 더욱 그러하다고 주장한다(Prange 2012b, p.19 참고). 차이점은 호소의 지속성에 있다. 장난감이나 물건은 취향에 맞지 않거나 지루해지면 바로 치워 버릴 수 있지만, 동물들은 뭔가를 지속적으로 요구한다. 먹이고 털이나 가죽을 손질해 주고 보호해 주어야 하는 등의 도전들이 사라지지 않는다. 그래서 동물들은 무생물과는 아주 다른 방식으로 '나'를 세계로 끌어들인다고 말할 수 있다. 나는 다른 곳에서(예: Biesta 2019c) 식물의 교육적 중요성에 대해서도 비슷한 의견을 말한 적이 있다. 식물과의 접촉에서 특별한 점은 원하는 계획을 열심히 그리고 오랜 시간 생각할 수 있지만, 그것이 식물의 성장 여하에 영향을 미치지는 않을 것이라고 주장했다. 즉 식물과의 만남은 우리의 인지 능력에 호소하지 않으므로 실제로 사고에는 영향을 미치지 않지만, 식물을 보살피며 식물의 필요에 관심을 갖도록 하는 능력을 요구한다는 것이다. 이는 '나'의 다른 부분을 세계로 끌어들이는 것이며 '나'에게 다른 종류의 관심을 요구하는 것이다.

가르침 받을 가능성에 대한 가르침

여기서 강조하고자 하는 마지막 요점은, 세계 중심 교육에서는 교육적 요구를 설정하고 결정하는 것이 교사가 아니라 세계라는 사실이다. 이것은 교사를 책임에서 벗어나도록 하는 것이 아니다. 교사의 핵심 임무는 학생들이 세계로 눈을 돌리고 그들의 관심을 (다시) 세계로 향하게 하여 (확실하게 보장할 수는 없지만) 세계가 요구하는 것을 충족시킬 수 있도록 하는 것이다. 이런 점에서 가르치는 주체는 세계(베르톨트 브레히트가 에둘러 표현한 방식으로 '현실'[6])라고 할 수 있다. 교사가 할 일은 학생들이 세계를 향해 '방향을 돌리고' '세계를 향해 열려' 있도록 함으로써, 말하자면 세계에 대해 관심을 가짐과 동시에 지금 이 순간 세계(이 세계, 이 현실)가 **나에게** 요구하는 것이 무엇인가 하는 질문에 대면하게 함으로써 자기 자신에게 주의를 기울이도록 하는 것이다. '아나모포시스'에 대한 마리옹의 개념은 학생들로 하여금 이러한 질문과 대면하는 상황을 '연출'할 수 있도록 교사들이 끊임없이 해야 할 일이 있음을 시사한다.

가리킴과 가리킴의 **행위** 그리고 가리킴의 **형식**이 갖는 중요성은 그것이 학생에게 어떤 것을 강요하는 것이 아니라 그의 자유에 호소하고, 어떤 의미에서 학생에게 자신의 자유를 상기시키는 데 있다. 바로 이것 때문에, 정확하게는 학생들의 자유가 중요하기 때문에, 보다 구체적으로는 학생의 자유가 요청되기 때문에 가르치는 일은 결과가 보장되지 않는다. 이 모든 것은 학생이 무엇을 하느냐 혹은 하지 않느냐에 달려 있기 때문에 교육에는 기계적 인과관계가 존재하지 않으며, 가르침이 학습 성과나 학생의 성취를 산출할 수 없듯이 학생의 주체성도 만들어 낼 수 없다. 그러나 이러한 사실이 교육이 하는 일을 무의미하게 만들지는 않는다. 앞에서 주장했듯이 **교육이 하는 일에는 효과적인 상품 생산과는 다른 질서가 존재하기 때문**이다.

프랑게(2012a, pp.155-156)는 이 문제를 '교육적 인과관계'라는 헤르바르트의 흥미로운 개념과 관련하여 논의한다. 이것은 '가르침의 개입이 학습 성과를 유발한다'와 같이 'a가 b를 일으킨다'가 아니라 'a가 b를 요청한다'와 같은 질서이다. 간단히 말하면 이는 세계가 학생인 '나'에게 무언가를 요청한다로 읽을 수 있다. 더 구체적으로는 "너, 저길 좀 봐!"처럼 교사가 학생에게 세계에 관심을 갖도록 요청하는 것이다. 궁극적으로 학생이 세계의 요청에 응답하도록 하는 것과 같이 '자발적 행위로의 부름Aufforderung zur Selbsttätigkeit'인 것이다. 따라서 교육적 인과관계는, 말하자면 '**환기시키는**evocative' 인과관계라고 할 수 있다. 그것은 말걸기로 작동하며 학생인 '나'에게 말을 걸려고 하는 것이다. 앞에서 언급했듯이 "Hey, you there! Where are you?"란 물음에 학생이 "저 여기 있어요"라고 하느냐 아니면 "상관하지 마세요. 저는 명령을 따를 뿐이에요"라고 응답하느냐 하는 것은 학생 자신에게 달려 있다. 그러나 학생들의 '문'을 두드리고 '거기'에 누가 있는지 물음으로써 세계가 그들에게 요구하는 것에 그들이 어떤 식으로 반응하든지 우리 교육자들은 최소한 그들의 주체성에 공정한 기회를 주려고 노력해야 한다.

코멘트를 끝내며

이 책을 마무리하며 처음에 제기한 '아이들과 무엇을 할 것인가?'라는 질문으로 돌아가려 한다. 나는 이것이 교육의 핵심적인 질문이라고 생각하지만, 여기에 또 하나의 질문, 즉 '평생을 따라다니는 유아적 욕망은 어떻게 해야 하는가?'라는 질문을 추가하는 것이 현명하다고 생각한다. 우리는 교육자로서 교육적 책임을 회피할 수 없다. 아이들과 무엇을 해야 하는지에 대한 질문을 다양한 요인들을 충분히 고려하여 진지하게 받아들이되 솔직해야 하며, 유아적 욕망은 '그들'의 문제이지 '우리'의 문제가 아니라고 가정해서는 안 된다. 오히려 자신의 삶을 어른스러운 방식으로 살아가려고 노력하는 것, 즉 자신의 욕망에 사로잡히지 않고 내면에서 마주치는 것이 우리가 추구해야 하는 욕망인가 하는 질문으로 끊임없이 돌아가는 도전은 참으로 모두에게 평생의 과제이다. 그리고 앞에서 지적했듯이 '충동적인 사회'(Meirieu)에서는 이러한 도전이 더욱 많아진다. 충동적인 사회에서는 욕망에 대해 '현실 확인'을 하도록 격려하고 그러한 과제를 감당하게 하는 사회적 조건을 제공하기보다는 더 많은 것을 추구하라고 끊임없이 신호를 보내며 욕망을 확장시킨다.

그러므로 아이들과 더불어 무엇을 할 것인가에 어떤 답을 하든지 그것은 우리가 현재의 '조건'을 어떻게 직면하고 인식할 것인지에 비추어 제시할 필요가 있다. 이와 관련하여 나는 우리가 여전히 '아우슈비츠'의 그늘에 살고 있다고 믿는다. 말하자면 우리는 타자에 대한 총체적인 대상화가 여전히 가능하며, 또한 프리모 레비Primo Levi가 일깨워 주었듯이 이를 저지할 필요가 있는 악이라기보다는 그 가능성을 내면에 함께 가지고 있다는 사실을 받아들일 필요가 있다고 생각한다. 이러한 사실에 비추어 볼 때, 이를테면 권위주의 정권에서 사람들이 삶의 주체로 존재할 가능성을 억압당하듯이 대상화가 '어딘가에서' 끊임없이 출현하는 문제에 대해서만 우려해서는 안 된다. **대상화가 교육 자체 내에서, 특히 의도는 좋았지만 잘못된 발상으로 교육체제를 개선하려 하다가 주체의 교육이 '대상의 관리'로 전환되면서 나타나는 문제에 대해서도 우려해야 한다.** (앞에서 언급했듯이 자기 객관화에 대한 요구는 이를 보여 주는 한 가지 징후이다.)

나는 이 책에서 주체성의 입장에서 교육의 위치를 설정했다. 즉 인간이 다른 사람이나 어떤 힘이 원하는 바로서의 대상이 아니라 자신의 삶의 주체로서 어떻게 존재할 수 있는지에 주요 관심을 두는 의도적인 행동의 한 형태로 설정했다. 다시 말해 자유의 측면에서 교육에 접근하면서 자유란 추상적인 철학적 개념이 아니라 매우 일상적이고 현실적인mundane 경험이라고 강조했다. 흥미롭게도 이는 매우 **현실적이고 세계적인**worldy 경험이라는 의미이다('mundus'는 '세계'를 의미함). 그것은 세계 내에서 세계와 더불어 살아가는 인간 존재에게 핵심적인 부분이 되는 경험이다. 이러한 상황에서 인간은 자연 및 사회로서의 세계가 나에게 요청하는 것이 무엇인가 하는 질문에 거듭 직면하게 된다. 다시 말해서 자유는 내가 소유하는 것이 아니라 나에게 요청하는 것이다. 즉 개인으로서의 나를 세계 속에서 세계와 더불어 존재하도록 청하고 있는 것이다.

교육의 과제(교육적인 교육의 과제)는 학생의 주체성을 생산하는 것이 아니다. 왜냐하면 생산과 관련된 그러한 사고방식은 우리가 관심 갖고 있는 바로 '그것', 즉 삶의 주체로서의 학생 자신의 존재를 부정하게 될 것이기 때문이다. 교육적인 교육의 과제는 호머 레인이 제이슨에게 한 것처럼, 오히려 학생의 주체성 문제에 문을 열어 놓음으로써 학생들이 물음에 직면할 수 있도록 하는 것이다. 교육적인 교육의 과제는 학생들이 그러한 물음에 직면했을 때 무엇을 해야 할지를 결정하는 것이 결코 아니다. 다시 말해 **교육적인 교육의 과제는 학생을 교육자의 판단 대상으로 만드는 것이 아니라 학생들이 그들 자신의 행동의 주체가 되도록 격려하는 것, 즉 그들 자신의 주체성과 자유에 주의를 기울이도록 하는 것이다.**

앞에서 말했듯이 이것은 분명 '쉬운' 문제가 아니다. 자유에 직면하는 것, 자유의 문제와 자유의 가능성에 직면하는 것은 중단될 수 있고 실제로 중단된다. 그러나 이렇게 중단되는 특성은 교육에 있어서 중요하지만, 중단하는 것만으로는 충분하지 않다. 학생들에게는 이러한 문제를 처리할 수 있는 시간과 공간이 필요하다. 학교라는 공간에서는 시간이 천천히 흐르고 '아직 결정이 이루어지지 않은' 상태이다. 그리고 학생들에게는 이것이 구체적인 질문이 되고 그런 질문으로 남아 있을 수 있는 형식이 필요하다. 또한 그들에게는 이 일을 해 나가며 계속 그런 질문을 할 수 있도록 지원과 지지가 필요하다. 사회가 여전히 '아이들', 즉 끊임없이 새로 오는 이들에게 기꺼이 이러한 시간을 마련해 주고 있는지는(그렇게 하는 것은 교육을 위해 시간 자체를 해방시키는 것이다) 앞에서도 지적했듯이 사회의 민주적 자질, 특히 충동적인 사회에서의 민주적 자질을 평가하는 핵심적인 기준이다.

미주

서문

1   여기서 '교육적'이라는 형용사를 사용하는 방식이 낯설고 어떤 의미에서는 이상하게 들릴 수도 있음을 알고 있지만, 독자들이 나의 용법에 일단 수긍해 주기를 기대한다. 이 장의 내용을 전체적으로 살펴보면 상황이 분명해질 것이다. '교육적'이라는 단어를 이런 식으로 사용하는 것을 무의미할 뿐이라고 생각한 평론가와의 만남에 대해서는 Biesta(2011) 참고.

2   다른 출처에서(Biesta 2014a, pp.69-70) 나는 '학습'이 동사도 아니고(특정 활동을 묘사하지도 않고) 명사도 아니며(특정 현상이나 과정을 지칭하지도 않으며) 기껏해야 평가적인 용어, 즉 어떤 변화가 일어난 후에 그 변화에 대해 내리는 판단으로 이해될 수 있다고 주장한 바 있다. 우리는 지금 여기에서 무엇을 배우고 있는지 결코 알 수 없으며, 다만 사건 이후에, 즉 회고적으로만 결론을 내릴 수 있을 뿐이다. 따라서 '학습' 또는 '학습 활동'이라고 부를 수 있는 특정 활동은 존재하지 않는다. 이는 '공부하다', '시도하다', '노력하다' 등과 같은 표현을 사용하는 것이 더 낫다는 의미이다. 6장에서 이를 다시 다룰 것이다.

3   논의과정에서 밝혀지겠지만 교육에서는 학생(학습자)이 '받아들이는 것'이 아니라 그에게 '주어지는 것'이 중요하다는 것이 저자의 일관된 입장이다. 저자는 교육을 학습자가 중심이 되어 세계를 이해하고 의미를 부여하는 것이라는 현재의 주류 관점을 비판하고, 교육은 학습자 외부에 존재하는 세계가 중심으로서 학생에게 다가와 말을 걸고 무언가를 요청하는 것이라는 대안적 관점을 제시하고 있다. 이런 점에서 저자가 이 책의 제목을 '세계 중심 교육World-centred Education'으로 설정한 데 의미가 있다. 그러나 저자는 이러한 논의가 학습자를 수동적인 상태에 머물러 있게 하는 것으로 해석해서는 안 된다고 강조한다(5장 및 7장). 세계와의 만남은 곧 자신과의 만남, 즉 직접 활동에 참여하라는 요청이기 때문에 인간(학생)은 어떤 경우든 의사결정을 회피할 수 없으며, 심지어 대응을 거부하는 것도 일종의 대응방식이다(옮긴이).

4   여기서 '미학적'이란 말의 본래 의미는 감각으로 지각할 수 있는 것을 가리킨다.

5   이 역설은 교육적 성공으로 보이는 것이 다른 관점에서는 문제가 있는 반면, 역으로 교육적 실패로 보이는 것이 실제로는 교육적으로 매우 중요한 무언가를 드러낼 수 있다는 것을 나타낸다(옮긴이).

01 아이들과 더불어 무엇을 할 것인가?

1 'subject'에는 '주체' 혹은 '주제'와 '신하'라는 다소 상반된 의미가 포함되어 있다. 이는 내가 '나 아닌 것'(저자가 말하는 '세계'는 나 아닌 것을 지칭한다)에 능동적이 면서 동시에 '나 아닌 것'의 영향을 받아들일 때, 진정한 주체로 탄생할 수 있음 을 의미한다. 저자의 주장에 따르면 학습 언어가 지배하는 교육담론에서는 학 습자를 배움의 중심에 놓고 학습자가 스스로 세계에 의미를 부여하고 세계를 해석하는 능동성만 강조했을 뿐, 외부(세계)의 영향을 받는 수동적 측면을 소홀 히 해 왔다. 원서의 제목을 '세계 중심 교육'이라 한 것은 바로 교육의 이런 측 면을 강조하기 위함으로 여겨진다. 저자는 또한 이러한 주장을 흔히 말하는 보 수주의적 관점으로 이해해서는 안 된다고 지적한다. 뿐만 아니라 학생의 수동 적 측면을 강조하는 논리를 학습자를 수동적인 상태에 머물러 있게 하는 것으 로 해석해서도 안 된다고 주장한다(5장 및 7장). 세계와의 만남은 곧 자신과의 만남, 즉 직접 활동에 참여하라는 요청이기 때문에 인간(학생)은 어떤 경우든 의사결정을 회피할 수 없으며, 심지어는 대응을 거부하는 것도 일종의 대응방 식이라는 것이다(옮긴이).

2 해결책을 찾기가 어려운 문제를 뜻하는 용어이다. 곤경, 난제, 궁경窮境 등으로 번역되기도 한다. 아브라함 카플란Abraham Kaplan은 '문제'와 '곤경'을 구분한다. 그 것에 대해서 무언가 할 수 있다면 문제이지만, 아무것도 할 수가 없다면 문제가 아니라 곤경predicament으로, 다만 적절히 다루고 인내해야 할 그 무엇이라고 보 았다(옮긴이).

3 이 역동성에 대한 보다 상세한 내용은 『가르침의 재발견The Rediscovery of Teaching』 (Biesta 2017a) 1장 참고. 권위의 관계적 성격에 대해서는 Bingham(2009) 참고.

4 칸트(1992, p.90)는 계몽주의의 '모토'를 다음과 같이 표현했다: "자신의 이성을 사용할 용기를 가져라."

5 아우슈비츠는 얼굴을 바꿔 언제든지 나타날 수 있다. 소프트한 방식으로 나타 난다면 의식하지 못하는 사이에 제2, 제3의 아우슈비츠를 불러올 수 있을 것이 다. 미래 사회에서는 대다수의 사람들, 즉 99.997%가 단순 노동자 계급인 프레 카리아트precariat로 전락할 수 있다는 연구는 이런 위험을 말해 주는 하나의 사 례이다(옮긴이).

6 후자의 구절은 『바람과 함께 사라지다Gone with the Wind』의 저자 마가렛 미첼 Margaret Mitchell의 표현이다.

7 나는 여기서 '작업'을 중립적이고 일상적인 의미로 사용한다는 점을 분명히 하 고자 한다. 즉 한나 아렌트가 활동적인 삶의 세 가지 양상으로 본 노동, 작업,

행위를 구분할 때의 '작업'이 아니라 교육자의 활동이나 행위로서의 '작업'을 의미하는 것이다.

8 현대 사회가 당면하고 있는 제반 문제의 교육적 원인은, 모든 교육이 사회 변화에 대해 '적응' 일변도로 방향을 설정해 왔기 때문이 아닌가 반문해 본다면 저자의 문제의식을 이해할 수 있을 것이다(옮긴이).

9 교육은 사전에 계획한 대로 성과를 기대할 수 있는 것이 아님을 여러 저작에서 밝히고 있다(Osberg & Biesta 2010; Biesta 2010a, 2014a 등). 이런 점에서 모든 공정이 사전에 계획한 대로 이루어져야 하는 공장의 제품 생산과 구분된다. 저자는 교육활동을 일종의 사건event으로 본다. 여기서 사건이란 부정적인 의미가 아니라 매 순간 발생하는 것이 유일무이한 일임을 말한다. 예술가가 수행하는 매 순간의 작업이 후속 작업에 영향을 미치듯이 교육자도 매 순간의 활동을 기반으로 후속되는 활동을 이끌어 간다. 교육활동의 이런 고유한 특성을 무시하고 계획과 결과를 일치시키려고 하면 이 책의 중심 주제인 주체화 교육은 실종된다.

02 학교를 위해서는 어떠한 사회가 필요한가?

1 리바우Eckart Liebau의 기발한 질문에 관심을 갖게 한 크리스토프 테셔스Christoph Teschers에게 감사한다.

2 ISO(국제표준화기구)는 국가마다 다른 공업규격을 조정·통일하고 물자 및 서비스의 국제교류를 원활히 하기 위한 국제기구이며, ISO 9000 시리즈(품질경영규격)는 공급자에 대한 품질경영 및 품질보증의 국제규격을 의미한다(옮긴이).

3 오스카 와일드는 『윈더미어 부인의 부채』에서 냉소주의자를 "모든 것의 가격은 알지만 그 가치는 전혀 알지 못하는 사람"으로 정의한다(옮긴이).

4 '어슬렁거리면서 주워 담는다'는 원리는 레이브와 웽거(Lave & Wenger 1991)에 의해 '합법적인 주변적 참여'라는 이름으로 인기를 끌었다.

5 이러한 학교의 역사는 자유로운 시간을 뜻하는 그리스어 '스콜레'와 잘 연결된다. 이는 아직 사회에 의해 강제되거나 결정되지 않은 시간을 가리킨다(Prange 2006; Masschelein & Simmons 2012 참고). 또 하나의 흥미로운 점은 '교사'가 아이들을 학교, 즉 자유롭고 강제되지 않은 '시간대'로 데려오는 임무를 맡은 노예를 가리킨다는 사실이다.

6 원문은 'whether (in such a society) the school can still be school'이다. 문맥상 어원의 뜻을 살려 'school'을 '여유로운 공간'으로 옮겼다(옮긴이).

7 사무엘 베케트의 산문시 「워스트워드 호Worstward Ho」에 나오는 표현이다.

"Ever tried. Ever failed. No matter. Try again. Fail again. Fail better"(옮긴이).

03 파크스-아이히만 역설과 교육의 두 패러다임

1 'Bildung'과 'Erziehung'에 대한 독일어 토론에서 매우 유용한 통찰력을 얻게 해준 요하네스 벨만Johannes Bellmann과 자신의 저서 최신 원고를 읽게 해준 디트리히 베너Dietrich Benner에게도 감사하고 싶다.

2 관측자의 행위가 양자의 존재 상태에 영향을 미친다는 양자역학의 코펜하겐 해석에 대해 아인슈타인은 사고실험을 통해 관측 행위가 양자의 존재 상태에 영향을 미치지 않는다는 것을 보여 주려고 했다. 하나에는 검은 돌, 다른 하나에는 하얀 돌이 들어 있는 상자를 수억 광년 거리에 떨어트려 놓은 후, 한쪽 상자의 돌을 관찰하면 다른 상자의 돌이 어떤 것인지 바로 알게 된다는 것인데, 이것은 한쪽 상자에 대한 관찰 결과가 빛보다 빠른 속도로 다른 쪽 상자의 관찰에 영향을 미치는 말하자면 '유령 같은 원거리작용spooky action at a distance' 때문이 아니라는 것이다(옮긴이).

3 아인슈타인과 그의 동료들이 언급한 현상은 에르빈 슈뢰딩거(Erwin Schrodinger 1935)가 만든 용어인 '얽힘'으로 알려져 있다. 현대 물리학에서는 비록 이 현상이 원거리작용은 아니지만 존재한다고 가정한다. 물리학에서 '얽힘' 현상은 원자 이하의 수준에서 일어나는 것이기 때문에 사회 현실의 수준에서는 비유 이상으로 쉽게 전환될 수 없다는 점을 강조해야 하지만, 현대 사회 이론에서는 대중화된 용어가 된 것으로 보인다. 이 장에서 제시하는 논증은 사회이론에서 현재 사용되는 '얽힘'과는 전혀 다르다.

4 1인칭 관점이란 '나'를 떠나 사태를 제3자의 입장에서 보는 것과 대비된다. 사태에 대한 설명을 이론으로 구성하려면 사태를 객관적으로 바라보는 3인칭 관점에서의 접근이 요청되지만, 실존의 문제는 인간 개인의 고유한 문제이기 때문에 이론의 구성을 요구하지 않는다. 1인칭의 관점은 '대체 불가능성'의 개념과 연결된다(옮긴이).

5 Erziehung과 Bildung은 독일 교육의 역사적 전통을 반영한 개념으로 역사가 다른 우리말로 옮기기 어려운 측면이 있다. 이런 어려움을 무릅쓰고 간단히 정리한다면, Erziehung과 Bildung은 성숙을 목표로 사회·문화적 환경 속에서 자신의 성향과 잠재력을 계발하여 인성을 발달시키려는 활동이라는 점에서는 공통적이다. 그러나 Erziehung이 사회가 성장하는 세대에게 바람직하다고 하는 가치와 행동규범을 전수하는 행위라면, Bildung은 인간이 스스로와 세계를 만들어 감으로써 스스로를 형성해 가는 과정을 의미한다는 점에서 구분된다고 할 수 있다. 그리고 Erziehung에 비해 Bildung이 번역하기 더 어려운 측면이 있다.

과거에는 Bildung을 '도야'라고 번역하는 경우도 있었지만, 그냥 원음대로 '빌 둥'으로 표기하는 경우도 있다(옮긴이).

6 Biesta(2012b)에서 교육연구에 관한 시사점을 논의했다.

7 파크스는 자신의 자리를 포기하지 않은 이유를 아주 분명하게 말한다.

> 사람들은 항상 내가 피곤해서 자리를 양보하지 않았다고 말하지만, 그건 사실이 아니다. 나는 육체적으로 피곤하지 않았고 하루 일과를 마칠 때보다 더 피곤하지도 않았다. … 아니, 유일하게 피곤한 것은 포기하는 것뿐이었다.
>
> (Parks with Haskins 1992, p.116)

8 여기서 '성공'과 '실패'라는 개념을 사용하는 것은 '개입'(가르침 등)이 의도된 '결 과'를 만들어낼 때 성공적인 교육이 이루어진 것이라는 생각의 문제점을 드러 내기 위함이다. 이것은 증거기반 교육의 대규모 무작위 대조테스트를 포함하 여 교육의 효과에 대한 많은 연구가 기반을 두고 있는 것으로 보이는 가정이다. 내가 강조하고자 하는 것은, 이러한 방식으로 교육에 접근하고 이해하는 것은 '학생'의 '나'를 간과하는 것처럼 보인다는 점이다.

9 내가 'education'이란 용어를 사용하는 맥락에서 베너는 'Erziehung'이라는 단어 를 사용한다. 나중에 이것이 왜 그리고 어떻게 중요한지 설명할 것이다.

10 물론 아이히만의 '나'를 철회한 것은, 쉽게 말해 '나', 곧 아이히만 자신이었다, 즉 아이히만이 자신의 '나'를 어딘가로부터의 명령에 넘기기로 결정했다고 주 장할 수도 있다. 내가 볼 때 이는 전적으로 타당하다. 독자들은 이것이 내가 이 장에서 추구하고자 하는 논증을 무효화하는 것이 아니라, 오히려 '나'의 '존재' 또는 '도착'이라는 문제가 철저히 실존적이며 우리의 삶에서 우리의 '나'를 주어 진 상황에서 철회하거나 그 상황에 머물러 있게 할 가능성에 계속해서 직면하 게 한다는 점을 드러내는 것임을 알게 되기를 바란다.

11 교육과 관련한 역량기반 접근법은, 인간은 결코 '모든 것에 능숙할 수' 없으며, 그것이 우리가 일상생활에서 인정해야 하는 우리의 존재에 관한 사실임을 망 각하는 경향이 있다.

12 나는 'subjectivity'라는 단어보다 'subject-ness'라는 다소 어색한 용어를 선호한 다. 전자는 실존적 범주가 아닌 인식론적 범주로 읽힐 위험이 있는데, 여기서 내가 추구하는 것은 실존적 '관점'이기 때문이다.

13 뵘Böhm의 'Padagogik der Person'(Böhm 1997), 즉 그의 '인간교육 이론'은 내가 이 책에서 추구하는 실존적 접근방식에 매우 가깝다.

14 나는 여러 출판물에서 듀이의 연구에 대해 광범위하게 논의한 바 있다(Biesta 1995, 2006b, 2014c; Biesta & Burbules 2003 참고). 여기서 듀이에 대한 논의의 핵심은 그의 연구 자체에 대해 논의하는 것이 아니라 그를 함양 과정으로서의 교육이라는 사상의 강력하고 상당히 '정확한' 사례로서 소개하는 것이다. 앞서 언급했듯이 함양으로서의 교육의 개념은 교육의 **역동성**에 관한 것이지만, 이 역동성은 광범위한 교육의 목적과 비전에서 '작동'할 수 있는 것이다.

15 직접 교육한다는 것은, 말하자면 학생들의 마음속으로 곧장 들어갈 수 있다는 의미인데 듀이는 그 가능성을 부정한다. 물론 교육자로서 우리는 학생들의 환경에 있지만, 이러한 환경에 그들 자신과 이해를 조정하는 것은 학생들 자신에게 달려 있으며 교사나 교육자인 우리가 학생들을 대신해서 해 줄 수 있는 것이 아니다. 이것이 듀이의 생각에 스며들어 있는 구성주의적 직관이다. 니클라스 루만Niklas Luhmann이 '인간은 서로의 환경에는 참여할 수 있지만, 서로의 자기 생산에는 참여할 수 없다'고 한 것도 이 점을 우아하게 표현한 것이다(좀 더 자세한 논의는 Vanderstraeten 2005 참고).

16 '너 자신'이 되는 것be yourself은 모든 것을 자기 중심으로 바라보는 삶의 자세를 가리키는 데 반해, '하나의 자아'가 되는 것be a self은 남과 구별되는, 어느 누구도 대신할 수 없는 나의 진면목과 마주하는 것을 의미한다고 볼 수 있다. 비슷하게 들릴 수도 있지만 교육적으로 보면 큰 차이를 가져온다. 모든 것을 자기 중심으로 바라보는 자세는 세계를 자기 중심으로 이해하고 해석하게 된다. 그러나 '하나의 자아'라는 관점은 내가 세계에서 유일하고 소중한 존재이지만 이런 존재가 무수히 많다는 것을 인정하는 자세, 나와 다른 자아(세계)를 인정하는 자세, 다시 말하면 중심이 세계에 있음을 인정하는 자세라고 볼 수 있다(옮긴이).

17 'Hey, you there! Where are you?'는 일반적으로 '안녕!', '야~ 이게 누구야?', '어이, 안녕! 잘 지내고 있어?', '안녕, 반갑다. 오랜만이야' 등과 같은 의미를 지니는 표현이지만 이 책에서는 진정한 '나'와 대면하라는 요청으로 쓰이고 있다고 볼 수 있다. 마리옹은 이를 레비나스의 관점에서 이해한다. "나는 아직 '나(je)'라고 말하지 않았는데, 이미 말 건넴이 나를 소환했고, '나(moi)'로 명명하고 고립시켰다. 게다가 나를 지명하여 소리쳐 부르는 그 부름이 들려올 때 적합한 대답은… '내가 여기 있습니다me voici!'일 뿐이다." 말하자면 말 건넴이 나를 해방시키고 '내가 여기 있습니다'라는 응답을 이끌어 냄으로써 진정한 '나'와 대면하는 계기가 되었다는 것이다(김동규 2020. "순수한 주어짐과 세계의 맥락 사이에서: 장-뤽 마리옹의 현상학적 주체 물음에 대한 비판적 고찰". 『현상학과 현대철학』. 제84집. 한국현상학회. p.15에서 재인용). 앞에서 언급한 아이히만은 업무를 하는 과정에서 진정한 '나'와 대면하는 대신에 단순히 명령에 따르는 선택을 한 반면, 파

크스는 결단이 필요한 상황에서 자신의 내면에서 우러나오는 목소리를 따라 행동했다고 볼 수 있다. 단순히 명령을 따르는 것은 진정한 '나'와의 만남이 아니라는 것이다. 마리옹의 사상은 5장에서 보다 구체적으로 소개된다(옮긴이).

18 물론 아이히만이 그 상황에서 자신의 '나'를 철회하기 위해 여전히 '나'라는 단어를 사용해야 한다는 점은 흥미롭다. 그런 점에서 '나'에 대한 물음은 그리 쉽게 빠져나갈 수 있는 것이 아니라고 할 수 있다.

19 물론 격려의 필요성이 완전히 사라질 것인지는 의문이다. 이전 장의 '유아적 infantile'이란 개념과 '성숙한grown-up'이란 개념에 대한 논의 참고.

04 주체화 회고

1 레인은 제이슨이 '지역사회 최고의 목수'가 되었고 학교 시민법원의 판사로 선출되었으며 결국 군대에 입대하였는데, 전쟁 중 안타깝게도 프랑스에서 사망했다고 언급한다(Lane 1928, p.169).

2 오늘날 '측정 시대'(Biesta 2010a)의 문제 중 하나는 교육의 목적에 대한 질문이 종종 측정 가능한 '학습 결과'의 산출이란 측면에서 응답된다는 것이다. 여기서는 측정되는 내용이 토론을 주도하는 경향이 있다.

3 이어지는 설명에서 드러나지만 학생이 과연 주체인가는 사실의 문제가 아니라 교육자가 교육을 할 때 받아들여야 하는 하나의 가정이라는 것이다. 학생의 지적 능력의 평등이 사실이냐 아니냐의 문제가 아니라 교육자가 받아들여야 하는 가정이라고 한 것과 동일한 문제의식이라고 판단된다(C. Bingham & G. Biesta 2010, 『Jacques Rancière: Education, Truth, Emancipation』 참고, 옮긴이).

4 이어지는 문장에서 드러나지만 'subject'에는 명사로서 '주체'라는 의미도 있지만 형용사로서 '종속되는'이라는 의미도 있음을 말하는 것이다. 자신의 주도적 계획(이니셔티브)을 세우는 것은 타인의 간섭 없이 할 수 있지만, 그 계획의 실행을 위해서는 타인의 간섭을 받아들여야 한다는 것이 아렌트의 생각이다. 이는 우리의 주체성이 능동과 수동 간의 긴장과 그 결합에 의해서 현실화된다는 의미이기도 하다(옮긴이).

5 학교교육의 다른 말로, 초중고등학교나 대학과 같이 정규교육과정을 통해 공식적으로 졸업장이나 학위를 취득할 수 있는 교육을 말한다(옮긴이).

6 교육적 '표현주의'에 대한 상세한 비판은 Biesta(2017c) 참고.

7 내가 '요점을 놓치고 있다'는 표현을 사용하는 것은 앞에서 언급한 전략들이 틀렸거나 무의미하다는 말이 아니라 교육의 실존적 '핵심'이 무엇인가와는 다른

질문을 다루고 있고, 어떤 의미에서 다른 현실에 대해 말하고 있다는 것을 암시하기 위함이다. 3장의 표현을 사용하면, 그것들은 다른 질서에 관여한다. 간단히 말해 자기 규제와 자기 결정 이론은 개인을 외부에서 보고 왜 그렇게 행동하는지 설명하려고 하는 설명 이론이다. 그러나 그것은 자신의 삶을 살고 세계 안에서 세계와 더불어 잘 살고자 하는 1인칭의 도전과는 엄연히 다르다. 이와 관련하여(나는 정말 진지하게 말하고 있다) 인간 행동에 동기를 부여하는 것이 무엇인지 설명하려고 한다면, '역량과 관계성, 자율성'(Ryan & Deci 2017)이 '섹스와 마약, 로큰롤'(Ian Dury)과 다른 이유를 알지 못하게 된다. 물론 우리가 이러한 선택의 상황에 직면할 때 어떤 선택을 할 수 있는지는 완전히 다른 (실존적) 문제이다.

8   이것이 어떤 형태의 교육의 일부라면, 무엇보다도 실존적 교육의 한 형태이다 (특히 Sæverot 2012 참고).

9   또한 이전 장 끝부분의 도덕적 교육의 대상이 되는 것과 도덕적 행동의 주체가 되는 것에 대한 구분 참고.

10   저자는 『교육의 아름다운 위험The Beautiful Risk of Education』에서 교육, 특히 주체화 교육에는 위험이 수반된다는 점을 지적하고 있다. 이 위험의 원인은 기본적으로 교사가 가르친 대로 학생이 배우는 것은 아니라는 사실에서 찾을 수 있다. 가르침과 배움을 완벽하게 일치시키는 교육은 학생의 주체화는커녕 교육을 통째로 망친다는 것이 저자의 주장이다. 이 책의 서문 일부를 옮겨 소개하면 다음과 같다.

> 교육이 위험한 이유는, W.B. 예이츠가 말했듯이 교육이란 양동이에 물을 채우는 것이 아니라 불을 붙이는 것이기 때문이다. 또한 교육은 로봇들 사이의 상호작용이 아니라 인간들 사이의 만남이며, 학생들은 틀에 박히게 훈육되어야 할 대상이 아니라 행동과 책임의 대상이기 때문이다. 그렇다. 우리는 결과를 원하고 학생들이 배우고 성취하기를 원하기 때문에 교육을 한다. 하지만 그렇다고 해서 교육적 테크놀로지, 즉 입력과 출력을 완벽하게 일치시키는 교육의 상황이 가능하다거나 바람직하다는 뜻은 아니다. 그 이유는 우리가 교육에서 위험을 완전히 배제한다면, 교육을 통째로 망칠 것이기 때문이다. Biesta, G.(2014a). 『교육의 아름다운 위험The Beautiful Risk of Education』. London/New York: Routledge(옮긴이).

05 학습화, 주어짐, 가르침의 선물

1   '학습으로부터 자유로운 가르침'(Biesta 2015b; 또한 Biesta 2017a의 2장 참고)에서 나는 교육의 과제는 학습보다 훨씬 더 많은 것을 수반하며 학습과는 전혀 상관없는 중요한 '일'도 있다고 주장했다. 나중에 이 문제를 다시 다룰 것이다.

2 주관과 객관의 분리를 당연시하는 실증주의적 세계관을 비판하는 하이데거의 개념으로, 인간은 세계 속에 존재하면서도 세계를 대상화시켜 바라볼 수 있는 특수한 존재라고 본다. 다시 말하면 나와 세계는 두부모를 자르듯 구분할 수 없다는 것이다(옮긴이).

3 저자가 말하는 이전 저작『가르침의 재발견The Rediscovery of Teaching』에 따르면, 해석학적 세계관의 한계는 있는 그대로의 세계(우주)가 아닌 나의 이해 행위의 내재된 우주(세계)를 그린다는 점이다.

> 그(해석학적 세계관이 한계를 갖는) 이유는 해석학적 세계관이 나의 이해에 **내재된**Immanent 우주, 즉 항상 "저 밖의" 세계를 다시 나에게 되돌리는 것을 목표로 하는 나의 이해 행위에 내재된 우주를 그리고 있다는 사실에 있다. … 그러한 이해 행위에는 대상이 존재하지만─해석학은 환상이나 단지 구성된 것이 아니다─, 이 대상은 항상 **나의** 의미작용의 대상으로 나타나며 그런 의미에서 나의 의미작용 행위에 의존한다(pp.56-47 옮긴이).

4 저자는 세계를 해석하고 세계에 대해 의미를 만드는 것은 세계를 대상화하고 추상화하는 것으로 보고, 그런 태도에서 벗어나 생동적이고 구체적인 경험의 세계를 들여다보려는 현상학의 관점을 교육에 끌어들이고 있다(옮긴이).

5 이 용어 자체는 현재까지 Google에서 9,000에 가까운 조회 수를 기록하고 있으며, Google Scholar에서 약 1,000개의 항목이 검색되는 등 계속 확산되고 있는 것 같다(2021년 1월 1일 접속).

6 저자의 동일한 주장이 표현을 바꿔 가며 반복되고 있다. 저자가 보기에 이미 주류가 된 학습 중심 혹은 학습자 중심의 패러다임에서는 학습자가 자기주도적으로 세계를 해석하고 의미를 찾거나 만드는 것과 같이 학습자에서 출발하여 세계로 나아가면서 배움이 이루어진다고 보는 데 반해, 저자가 주장하는 패러다임은 학생의 외부에 존재하는 무한한 세계(교사가 될 수도 사회 혹은 사물이 될 수도 있다)가 학생에게 다가오면서 가르침이 시작된다고 본다. 이 후자의 관점에서 볼 때 학습자가 세워 놓은 의미의 틀과 부합하지 않는 외부 세계는 무시되거나 제거된다는 것이 전자의 한계이다(옮긴이).

7 나는 교육의 지적 성실성과 독립성을 강력하게 옹호하며 교육학을 응용철학 분야로 생각하는 것에 저항해 왔으며 또 그럴 것이다(Biesta 2014d 참고. 그래서 나는 '교육철학'보다 '교육 이론'이라는 개념을 사용하는 것을 선호한다. 물론 전자의 역사를 이해하기는 한다). 그러나 이는 교육과 철학이 대화할 수 없다는 의미가 아니기에 마리옹의 텍스트를 살펴보는 것이다. 내가 이 책에서 하려는 일과 관련성이 큰 여러 가지 철학적 논의를 살펴보는 데 독자들이 동참해 주기를 바란다.

8   「Reduction and Givenness」, 「Being Given」, 「In Excess」(옮긴이)

9   '주어진다는 것'이 외부 세계에서 인간 주체로 향하는 것이라면, '취한다는 것'
     은 반대로 인간 주체에서 외부 세계로 향하는 것이다. 현상학은 주체가 가진
     이론 혹은 개념을 통한 이해에 물들지 않은 사물 자체로서의 현상에 접근하고
     자 하는 철학적 관점으로, 여기서 말하는 '주어짐'은 이러한 현상과 관련이 있
     다. 그런데 여기에는 신중하게 해석해야 할 부분이 있다. 현상학에서 '주어짐'
     이란 의식의 대상적 측면으로서 소위 노에마noema를 지칭하는 것으로, 본디 주
     체의 외부가 아니라 주체의 마음에 있는 현상을 의미한다. '주어짐'을 의식의
     외부에 주어진 현상으로 이해하는 입장(Biesta 등)도 있지만, '주어짐'을 의식의
     외부에 주어진 현상으로 보는 입장과 주체의 마음에 있는 현상으로 이해하는
     입장이 현상학을 이해하는 방식에 있어서 어떤 차이가 있는지 그리고 두 입장
     이 교육의 이해와 실천에 어떤 시사점을 주는지에 대해서는 별도의 논의가 필
     요할 것 같다(옮긴이).

10   마리옹은 단지 계시의 가능성을 논의하는 것 자체가 저항에 부딪힐 것이라고
     예상한 것은 아니다. 흥미롭게도 그는 그러한 저항이 어떤 의미에서는 계시의
     불가피한 부분이라고 주장한다. 이와 관련해서 그는 다음과 같이 말하고 있다.

     계시의 개념에 대해 제대로 이해하려면 그것이 마주칠 수밖에 없는 불가피한
     저항을 설명해야 한다. 물론 이 저항만으로는 그것을 증명하기에 충분하지
     않지만, 적어도 저항 없이 받아들인다면 그것을 계시로 인정할 자격이 없다.

                                                              (Marion 2016, p. 2)

11   현상학은 현상의 배후에서 현상의 틀을 잡는 이론이나 관점에 의한 해석의 과
     정을 거치지 않고 현상 자체가 보여 주는 모습에 주목한다는 의미로, 현상학의
     핵심적인 가정을 나타내는 것으로 볼 수 있다. 현상학은 현상의 배후나 '본질'
     이 아니라 현상 자체에 관심을 갖는다. 이론의 틀로 바라보는 현상은 온전한
     모습이 아니라 현상의 일부일 뿐이다. 이 원리를 교육의 현장에 적용하면 교사
     는 학생을 바라볼 때 모종의 교육 이론이나 학습 이론의 틀에 의존하지 말고 학
     생 한 사람 한 사람을 있는 그대로 바라봐야 한다는 의미가 된다(옮긴이).

12   이 문장은 괄호로 묶인 다음의 구절로 이어진다. "그에게 주어지는 모든 것이
     남김없이 나타나는 것은 아닐지라도"(Marion 2011, p. 11).

13   저자가 본 마리옹은 무언가의 인지 경험 자체, 인지되는 개별적인 요소들이 아
     니라 그 경험이 어떤 방식으로 현상화되는지(나타나는지)를 중시한다는 것이다
     (옮긴이).

14   마리옹이 비판하는 이 관점은, 모든 경험이나 사물은 의식이나 인지 구조가 사

전에 구비되어 있어야만 현실에서 나타날 수 있다는 것으로, 여기에는 의식을 가진 자아가 현실을 인식하고 해석하는 주체라는 가정이 들어 있다(옮긴이).

15 다음 문장은 마리옹이 하려는 것에서 칸트의 입장에 반대하는 경향을 보여 줄 뿐만 아니라, 그의 '계획'에 대한 중요한 이유를 제시하기도 한다. 왜냐하면 칸트에게는 현상 자체가 나타날 수 없는 것이기 때문이다. 마리옹은 다음과 같이 서술하고 있다.

> 현상이 그 자체에서 그리고 그 자체로부터 나타나려면, 즉 원칙적으로 **현상이 나타나지 않도록** 예비되어 있던 칸트의 금지를 철폐하려면, 이 나타남이 외적 경험이라는 가능성 조건(즉 초월적 자아의 조건)에 자신의 나타남을 빚지지 않고 오로지 자체적으로 나타나야 한다. 따라서 그것은 자신으로부터 일어나야 한다. 한마디로 스스로를 선물로 주어야 한다.
>
> (Marion 2016, p.48; 강조는 원문)

16 마리옹은 후설과 하이데거가 이것을 전혀 보지 못했다고 말하는 것이 아니다. 그는 후설이 이미 어떤 면에서 하이데거보다 한발 더 나아갔다고 주장한다. 그리고 후설이 이에 대해 쓰고 난 후에 하이데거의 초기 저작(특히 하이데거가 1919년에 쓴 주어짐과 es gibt에 관한 에세이)을 발견했을 뿐임을 정직하게 고백한다(특히 Marion 2011 참고).

17 마리옹은 이 논의의 대상에 초점을 맞추지만, 간단히 말해서 그의 구별이 다른 주제에 대한 우리의 태도와도 관련이 있음을 아는 것은 그리 어렵지 않다.

18 이 문제는 7장에서 다시 다룰 것이다. Biesta(2017c)의 마지막 장도 참고.

19 'anamorphosis'란 용어는 '뒤로', '반대로', '다시'의 뜻을 갖는 'ana'와 '형태'를 뜻하는 'morphe'가 합쳐진 것으로, 우리말로는 보통 '왜상歪像'으로 번역된다. 원래 미술에서 등장한 말로 관람자가 작품을 특정 위치와 시선에서 바라보아야만 제대로 그 모습을 볼 수 있는 현상이나 방식을 뜻한다(옮긴이).

20 이에 대한 대부분의 논의에서 학습이 무엇인지 그리고 무엇을 위한 것인지에 대한 질문은 다루어지기는커녕 제기조차 되지 않는다는 점에 유의해야 한다. 그럼에도 불구하고 이와 같은 표현들이 얼마나 인기를 끌어 왔는지 놀랍고도 염려스럽다.

06 형식의 중요성: 가리킴으로서의 교육

1 이 구절은 다소 강하게 들릴 수도 있지만, 내가 염두에 두고 있는 것을 독자들이 접하려면 다음 보고서를 살펴볼 것을 권한다. 교육훈련부(2018년). "성장을

통한 성취: 호주 학교에서 교육의 우수성을 달성하기 위한 검토 보고서Through Growth to Achievement: The Report of the Review to Achieve Educational Excellence in Australian Schools". 캔버라: 호주 연방Canberra: Commonwealth of Australia.

2   이는 학습자가 가지고 있는 프레임 안에서만 이루어지는 교육에서 탈피해야 한다는 것으로, 배움 중심 혹은 학습자 중심의 관점에 대한 저자의 비판과 맥락을 같이한다(옮긴이).

3   YouTube Creator Academy에서는 실제로 "YouTube에서 매일 10억 개 이상의 학습 관련 비디오가 시청되고 있다"고 주장한다(https://creatoracademy.you-tube.com/page/lesson/edu-channel-start 참고. 2021년 1월 3일 접속).

4   6장 말미의 교육적 가리킴이라는 교육의 형식은 외부에서 도덕성을 추가할 필요가 있는 것이 아니라 그 자체에 내재적이고 완전한 도덕성을 가지고 있는 것임을 밝히고 있다(옮긴이).

5   교육학은 독일과 유럽 대륙의 다른 많은 국가에서 학문 분야로 자리를 잡은 반면, 영어권 세계에서의 주요 위상은 응용 내지 어떤 의미에서는 '실용적인' 연구 분야인 것 같다. 재구성과 관련해서는 Biesta(2011) 참고.

6   프랑게와 스트로벨 아이젤(Prange & Strobel-Eisele 2006, 2장)은 교육활동의 형식에 관한 저서에서 가리킴이 교육의 기본적인 형식(독일어 'Grundform')이라고 주장하면서 실천과 관련된 구체적인 가리킴, 제시와 관련된 묘사하는 가리킴, 권고와 관련된 환기시키는 가리킴 그리고 피드백과 관련된 반응유발 가리킴 등 네 가지 형식의 가리킴을 구분하고 있다.

7   이것은 또한 프랑게에게 있어서 학습 자체에 대한 연구를 수행하는 것이 가능하다는 생각과 교육이 그러한 연구 결과에 기초해야 한다는 생각에 매우 비판적인 이유이기도 하다. 후자에 대해서는 비판의 정도가 한층 더 심하다(Prange 2012b, pp. 172-173).

8   학습과학(LS)은 인간이 어떻게 학습을 하는가 하는 문제를 학제 간 접근을 통해 과학적으로 밝혀내고자 하는 학문으로, 학습의 과정과 절차를 과학적으로 연구하여 학습이 효율적으로 일어날 수 있는 학습환경을 구성하는 것이 그 목표이다. 주요 기여 분야에는 최근에 비약적으로 발전하고 있는 뇌 과학을 비롯한 인지 과학, 컴퓨터 과학, 교육 심리학, 인류학 및 응용 언어학 등이 포함된다(옮긴이).

9   학습의 내용은 구체적인 활동으로 채워져야 하며 학습 자체는 내용이 채워지기를 기다리는 하나의 '그릇'이라는 의미에서 형식적이고 비어 있는 개념으로

보고 있다(옮긴이).

07 세계 중심 교육

1 　나는 인간의 자유가 결코 행복하거나 긍정적이기만 한 것은 아니라는 점을 강조하기 위해 '물론'이라고 말하고 있다. 자유에는 선을 행하는 자유만큼이나 선을 행하지 않을 수 있는 자유가 있다. 그러나 자유에 이러한 범위의 가능성이 있다는 사실은 자유를 포기해야 한다는 뜻이 아니며, 또한 자유가 '현실 확인' 없이 무한정 원하는 대로 흘러가도록 내버려 두지 않아야 한다는 의미이기도 하다. 이에 대해서는 나중에 다시 다룰 것이다.

2 　이 섹션에서는 나의 짧은 책 『예술로서의 가르침Letting Art Teach』(Biesta 2017c, 7장)에 제시된 아이디어를 활용한다. 이 책은 예술 영역에서 세계 중심 교육이 어떤 것인지 탐색하는 것이다.

3 　현상학에서는 일반적으로 'intentionality'를 '지향성'으로 번역하며 로스Roth 역시 현상학의 관점을 따르고 있기 때문에 여기서도 지향성으로 옮길 수도 있지만, 이어지는 구절에서 '의도intention'란 개념과 관련하여 사용하고 있기 때문에 '의도성'으로 옮겼다(옮긴이).

4 　마이어-드라베는 '빌둥' 이론을 말하고 있으며, 독일어의 빌둥 개념이 '그림', 즉 이미지에 뿌리를 두고 있다는 점이 흥미롭다. 따라서 빌둥 이론에서는 무엇보다도 눈에 보이는 영역의 측면에서 교육에 접근한다.

5 　무생물체가 저항을 나타낸다는 것은 인간의 뜻대로 움직이지 않는다는 의미이다. 이러한 저항이 있는 상황에서 극복하려고 노력하는 과정을 통해 그 저항을 제어하는 기술을 개발할 수 있음을 말하고 있다(옮긴이).

6 　"모든 교사는 때가 되면 가르치는 것을 중단하는 법을 배워야 한다. 그것은 어려운 예술이다. 적절한 때에 현실이 자리잡도록 허용할 수 있는 사람은 극소수에 불과하다"(Brecht 2016, p.98).

참고문헌

Adorno, T.W. (1971). *Erziehung zur Mündigkeit: Vorträge und Gespräche mit Hellmut Becker 1959–1969*. Frankfurt am Main: Suhrkamp.

Allen, J., Rowan, L., & Singh, P. (2018). Through growth to achievement: The potential impact on teacher education of the 2018 Gonski Review. *Asia-Pacific Journal of Teacher Education*, 46(4), 317–320.

Arendt, H. (1958*). The human condition*. Chicago, IL: The University of Chicago Press.

Arendt, H. (1963). *Eichmann in Jerusalem: A report on the banality of evil*. New York: Viking Press.

Arendt, H. (1977). *Between past and future: Eight exercises in political thought*. Harmondsworth: Penguin Books.

Arendt, H. (1994). Understanding and politics (the difficulties of under-standing). In J. Kohn (Ed.), *Essays in understanding 1930–1954* (pp.203–327). New York: Harcourt, Brace and Company.

Armatyge, W.H.G. (1975). Psychoanalysis and teacher education II. *British Journal of Teacher Education*, 1(1), 317–334.

Bailey, C.H. (1984). *Beyond the present and the particular: A theory of liberal education*. London: Routledge.

Baker, E.L., Barton, P. E., Darling-Hammond, L., Haertel, E., Ladd, H.F., Linn, R.L., Ravitch, D., Rothstein, R., Shavelson, R.J., & Shepard, L.A. (2010*). Problems with the use of student test scores to evaluate teachers. Economic Policy Institute briefing paper no. 278*. Washington, DC: Economic Policy Institute.

Ball, S. (2003). The teacher's soul and the terrors of performativity. *Journal of Education Policy*, 18(2), 215–228.

Ball, S. (2007). *Education Plc: Understanding private sector participation in public sector education*. London/New York: Routledge.

Ball, S. (2012). *Global education Inc. New policy networks and the neo-liberal imaginary*. London/ New York: Routledge.

Ball, S.J., & Olmedo, A. (2013). Care of the self, resistance and subjectivity under neoliberal governmentalities. *Critical Studies in Education*, 54(1), 85‒96.

Bauman, Z. (1993). *Postmodern ethics*. Oxford: Wiley-Blackwell.

Bauman, Z. (1998). *Leven met veranderlijkheid, verscheidenheid en onderzekerheid: [Living with change, diversity and uncertainty]*. Amsterdam: Boom.

Bazeley, E.T. (1928). *Homer lane and the little commonwealth*. London: George Allen & Unwin Ltd.

Benner, D. (1995). Bildsamkeit und Bestimmung. Zu Fragestellung und Ansatz nichtaffirmativer Bildungstheorie. In D. Benner (Ed.), *Studien zur Theorie der Erziehung und Bildung. Band 2* (pp.141‒159). Weinheim: Juventa.

Benner, D. (2003). Über die Unmöglichkeit Erziehung allein vom Grundbegriff der 'Aufforderung zur Selbsttätigkeit' her zu begreifen. *Zeitschrift für Pädagogik*, 49(2), 290‒304.

Benner, D. (2015). *Allgemeine Pädagogik*. 8. Auflage. Weinheim/München: Juventa.

Benner, D. (2020). *Umriss der allgemeinen Wissenschaftsdidaktik*. Weinheim: Beltz/Juventa.

Bernfeld, S. (1973). *Sisyphos oder die Grenzen der Erziehung*. Frankfurt am Main: Suhrkamp.

Biesta, G. (1995). Pragmatism as a pedagogy of communicative action. In J. Garrison (Ed.), *The new scholarship on John Dewey* (pp.105‒122). Dordrecht/Boston/London: Kluwer Academic Publishers.

Biesta, G. (2002). *Bildung* and modernity: The future of *Bildung* in a world of difference. *Studies in Philosophy and Education*, 21(4), 343‒351.

Biesta, G. (2004). Against learning. Reclaiming a language for education in an age of learning. *Nordisk Pedagogik*, 23(1), 70–82.

Biesta, G. (2006a). *Beyond learning: Democratic education for a human future.* London/New York: Routledge.

Biesta, G. (2006b). 'Of all affairs, communication is the most wonderful': Education as communicative praxis. In D.T. Hansen (Ed.), *John Dewey and our educational prospect. A critical engagement with Dewey's Democracy and Education* (pp.23–37). Albany, NY: SUNY Press.

Biesta, G. (2007). Why 'what works' won't work. Evidence-based practice and the democratic deficit of educational research. *Educational Theory*, 57(1), 1–22.

Biesta, G. (2009). Good education in an age of measurement: On the need to re-connect with the question of purpose in education. *Educational Assessment, Evaluation and Accountability*, 21(1), 33–46.

Biesta, G. (2010a). *Good education in an age of measurement: Ethics, politics, democracy.* London/ New York: Routledge.

Biesta, G. (2010b). Why 'what works' still won't work. From evidence-based education to value-based education. *Studies in Philosophy and Education*, 29(5), 491–503.

Biesta, G. (2010c). Learner, student, speaker. Why it matters how we call those we teach. *Educational Philosophy and Theory*, 42(4), 540–552.

Biesta, G. (2011). Disciplines and theory in the academic study of education: A comparative analysis of the Anglo-American and continental construction of the field. *Pedagogy, Culture and Society*, 19(2), 175–192.

Biesta, G. (2012). Giving teaching back to education: Responding to the dis-appearance of the teacher. *Phenomenology and Practice*, 6(2), 35–49.

Biesta, G. (2013a). Interrupting the politics of learning. *Power and Education*, 5(1), 4–15.

Biesta, G. (2013b). Receiving the gift of teaching: From 'learning from' to 'being taught by'. *Studies in Philosophy and Education*, 32(5), 449–461.

Biesta, G. (2014a). *The beautiful risk of education.* London/New York: Routledge.

Biesta, G. (2014b). You can't always get what you want: An an-archic view on education, democracy and civic learning. In I. Braendholt Lundegaard & J. Thorek Jensen (Eds.), *Museums: Knowledge, democracy, transformation* (pp.110–119). Copenhagen: Danish Agency for Culture.

Biesta, G. (2014c). Pragmatising the curriculum. Bringing knowledge back in, but via pragmatism. *The Curriculum Journal*, 25(1), 29–49.

Biesta, G. (2014d). Is philosophy of education a historical mistake? Connecting philosophy and education differently. *Theory and Research in Education*, 12(1), 65–76.

Biesta, G. (2015a). Resisting the seduction of the global education measurement industry: Notes on the social psychology of PISA. *Ethics and Education*, 10(3), 348–360.

Biesta, G. (2015b). Freeing teaching from learning: Opening up existential possibilities in educational relationships. *Studies in Philosophy and Education*, 34(3), 229–243

Biesta, G. (2015c). An appetite for transcendence: A response to Doris `Santoro's and Samuel Rocha's review of The Beautiful Risk of Education. *Studies in Philosophy and Education*, 34(4), 419–422.

Biesta, G. (2016a). Improving education through research? From effectiveness, causality and technology, to purpose, complexity and culture. *Policy Futures in Education*, 14(2), 194–210.

Biesta, G. (2016b). Democracy and education revisited: Dewey's democratic deficit. In S. Higgins & F. Coffield (Eds.), *John Dewey's education and democracy: A British tribute* (pp.149–169). London: IoE Press.

Biesta, G. (2017a). *The rediscovery of teaching*. London/New York: Routledge.

Biesta, G. (2017b). Touching the soul? Exploring an alternative outlook for philosophical work with children and young people. *Childhood and Philosophy*, 30(28), 415–452.

Biesta, G. (2017c). *Letting art teach: Art education after Joseph Beuys*. Arnhem: ArtEZ Press.

Biesta, G. (2017d). P4C after Auschwitz: On immanence and transcendence in education. *Childhood and Philosophy*, 30(28), 617–628.

Biesta, G. (2018a). A manifesto for education ten years on: On the gesture and the substance. *Praxis Educativa*, 22(2), 40–42.

Biesta, G. (2018b). Interrupting the politics of learning, changing the discourse of education. In K. Illeris (Ed.), *Contemporary theories of learning: Learning theorists ··· in their own words* (2nd revised ed., pp.243–259). London/New York: Routledge.

Biesta, G. (2018c). Creating spaces for learning or making room for education? New parameters for the architecture of education. In H.M. Tse, H. Daniels, A. Stables, & S. Cox (Eds.), *Designing buildings for the future of schooling: Contemporary visions for education* (pp.27-40). London/New York: Routledge.

Biesta, G. (2019a). Trying to be at home in the world: New parameters for art education. *Artlink*, 39(3), 10–17.

Biesta, G. (2019b). *Obstinate education: Reconnecting school and society*. Leiden: Brill|Sense.

Biesta, G. (2019c). Schulen im Shopping-Zeitalter. In S. Fehrmann (Ed.), *Schools of tomorrow* (pp.60–71). Berlin: Matthes & Seitz.

Biesta, G. (2019d). What if? Art education beyond expression and creativity. In R. Hickman, J. Baldacchino, K. Freedman, E. Hall, & N. Meager (Eds.), *International encyclopedia of art and design education*. London/New York: Taylor & Francis Group.

Biesta, G. (2019e). Teaching for the possibility of being taught: World-centred education in an age of learning. *English E-Journal of the Philosophy of Education*, 4, 55–69.

Biesta, G. (2020a). Perfect education, but not for everyone: On society's need for inequality and the rise of surrogate education. *Zeitschrift für Pädagogik*, 66(1), 8–14.

Biesta, G. (2020b). *Educational research: An unorthodox introduction*. London:

Bloomsbury. Biesta, G., & Burbules, N. (2003). *Pragmatism and educational research*. Lanham, MD: Rowman and Littlefield.

Biesta, G., & Hannam, P. (2019). The uninterrupted life is not worth living. On religious education and the public sphere. *Zeitschrift für Pädagogik und Theologie*, 71(2), 173‒185.

Biesta, G., & Säfström, C.A. (2011). A manifesto for education. *Policy Futures in Education*, 9(5), 540‒547.

Biesta, G., & Stengel, B. (2016). Thinking philosophically about teaching. In D.H. Gittomer & C.A. Bell (Eds.), *Handbook of research on teaching* (5th ed., pp.7‒68). Washington, DC: AERA.

Bingham, C. (2009). *Authority is relational. Rethinking educational empowerment*. Albany, NY: SUNY Press.

Böhm, W. (1997). *Entwürfe zu einer Pädagogik der Person*. Bad Heilbrunn: Julius Klinkhardt.

Böhm, W. (2016). *Die pädagogische Placebo-Effekt. Zur Wirksamkeit der Erziehung*. Paderborn: Ferdinand Schöningh.

Brecht, B. (1964[1944]). A little tuition for my friend Max Gorelik. In J. Willett (Ed.), *Brecht on theatre: The development of an aesthetic* (pp.159‒163). New York: Hill and Wang.

Brecht, B. (2016*). Me-ti: Book of interventions in the flow of things. Edited and translated by Antony Tatlow*. London: Bloomsbury.

Brehony, K.J. (2008). The genesis and disappearance of Homer Lane's Little Commonwealth: A Weberian analysis. In M. Göhlich, C. Hopf, & D. Tröhler (Eds.), *Persistenz und Verschwinden. /Persistence and Disappearance: Pädagogische Organisationen im historischen Kontext./Educational Organizations in their historical Contexts* (pp.237‒253). Wiesbaden: Verlag für Sozialwissenschaften.

Bruner, J. (1996). *The culture of education*. Cambridge, MA: Harvard University Press.

Burke, K. (1966). *Language as symbolic action*. Berkley & Los Angeles, CA: University of California Press.

Burke, K. (1973). *The philosophy of literary from* (3rd ed.). Los Angeles: University of California Press.

D'Agnese, V. (2017). *Reclaiming education in an age of PISA. Challenging OECD's educational order*. London/New York: Routledge.

Department of Education and Training (2018). *Through growth to achievement: The report of the review to achieve educational excellence in Australian schools*. Canberra: Commonwealth of Australia.

Derwin, F. (2016). Is the emperor naked? Experiencing the 'PISA hysteria', branding and education export in Finnish academia. In K. Trimmer (Ed.), *Political pressures on educational and social research: International perspectives* (pp.77–93). London/New York: Routledge.

Dewey, J. (1895). Plan of Organization of the University Primary School. In J.A. Boydston (Ed.), *The Early Works* (1882–1898) (Vol. 5, pp.223–243). Carbondale and Edwardsville: Southern Illinois University Press.

Dewey, J. (1958). *Experience and nature*. New York: Dover.

Dewey, J. (1984[1926]). Individuality and experience. In J.A. Boydston (Ed.), *John Dewey. The later works, 1925–1953. Volume 2: 1925–1927* (pp.55–61). Carbondale and Edwardsville: Southern Illinois University Press.

Dewey, J. (1985[1916]). Democracy and education. In J.A. Boydston (Ed.), *John Dewey. The middle works, 1899–1924. Volume 9: 1916*. Carbondale and Edwardsville: Southern Illinois University Press.

Dewey, J. (1988[1939]). Experience, knowledge and value: A rejoinder. In J.A. Boydston (Ed.), *John Dewey. The later works, 1925–1953. Volume 14: 1939–1941* (pp.3–90). Carbondale and Edwardsville: Southern Illinois University Press.

Dijkman, B. (2020). "What is this asking from me?" An extended review of the rediscovery of teaching by Gert Biesta. *Transactional Analysis Journal*, 50(1), 93–100.

Donald, J. (1992). *Sentimental education. Schooling, popular culture, and the regulation of liberty*. London/New York: Verso.

Eagle, L., & Brennan, R. (2007). Are students customers? TQM and marketing perspectives. *Quality Assurance in Education*, 15(1), 44‒60.

Egan, K. (2008). *The future of education: Reimagining our schools from the ground up*. New Haven & London: Yale University Press.

Einstein, A., Podolsky, B., & Rosen, N. (1935). Can the quantum-mechanical description of physical reality be considered complete? *Physical Review*, 47(10), 777‒780.

Eisner, E.W. (2001). From episteme to phronesis to artistry in the study and improvement of teaching. *Teaching and Teacher Education*, 18(4), 375‒385.

Feinberg, W. (2001). Choice, autonomy, need-definition and educational reform. *Studies in Philosophy and Education*, 20(5), 402‒409.

Fenstermacher, G.D. (1986). Philosophy of research on teaching: Three aspects. In M.C. Wittrock (Ed.), *Handbook of research on teaching* (3rd ed., pp.37‒49). New York: MacMillan; London: Collier Macmillan.

Flitner, W. (1989[1979]). Ist Erziehung sittlich erlaubt? In W. Flitner (Ed.), *Gesammelte Schriften, Band 3* (pp.190‒197). Paderborn: Schöningh Verlag.

Freire P. (1993). *Pedagogy of the oppressed: New, revised 20th anniversary Edition*. New York: Continuum.

Glaser, B.G. (1998). *Doing grounded theory: Issues and discussions*. Mill Valley, CA: Sociology Press.

Glasersfeld, E. von (1995). *Radical constructivism: A way of knowing and learning*. London: Routledge.

Gleeson, D., & Husbands, C. (Eds.) (2001). *The performing school: Managing, teaching and learning in a performance culture*. London: RoutledgeFalmer.

Guilherme, A. (2019). Considering AI in education: Erziehung but never Bildung. In J. Knox et al. (Eds.), *Artificial intelligence and inclusive* education. *Perspectives on rethinking and reforming education* (pp.165–177). Singapore: Springer Nature.

Habermas, J. (2008). Notes on post-secular society. *New Perspectives Quarterly*, 25(4), 17–29.

Habermas, J. (2010). *An awareness of what is missing: Faith and reason in a post-secular age*. Cambridge: Polity Press.

Harris, J. (2009). *The nurture assumption: Why children turn out the way they do: Revised and updated*. New York: The Free Press.

Hattie, J., & Nepper Larsen, S. (2020). *The purposes of education: A conversation between John Hattie and Steen Nepper Larsen*. New York/London: Routledge.

Hoose, P. (2009). *Claudette Colvin: Twice toward justice*. New York: Farrar, Straus, Giroux.

Hopmann, S. (2008). No child, no school, no state left behind: Schooling in the age of accountability. *Journal of Curriculum Studies*, 40(4), 417–456.

Horlacher, R. (2017). *The educated subject and the German concept of Bildung*. London/New York: Routledge.

ISO (2015). *Quality management principles*. Geneva: ISO.

Jaeger, W. (1965). *Paideia: Archaic Greece: The mind of Athens*. New York/Oxford: Oxford University Press.

Kant, I. (1982). Über Pädagogik. [On Education]. In I. Kant (Ed.), *Schriften zur Anthropologie, Geschichtsphilosophie, Politik und Pädagogik. [Writings on anthropology, the philosophy of history, politics and education]* (pp.691–761). Frankfurt am Main: Insel Verlag.

Kant, I. (1992). An answer to the question 'What is Enlightenment?'. In P. Waugh (Ed.), *Postmodernism: A reader* (pp.89–95). London: Edward Arnold

Kierkegaard, S. (1985). Philosophical fragments. In Edited and translated by H.V. Hong & E.H. Hong. *Kierkegaard's writings VII*. Princeton, NJ: Princeton University Press.

Komisar, P. (1965). More on the concept of learning. *Educational Theory*, 15(3), 230–239.

Komisar, P. (1968). Teaching: Act and enterprise. *Studies in Philosophy and Education*, 6(2), 168–193.

Lamm, Z. (1976). *Conflicting theories of instruction: Conceptual dimensions*. Berkeley, CA: McCutchan.

Lane, H. (1928). *Talks to parents and teachers*. London: George Allen and Unwin.

Langewand, A. (2003). Über die Schwierigkeit Erziehung als Aufforderung zur Selbsttätigkeit zu begreifen. *Zeitschrift für Pädagogik*, 49(2), 274–289.

Lave, J., & Wenger, E. (1991). *Situated learning: Legitimate peripheral participation*. Cambridge: Cambridge University Press

Levi, P. (1986). The drowned and the saved. New York: Vintage International.

Levinas, E. (1969). *Totality and infinity: An essay on exteriority*. Pittsburgh, PA & The Hague: Duquesne University Press & Martinus Nijhoff.

Liebau, E. (1999). *Erfahrung und Verantwortung. Werteerziehung als Pädagogik der Teilhabe*. Weinheim/München: Juventa Verlag.

Lingis, A. (1998). *The imperative*. Bloomington & Indianapolis, IN: Indiana University Press.

Løvlie, L., & Standish, P. (2002). Introduction: Bildung and the idea of a liberal education. *Journal of Philosophy of Education*, 36(3), 317–340.

Marion, J.-L. (1998). *Reduction and givenness: Investigations of Husserl, Heidegger, and phenomenology*. Evanston, IL: Northwestern University Press.

Marion, J.-L. (2002a). *Being given: Towards a phenomenology of givenness*. Stanford, CA: Stanford University Press.

Marion, J.-L. (2002b). *In excess: Studies of saturated phenomena*. New York: Fordham University Press.

Marion, J.-L. (2011). *The reason of the gift*. Charlottesville, VA: University of Virginia Press.

Marion, J.-L. (2016). *Givenness and revelation*. Oxford: Oxford University Press.

Marion, J.-L. (2017). *The rigor of things. Conversations with Dan Arbib*. New York: Fordham University Press.

Masschelein, J., & Simons, M. (2012). *Apologie van de school: Een publieke zaak*. Leuven: Acco.

Meirieu, P. (2007) *Pédagogie: Le devoir de résister. [Education: The duty to resist]*. Issy-les-Moulineaux: ESF Éditeur.

Meyer-Drawe, K. (1999). Herausforderung durch die Dinge. Das Andere im Bildungsprozess. *Zeitschift für Pädagogik*, 45(3), 329−336.

Mollenhauer, K. (1972). *Theorien zum Erziehungsprozess*. München: Juventa.

Mollenhauer, K. (1973). *Erziehung und Emanzipation. 6. Auflage. [Education and Emancipation]* (6th ed.). München: Juventa.

Mollenhauer, K. (1983). *Vergessene Zusammenhänge: Über Kultur und Erziehung*. Weinheim: Juventa.

Mollenhauer, K. (2013). *Forgotten connections: On culture and upbringing*. London/New York: Routledge.

Neill, A.S. (1960). *Summerhill: A radical approach to child rearing*. New York: Hart Publishing Company.

Neill, A.S. (1966). *Freedom, not license!* New York: Hart Publishing Company.

Nixon, E., Scullion, R., & Hearn, R. (2018). Her majesty the student: Marketised higher education and the narcissistic (dis)satisfactions of the student-consumer. *Studies in Higher Education*, 43(6), 927−943.

Parks, R. with Haskins, J. (1992). *Rosa parks: My story*. New York: Dial Books.

Parsons, T. (1951). *The social system*. New York: The Free Press.

Peters, R.S. (1965). Education as initiation. In R. D. Archambault (Ed.), *Philosophical analysis and education* (pp.87−111). London: Routledge & Kegan Paul.

Pinar, W. (2011). *The character of curriculum Studies: Bildung, currere, and the recurring question of the subject*. New York: Palgrave Macmillan.

Plato (1941). *The republic*. Oxford; Oxford University Press.

Prange, K. (2006). Zeig mir, was du meinst! In D. Gaus & R. Uhle (Eds.), *Wie verstehen Pädagogen? Begriff und Methode des Verstehens in der Erziehungswissenschaft* (pp.141–153). Wiesbaden: Verlag für Sozialwissenschaften.

Prange, K. (2010). *Die Ethik der Pädagogik. Zur Normativität erzieherischen Handelns.* Paderborn: Schöningh Verlag.

Prange, K. (2011). *Zeigen, Lernen, Erziehen: Herausgegeben von Karsten Kenklies.* Jena: IKS Garamond.

Prange, K. (2012a). *Die Zeigestruktur der Erziehung. 2. Auglage. korrigiert und erweitert.* Paderborn: Ferdinand Schöningh.

Prange, K. (2012b). *Erziehung als Handwerk. Studien zur Zeigestruktur der Erziehung.* Paderborn: Ferdinand Schöningh.

Prange, K., & Strobel-Eisele, G. (2006). *Die Formen des pädagogischen Handelns. Eine Einführung.* Stuttgart: Kohlhammer.

Priestley, M., Biesta, G., & Robinson, S. (2015). *Teacher agency: An ecological approach.* London: Bloomsbury.

Rancière, J. (2010). On ignorant schoolmasters. In C. Bingham & G. Biesta (Eds.), *Jacques Rancière: Education, truth, emancipation* (pp.1–24). London/New York: Continuum.

Ravitch, D. (2011*). The death and life of the great American school system.* New York: Basic Books.

Rivers, N.A., & Weber, R.P. (2010). *Equipment for living: The literary reviews of Kenneth Burke.* Anderson, SC: Parlor Press.

Roberts, P. (2014). *The impulse society: What is wrong with getting what we want?* London: Bloomsbury.

Roth, W.-M. (2011). *Passability: At the limits of the constructivist metaphor.* Dordrecht: Springer.

Rousseau, J.-J. (1979). *Emile, or on education: Trans. Allan Bloom.* New York: Basic Books.

Ryan, R.M., & Deci, E.L. (2017). *Self-determination theory: Basic psychological needs in motivation, development, and wellness*. New York: Guilford Publishing.

Rytzler, J. (2017). *Teaching as attention formation. A relational approach to teaching and attention*. Doctoral Dissertation, Mälardalens högskola.

Sæverot, H. (2012). *Indirect pedagogy: Some lessons in indirect education*. Rotterdam: Sense Publishers.

Säfström, C.A. (2019). Paideia and the search for freedom in the public of today. *Journal of Philosophy of Education*, 53(4), 607–618.

Schrödinger, E. (1935). Discussion of probability relations between separated systems. *Mathematical Proceedings of the Cambridge Philosophical Society*, 31, 555–563.

Schwartz, S.J., Luyckx, K., & Vignoles, V.L. (Eds.). (2013). *Handbook of identity theory and research*. New York: Springer.

Sellar, S., & Hogan, A. (2019*). Pearson 2025: Transforming teaching and privatising education data*. Brussels: Education International.

Sellar, S., Thompson, G., & Rutkowski, D. (2017). *The global education race: Taking the measure of PISA and educational testing*. Edmonton: Brush Education.

Stenhouse, L. (1988). Artistry and teaching: The teacher as focus of research and development. *Journal of Curriculum and Supervision*, 4(1), 43–51.

Tse, H.M., Daniels, H., Stables, A., & Cox, S. (Eds.) (2018). *Designing buildings for the future of schooling: Contemporary visions for education*. London/New York: Routledge.

Vanderstraeten, R. (2005). System and environment. Notes on the autopoiesis of modern society. *Systems Research and Behavioral Science*, 22(6), 471–481.

Vassallo, S. (2013). Critical pedagogy and neoliberalism: Concerns with teaching self-regulated learning. *Studies in Philosophy and Education*, 32(6), 563–580.

Westphal, M. (2008). *Levinas and Kierkegaard in dialogue*. Bloomington &

Indianapolis, IN: Indiana University Press.

Williamson, B. (2017). *Big data in education: The digital future of learning, policy and practice*. London: Sage.

Wills, W.D. (1964). *Homer Lane: A biography*. London: Allen & Unwin.

찾아보기

옮긴이 소개

서울대학교 교육학과 및 동 대학원을 졸업하였다. 중·고등학교 교사, 교감, 교장 및 서울교육연구정보원 원장을 역임한 후 퇴임하였다. 현재 복잡성교육학회 전임이사로 활동 중이며, 번역서로 『복잡계의 새로운 접근: 복잡반응과정』(2022)(2023 우수학술도서 선정), 『교육의 평등, 제3의 길: 자크 랑시에르의 시선』(2023)(2024 우수학술도서), 『우리는 교육에서 무엇을 평가하고 있는가: 알고리즘, 그 이상의 교육』이 있으며, 논문으로는 "복잡반응과정의 교육적 의미"(2021), "가르침과 배움 사이-복잡반응과정, 해체론, 그리고 랑시에르의 시선"(2023), "오우크쇼트의 시의 목소리와 복잡반응과정의 만남이 그리는 교육적 상상"(2023), "지식 거버넌스 구축을 통한 교육 수요자 학교 선택권 보장 방안 연구"(공동연구, 2023), "포스트모더니즘의 관점에서 본 학습자와 가르침 및 배움의 관계"(2024) 등이 있다.

학습자와
교육과정을 넘어

세계와 함께하는 교육

초판 발행 | 2024년 8월 20일

지은이 | 거트 비에스타
옮긴이 | 이민철
펴낸이 | 김성배
펴낸곳 | 도서출판 씨아이알

책임편집 | 김선경
디자인 | 송성용 엄해정
제작책임 | 김문갑

출판등록 | 제2-3285호(2001년 3월 19일)
주소 | (04626) 서울특별시 중구 필동로8길 43(예장동 1-151)
전화번호 | 02-2275-8603(대표)
팩스번호 | 02-2265-9394
홈페이지 | www.circom.co.kr

ISBN | 979-11-6856-260-8　93370